21 世纪交通版高职高专汽车专业教材

Qiche Shiyong Xingneng yu Jiance Jishu
汽车使用性能与检测技术

（第二版）

巩航军　主　编

人民交通出版社股份有限公司
China Communications Press Co.,Ltd.

内 容 提 要

本书为高职高专汽车专业教材。本书共十一章,主要内容有:概述、汽车动力性的检测、汽车燃油经济性的检测、汽车排放污染物及噪声的检测、汽车制动性能的检测、汽车车速表及前照灯的检测、汽车操纵稳定性的检测、汽车舒适性的检测、汽车通过性的检测、电动汽车的检测、汽车的合理使用。

本书为高职高专院校汽车检测与维修专业的教学用书,也可作为各类汽车职业培训用书。

图书在版编目(CIP)数据

汽车使用性能与检测技术 / 巩航军主编. —2 版. —北京:人民交通出版社股份有限公司,2017.9
ISBN 978-7-114-14091-4

Ⅰ. ①汽… Ⅱ. ①巩… Ⅲ. ①汽车—性能检测—高等职业教育—教材 Ⅳ. ①U472.9

中国版本图书馆 CIP 数据核字(2017)第 197159 号

书　　名：汽车使用性能与检测技术(第二版)
著　作　者：巩航军
责任编辑：张一梅
出版发行：人民交通出版社股份有限公司
地　　址：(100011)北京市朝阳区安定门外外馆斜街 3 号
网　　址：http://www.ccpress.com.cn
销售电话：(010)59757973
总　经　销：人民交通出版社股份有限公司发行部
经　　销：各地新华书店
印　　刷：北京市密东印刷有限公司
开　　本：787×1092　1/16
印　　张：13.75
字　　数：315 千
版　　次：2002 年 2 月　第 1 版
　　　　　2017 年 9 月　第 2 版
印　　次：2019 年 10 月　第 2 版　第 2 次印刷　累计第 17 次印刷
书　　号：ISBN 978-7-114-14091-4
定　　价：32.00 元

(有印刷、装订质量问题的图书由本公司负责调换)

第二版前言

随着国民经济的迅速发展,汽车(包括新能源汽车)产业已经成为我国的支柱产业。汽车是现代社会重要的交通工具,可以实现门到门的便捷服务。汽车维修人才需求量也大幅上升,从而带动了我国高职汽车类人才培养工作的不断发展。

汽车使用性能是指汽车在一定的使用条件下,以最高效率工作的能力。它是决定汽车利用效率和方便性的结构特性表征。汽车检测是评价车辆性能、判断故障原因、考核维修质量的重要手段,是车辆运输业车辆技术管理的主要内容。汽车性能检测主要包括汽车的动力性、经济性、安全性、制动性等检测。对汽车实行定期和不定期安全运行和环境保护方面的检测,目的是在汽车不解体情况下建立安全和公害监控体系,确保汽车具有符合要求的外观和车貌以及良好的安全性能和环境相容性,在安全、高效和低污染的状态下运行。

本课程共十一章,建议安排64课时,主要内容有:概述、汽车动力性的检测、汽车燃油经济性的检测、汽车排放污染物及噪声的检测、汽车制动性能的检测、汽车车速表及前照灯的检测、汽车操纵稳定性的检测、汽车舒适性的检测、汽车通过性的检测、电动汽车的检测、汽车的合理使用。本教材内容密切联系岗位能力培养,紧跟汽车检测技术的发展步伐,把汽车使用性能与检测的基本理论和基本方法以及有关政策、法规、标准及其检测结果处理等内容有机地结合起来,形成新的课程教学体系,有利于提高学生综合应用知识、解决实际问题的能力。

本教材由东莞职业技术学院巩航军担任主编,东莞职业技术学院李亚鹏、惠州经济职业技术学院徐春担任副主编。参与编写人员还有广东交通职业技术学院李维兴、广州城建职业学院刘桂光、广东农工商职业技术学院陈述官、泰安市环境保护局刘燕、泰山职业技术学院牛化武等。

在本教材的编写过程中,编者参阅了国内外公开出版、发表的文献资料,对这些文献的作者及提供资料的朋友们表示感谢;同时感谢广州燕岭汽车检测站、广东宝步汽车检测服务有限公司的大力协助!

由于编者水平所限,本教材中难免存在一些不足,恳请读者提出宝贵意见,以便更正。

编　者

2017年8月

第一版前言

为了适应并推动高等职业技术教育的发展,落实交通部科教司《高职高专专业教材建设规划方案意见》(高〔1999〕171号文件)精神,在交通部科教司领导下,交通高职教育工作委员会组织编写了汽车运用工程、汽车运用技术、汽车检测与维修等相关专业用高职高专统编教材。

本套高职高专教材坚持以"国际、实用、实践"为原则,同时注重知识的应用价值、可操作性在教材中的科学体现,基本做到了理论与实践的紧密结合,构筑了汽车运用工程、汽—运用技术、汽车检测与维修等相关专业具有高职高专特色的第一套统编教材。

本书共分10章,以汽车使用性能和汽车不解体情况下的性能检测为主,分别介绍了慨论、汽车综合性能检测站基础知识、汽车动力性能与检测、汽车燃油经济性与检测,汽车制动性能与检测、汽车操纵稳定性与检测、汽车车速表检测、汽车前照灯检测、汽车公害与检测、汽车平顺性与通过性等内容。

本书既有较强的理论性、实践性,又有较强的综合性,并根据高等职业技术教育的特点,在内容上加强了针对性和应用性,力求把传授知识和培养能力有机地结合起来,特别注意了对学生分析问题和解决问题能力的培养。

本书由广东交通职业技术学院李军副教授主编。第一、二、三、五、十章由李军编写,第六章由广东交通职业技术学院严朝勇工程师编写,第四、七、八章由广东交通职业技术学院邓书涛讲师编写,第九章由广东交通职业技术学院彭小明工程师编写。

本书由浙江交通职业技术学院张琴友担任主审,吉林交通职业技术学院张美田担任责任编委。

本书在编写过程中,得到了吉林交通职业技术学院、浙江交通职业技术学院、福建交通职业技术学院、广东交通职业技术学院、上海交通职业技术学院、内蒙古大学职业技术学院、南京交通职业技术学院、云南交通职业技术学院等院校的大力支持,在此表示感谢。

由于编者水平有限,书中难免存在缺点和错误,诚望读者及有关专家给予指正,以便再版时修正。

编 者
2001年7月

目录

第一章　概述 ·· 1
  第一节　汽车综合性能评价 ·· 2
  第二节　汽车综合性能现场检测 ·· 4
  第三节　汽车远程检测技术 ··· 13
  学习测试 ·· 16

第二章　汽车动力性的检测 ·· 17
  第一节　汽车动力性的评价指标 ··· 17
  第二节　汽车的驱动力与行驶阻力 ·· 19
  第三节　汽车动力性的主要影响因素 ··· 24
  第四节　汽车动力性的检测 ·· 25
  学习测试 ·· 38

第三章　汽车燃油经济性的检测 ·· 39
  第一节　汽车燃油经济性的评价指标 ··· 39
  第二节　汽车燃油经济性的主要影响因素 ··································· 40
  第三节　汽车的燃油经济性检测 ·· 43
  学习测试 ·· 53

第四章　汽车排放污染物及噪声的检测 ··· 54
  第一节　汽车排放污染物的主要成分 ··· 55
  第二节　汽油车排放污染物的检测 ·· 57
  第三节　柴油车排放污染物的检测 ·· 66
  第四节　汽车噪声的检测 ··· 69
  学习测试 ·· 76

第五章　汽车制动性能的检测 ··· 77
  第一节　汽车制动性能的评价指标 ·· 77
  第二节　影响汽车制动性的主要因素 ··· 84
  第三节　汽车制动性能的检测 ··· 87
  学习测试 ·· 96

第六章　汽车车速表及前照灯的检测 ·· 97
  第一节　汽车车速表的检测 ·· 97

第二节　汽车前照灯的检测 …………………………………………………… 101
　　学习测试 ……………………………………………………………………… 116
第七章　汽车操纵稳定性的检测 …………………………………………………… 117
　　第一节　汽车操纵稳定性的评价指标 ………………………………………… 117
　　第二节　汽车侧滑的检测 ……………………………………………………… 124
　　第三节　汽车纵向稳定性及四轮定位的检测 ………………………………… 132
　　学习测试 ……………………………………………………………………… 141
第八章　汽车舒适性的检测 ………………………………………………………… 142
　　第一节　汽车行驶平顺性 ……………………………………………………… 142
　　第二节　汽车悬架装置的检测 ………………………………………………… 147
　　第三节　汽车乘坐环境 ………………………………………………………… 150
　　第四节　车轮动平衡的检测 …………………………………………………… 155
　　学习测试 ……………………………………………………………………… 162
第九章　汽车通过性的检测 ………………………………………………………… 163
　　第一节　汽车通过性的几何参数 ……………………………………………… 163
　　第二节　汽车通过性的支承与牵引参数 ……………………………………… 165
　　第三节　影响汽车通过性的主要因素 ………………………………………… 166
　　第四节　汽车通过性的检测 …………………………………………………… 169
　　学习测试 ……………………………………………………………………… 175
第十章　电动汽车的检测 …………………………………………………………… 176
　　第一节　电动汽车动力电池检测 ……………………………………………… 176
　　第二节　电动汽车驱动电机检测 ……………………………………………… 192
　　学习测试 ……………………………………………………………………… 197
第十一章　汽车的合理使用 ………………………………………………………… 198
　　第一节　汽车在各种条件下的使用 …………………………………………… 198
　　第二节　汽车技术等级的划分与评定 ………………………………………… 206
　　学习测试 ……………………………………………………………………… 208
参考文献 ……………………………………………………………………………… 209

第一章 概 述

学习目标

1. 熟悉汽车综合性能的含义及评价指标；
2. 了解汽车性能检测的作用；
3. 了解汽车性能检测的类型和相关术语；
4. 了解汽车远程检测诊断技术的概念及发展。

学习时间

4 学时。

随着人民生活水平的提高，越来越多的汽车(包括新能源汽车)进入千家万户，我国也是连续 6 年成为世界汽车产销量第一的国家。汽车在为人类提供便利的同时，也带来了诸如尾气排放污染、交通事故、噪声污染、电池污染等危害。无论是在汽车开发环节还是在使用环节，为了增加汽车的"利"，降低汽车的"弊"，需要不断提升和改善汽车的各种性能，并在使用中尽量维持其良好的技术性能状态。由于汽车是一种处于复杂使用环境中的机电产品，在开发和使用的各个阶段评价其性能状态或水平，都离不开性能参数测试。

汽车的使用性能是指在一定的使用条件下，汽车以最高效率工作的能力。汽车常用的使用性能指标有动力性、燃料经济性、制动性、操作稳定性、废气排放、行驶平顺性和通过性等。

汽车检测技术是依靠先进传感技术与检测技术，采集汽车的各种具有某些特征的动态信息，并对这些信息进行各种分析和处理、区分、识别并确认其异常表现，预测其发展趋势，查明其产生原因、发生部位和严重程度，提出有针对性的维修措施和处理方法的技术。采用汽车检测技术既可减少过剩维修，又可避免突发性故障；既保证了汽车性能，又提高了经济效益。在采用一整套的故障诊断系统后，只有当汽车运行中发现故障预报(监测)才进行维护或更换零部件，摆脱维护和修理工作中传统的按行驶里程或时间的硬性规定。这就提高了汽车的利用率，最大限度地减少维修的次数，以延长汽车使用寿命，并确保汽车运行的安全性、可靠性和经济性。

第一节　汽车综合性能评价

汽车综合性能是指汽车综合使用性能,即汽车在一定的使用条件下维持高效率工作的能力,它是决定汽车利用效率和方便性的结构特性表征,往往使用汽车的运输生产率和运输成本进行评价,主要包括动力性、燃油经济性、安全性、操纵稳定性、舒适性、环保性、通过性、可靠性与耐久性等方面。

一、汽车的动力性

汽车作为一种高效的载运工具,其效率的高低在很大程度上取决于动力性的强弱。汽车动力性是指汽车在良好路面上维持较快的平均车速行驶的能力,这种能力可以通过汽车的最高车速、加速能力和最大爬坡能力得以体现。

最高车速是指汽车在良好的水平路面上能够达到的最高行驶速度。

汽车的加速能力可以用加速时间或加速度来衡量。由于汽车行驶需要挡位配合,所以汽车加速能力一般由原地起步连续换挡加速能力和高挡超车加速能力来评定。原地起步加速能力是指汽车由一挡(或二挡)起步,以恰当的换挡时机和最大加速度,将静止的汽车全力加速至某一高速所需的时间;超车加速能力是指汽车用最高挡或次高挡从某一车速全力加速至另一较高车速所需的时间(或加速度)。

汽车爬坡能力是指满载或者部分负载的汽车在良好路面上能够克服的最大坡度。

二、汽车的燃油经济性

汽车燃油经济性是指汽车以最少的燃油消耗完成单位运输工作量的能力,一般用每百千米燃油消耗量(L/100km)或单位体积燃油行驶的里程数(mile/gal)来评价,前者越小或后者越大,则燃油经济性越好。对于以完成运输任务为目的的营运车辆来说,单位运输量所消耗的燃油量至关重要,它间接反映了车辆的盈利能力。所以,这类车辆又常以百吨千米燃油消耗量[L/(100t·km)]或每千人千米燃油消耗量[L/(kP·km)]作为评价指标。该值越大,则汽车的燃油经济性越好。

此外,汽车的燃油消耗还与行驶车速有密切的关系,在对车速进行约束的情况下,燃油消耗才具有可比意义。等速百千米油耗量是常用的一种评价指标,它是指汽车在规定的载荷下,以最高挡在水平良好的路面上等速行驶100km的燃油消耗量。复合有加速、减速和等速等典型工况的循环行驶油耗是另一种评价指标。

三、汽车的安全性能

汽车的安全性能包括主动安全性和被动安全性两部分。前者是指汽车避免事故发生的能力,后者则指当事故发生后对车内外人员的保护能力。

汽车主动安全性涉及汽车诸多系统和性能,其中最为重要的是汽车的制动性能。汽车的制动性能是指汽车在行驶过程中,能在短距离内迅速停车,并维持正常行驶方向和在下长坡时维持合适的安全车速的能力。它既是确保行车安全的需要,也是发挥动力性的前提。制动性能的主要指标有制动效能、制动效能恒定性和制动时的方向稳定性等。

制动效能是指汽车的减速能力,用汽车的制动距离或制动减速度等评价;制动效能恒定性是指连续大强度制动后制动效能的保持能力,包括制动抗热衰退和抗水衰退性能;制动时的方向稳定性是指汽车制动时不发生跑偏、侧滑以及失去转向能力。

汽车被动安全性又称碰撞安全性,是指车辆在碰撞过程中,避免对车内外人体造成过大的伤害的能力。它与车身技术和汽车安全约束系统等相关。

四、汽车的操纵稳定性

汽车的操纵稳定性是指在驾驶员不感到过分紧张、疲劳的条件下,汽车能够遵循驾驶员通过转向系及转向轮给定的方向行驶,且当遭遇外界干扰时,能够抵抗干扰而保持稳定行驶的能力。操控行驶中的车辆是根据行车环境对车辆进行连续调整的过程,它反映了人、车和环境之间的相互作用结果,一方面取决于驾驶员对环境的判断能力和对车辆的操纵能力,另一方面也取决于车辆本身的可操控性能。

汽车的可操控性能是多方面能力的综合反映,主要包括影响驾驶疲劳的转向轻便性、跟随转向盘输入做出相应反应的操纵性和抵御环境干扰保持正常行驶的稳定性三个方面。汽车行驶状态复杂多变,与之相适应的操控性能可以归纳为低速状态下的转向特性、行驶参数稳定状态下的转向特性和行驶参数非稳定状态下的瞬时转向特性。

五、汽车的舒适性

汽车的舒适性是指车内乘员的舒适感觉。提高舒适性有利于缓解驾驶员的疲劳强度,从而提高行车安全性。乘坐舒适感来自驾乘人员的心理和生理两个层面,驾驶室内部设计和环境因素直接作用于车内乘员感官,对其心理产生影响;而汽车行驶中产生的振动又会作用于乘员身体,产生相应的生理感受,且这种感受常常占据主导地位。

汽车行驶的平顺性是指汽车在一定速度范围内行驶时,保证驾乘人员不至于因车身振动引起不适和疲劳,保持运载货物完整无损的能力。它以汽车对不平地面的振动响应为基础,以人体对振动的感觉为评价依据,衡量汽车振动对人体造成的生理影响。

六、汽车的环保性

汽车的环保性是指减少汽车运行时对周边环境产生危害的能力,如汽车尾气排放物一氧化碳(CO)、二氧化碳(CO_2)、碳氢化合物(HC)、氮氧化物(NO_x),以及发动机且噪声、排气系统噪声、风扇噪声、制动噪声和内饰材料、电子元器件等污染物对人体和环境的影响。

七、汽车的通过性

汽车的通过性是指汽车在行驶过程中克服障碍的能力,包括机动性和越野性。前者主要指汽车穿越窄巷、回转掉头和停车接近等能力,后者则指汽车是否具备以足够高的平均车速通过坏路和无路地带及各种障碍的能力,包括爬陡坡、越壕沟、涉水路、过沼泽等能力。一般所说的汽车通过性主要指汽车通过坏路和无路地带的能力。它主要取决于地面的物理特性和汽车的结构特点,也与汽车的动力性、视野性和稳定性等相关。

八 汽车的可靠性与耐久性

汽车的可靠性是汽车产品在规定的条件下和时间内完成一定功能的能力。它以汽车在使用过程中发生故障的概率来度量。汽车使用中出现的故障可以是零部件损坏导致的"硬故障",也可以是性能逐渐衰退,下降到最低限度而出现的"软故障"。随着使用时间的延长,车辆的可靠性会逐渐下降。汽车的可靠性通常采用"故障频次""首次故障里程"和"平均故障间隔里程"等指标来评价。

汽车的耐久性是指汽车在规定的使用和维修条件下,达到某种技术或经济指标极限时,完成功能的能力。它是对汽车使用寿命的度量。汽车的耐久性通常以汽车第一次大修里程的长短以及汽车从启用至报废的寿命长短等指标来衡量。

第二节 汽车综合性能现场检测

汽车综合性能是指在用汽车动力性、安全性、燃料经济性、使用可靠性、排气污染物和噪声以及整车装备完整性与状态、防雨密封性等多种技术性能的组合。

汽车综合性能检测站是按照规定的程序、方法,通过一系列技术操作行为,对在用汽车综合性能进行检测(验)评价工作并提供检测数据、报告的社会化服务机构,简称综检站。

《汽车综合性能检测站能力的通用要求》(GB/T 17993—2005)规定了汽车综合性能检测站开展汽车综合性能检测工作应具备的服务功能、管理、技术能力以及场地和设施的要求。它适用于汽车综合性能检测站建设、运行管理以及对汽车综合性能检测站的能力认定、委托检测和监督管理。

一 现代汽车检测与故障诊断的分类

1 汽车检测分类

根据汽车检测的目的,汽车检测可分为以下四类。

(1)安全环保性能检测。安全环保性能检测是指对汽车实行定期和不定期的安全运行和环保性能检测,如对制动、侧滑、灯光、排放、噪声、车速表的检测。其目的是建立安全和公害的监控体系,强化汽车的安全管理,确保汽车具有符合要求的外观、良好的安全性能和规定范围内的环境污染程度,使汽车能在安全、高效和低污染下运行。

(2)综合性能检测。综合性能检测是指对汽车实行定期和不定期的综合性能方面的检测,如对汽车安全性、可靠性、动力性、经济性和环保的检测。其目的是在汽车不解体的情况下,确定汽车的可靠性、安全性等使用性能和减少对环境的污染程度,以创造更大的社会效益和经济效益。

(3) 汽车故障检测。汽车故障检测是指对故障汽车的检测。其目的是在不解体(或仅卸下个别部件)的情况下,查出故障的确切部位和产生的原因,以确定故障的排除方法,提高排除故障的效率,使汽车尽快恢复正常。

(4) 汽车维修检测。汽车维修检测是指对维修车辆进行的维修前、维修中、维修后检测。维修前的检测目的是找出汽车技术状况与标准相差的程度,以确定汽车是否需要大修或应采取何种技术措施;维修过程中的检测目的是确诊故障的部位和原因,提高维修质量和维修效率;维修后的检测目的是检验汽车的使用性能能否得到恢复,以确保维修质量。

② 故障诊断分类

故障诊断是指运用必要的手段(包括外观、气味、振动、声响、感觉、仪器等)、知识和经验对车辆故障(包括故障码、故障症状)做出分析和判断,确定故障部位、原因的过程;它是由检查、分析和判断等一系列活动完成的。从完成这些活动的方式来看,现代汽车故障诊断可分为以下三类:

(1) 人工经验诊断。人工经验诊断是指利用人工观察、经验检查、推理分析、逻辑判断进行的故障诊断。诊断时,诊断人员凭借丰富的实践经验和一定的理论知识,利用简单工具,在不解体汽车或局部解体的情况下,根据汽车外部异常状况,通过眼看、手摸、耳听等手段,边检查、边试验、边分析,从而确定汽车故障部位和原因以及汽车的技术状况。人工经验诊断不需专用仪器设备,可随时随地地应用,但它对诊断人员的经验依赖性强,要求诊断人员有较高的技术水平,也存在诊断速度慢、准确性差及不能进行定量分析等缺点。

(2) 仪器分析诊断。仪器分析诊断是指汽车在不解体情况下,利用各种专用仪器和设备获取汽车的各种数据,并根据这些数据来诊断故障。诊断时,利用现代检测设施对汽车、总成或机构进行测试,并通过对诊断参数测试值、变化特性曲线、波形等信息分析判断,定量确定汽车技术状况或确诊故障部位和原因,采用微型计算机控制的仪器设备能自动分析、判断、存储并打印诊断结果。利用现代仪器诊断的特点是诊断速度快、准确性高、能定量分析,但检测的投资大、成本高。

(3) 自诊断。自诊断是指利用汽车电控单元(ECU)的自诊断功能进行的故障诊断。自诊断功能就是利用监测电路检测传感器、执行器以及微处理器的各种实际参数,将检测到的实际数据与存储器中的标准数据进行比较,并根据比较结果,对系统是否存在故障进行判定。当判定系统存在故障时,电控单元将故障信息以故障码的形式存入存储器,并控制警示灯向驾驶员发出警示信号。自诊断就是通过一定的操作方式,把汽车电控系统中电控单元的故障信息提取出来,然后通过维修手册、科学分析等来确定故障的部位和原因。

在实际检测诊断中,上述三类故障诊断并不相互独立,而是相辅相成的。人工经验诊断是检测诊断的基础,具有十分重要的实用价值;仪器分析诊断是在人工检验诊断法基础上发展起来的诊断方法,它在汽车检测诊断中所占的比例日益增大,使用现代仪器设备诊断是汽车检测诊断技术发展的必然趋势;自诊断对于电子控制的汽车各大系统十分有效,而且快捷准确,这是其他方法无可比拟的。

二、汽车综合性能现场检测

1. 汽车综合性能检测站的场地和设施

1）基本要求

（1）综检站应有科学的总体规划设计和工艺布局，合理设置汽车检测线、检测间、检测工位、计算机控制系统、停车场、试车道路、业务厅等设施。

（2）综检站的设计和使用须有消防通道、消防设施等，并严格执行国家、行业、地方有关消防条例、法规的规定。

（3）综检站应有必要的绿化面积和卫生设施，符合《工业企业设计卫生标准》（GBZ 1—2010）的有关规定。

（4）综检站的供电设施应符合《通用用电设备配电设计规范》（GB 50055—2011）的有关规定。

（5）综检站的建筑物防雷措施、防雷装置均应符合《建筑物防雷设计规范》（GB 50057—2010）的有关规定。

2）检测线

（1）检测线应布置在检测间内，应按规定的检测项目配置检测工位。

（2）检测工艺流程应布置合理，各检测工位应有足够的检测面积，检测时，各工位应互不干涉。

（3）检测线出入口应设引车道和必要的交通标志，应有醒目的工位标志、检测流程指示信号、避免非检测人员误入检测工作区的安全防护装置等。

3）检测间

（1）检测间的长变、宽度、高度应满足检测车型检测工作的需要，并符合建筑标准的要求。

（2）检测间应通风、防雨，并设置排（换）气、排水装置，检测室内空气质量应符合GBZ1—2010的有关规定。

（3）检测间通道地面的纵向、横向坡度在全长和任意10m长范围内应不大于1.0%，平整度应不大于3.0%。在汽车制动检验台前后相应距离内，地面附着系数应不低于0.7。

（4）检测间内采光和照明应符合《建筑采光设计标准》（GB/T 50033—2013）和《建筑照明设计标准》（GB 50034—2013）的有关规定。

4）停车场和试车道路

（1）停车场的面积应与检测能力相适应，不允许与检测场地、试车道路和行车道路等设施共用。

（2）试车道路的承载能力应满足受检汽车的轴荷需要，试车道路应符合《汽车道路试验方法通则》（GB/T 12534—1990）、《机动车运行安全技术条件》（GB 7258—2012）的相关要求。

2. 汽车综合性能现场检测

汽车综合性能检测是伴随着汽车技术的发展而发展的。在汽车发展的早期，汽车综合性能检测主要是有经验的专业人员通过眼看、耳听、手摸等方式进行。随着现代科学技术的进步,逐渐转向运用各种先进仪器设备,安全、迅速、准确地对汽车进行不解体检测,其发展日趋完善。目前,汽车综合性能检测主要具有以下三方面的特征。

(1) 检测设备标准化。我国汽车综合性能检测工作经历了从无到有、从小到大,从引进技术、引进检测设备到自主研究、开发、推广、应用,从单一性能检测到综合性能检测逐步完善的发展阶段,取得了很大的进步。目前,我国综检站使用的所有设备都做到了依据标准进行制造、校准和检定。

(2) 检测内容复杂化。《道路运输车辆综合性能要求和检验方法》(GB 18565—2016)规定汽车综合性能检测的项目包括八大项,项目多、内容复杂。主要检测项目包括:营运车辆的动力性、燃料经济性、制动性、转向操纵性、照明和信号装置及其他电气设备、排放与噪声控制、密封性、整车装备。

(3) 检测技术设备智能化。随着计算机技术的发展,汽车综合性能检测设备已大量运用光、机、电一体化技术,并采用了计算机测控,建立了全自动检测线。有些检测设备具有专家系统和智能化功能,能对汽车技术状况进行全面的检测,并能诊断出汽车故障发生的部位和原因。汽车检测技术和设备正越来越智能化。

检测站主要由一条或数条检测线组成。功能齐全的检测站,除检测线外,还经常配备有停车场、清洗站、维修车间、办公区和生活区等。对于不同的汽车安全检测站和综合性能检测站,其具体工位布置可以有所区别,但就其功能而言,大致都由以下几种工位组成。

1) 安全环保检测线

安全环保检测线可以由"三工位""四工位"或"五工位"组成。"三工位"主要用在手动和半自动的安全环保检测线上,而全自动安全环保检测线一般都由汽车资料输入及安全检查工位、侧滑制动车速表工位、灯光尾气工位、车底检查工位、综合判断及主控制室工位组成。下面就以此为例介绍工位设备和检测项目。

图 1-1 所示为国产五工位全自动安全环保检测线。

(1) 汽车资料输入及安全装置检查工位

本工位除将汽车资料输入主控制计算机外,还进行汽车上部的灯光和安全等装置的外观检查(Lamps and Safety Device Inspection),简称 L 工位。

主要设备有:

①进线指示灯;

②汽车资料登录计算机(包括键盘及显示屏);

③工位测控计算机;

④检验程序指示器及其控制器;

⑤轮胎自动充气机;

⑥轮胎花纹测量器;

⑦检测手锤;

⑧不合格项目输入键盘;

⑨电视摄像机;

⑩光电开关。

检查项目:由检查人员人工检查汽车的灯光、安全装置、防护装置、操纵装置、工作仪表和车身等是否装备齐全、工作正常、连接可靠和符合规定。检查的重点是灯光和安全设置。具体检查项目见表1-1。

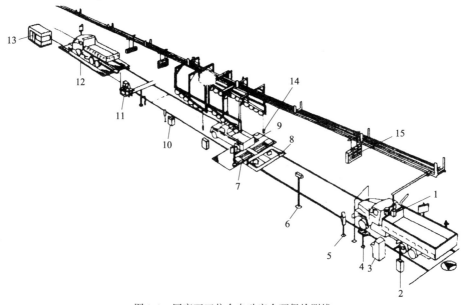

图1-1 国产五工位全自动安全环保检测线
1-进线指示灯;2-烟度计;3-汽车资料登录计算机;4-安全装置检查不合格项目输入键盘;5-烟度计检验程序指示器;6-电视摄像机;7-制动试验台;8-侧滑试验台;9-车速表试验台;10-废气分析仪;11-前照灯检测仪;12-车底检查工位;13-主控制室;14-车速表检测申报开关;15-检验程序指示器

汽车外观检查项目 表1-1

序 号	检查项目	序 号	检查项目
1	远光灯	16	离合器、变速器
2	近光灯	17	制动踏板自由行程
3	制动灯	18	转向器自由转动量
4	倒车灯	19	驻车制动
5	牌照灯	20	油箱、油箱盖
6	示宽灯、辅助灯、标志灯	21	挡泥板
7	室内灯	22	防护网及连接装置
8	车厢、座位	23	电气导线
9	车门、车窗	24	发动机
10	车身	25	发电机、蓄电池
11	后视镜、下视镜、侧视镜	26	灭火器
12	风窗玻璃	27	仪表、仪表灯
13	刮水器	28	机油压力报警器
14	喇叭	29	半轴螺栓
15	轮胎、轮胎螺栓	30	座椅安全带

(2)侧滑制动车速表工位

本工位由侧滑检测(Alignment Inspection)、轴重检测(Weight Inspection)、制动检测(Brake Test)和车速表检测(Speedometer Test)组成,简称ABS工位。

主要设备:

①工位测控计算机;

②侧滑试验台;

③轴重计或轮重仪(如果制动试验台本身带有轴重测量装置,则不必另外装备轴重计或轮重仪);

④制动试验台;

⑤车速表试验台及车速检测申报开关;

⑥检验程序指示器;

⑦光电开关;

⑧反光镜。

检测项目:

①检测前轮侧滑量;

②检测各轴轴重;

③检测各轮制动拖滞力和制动力,求轴制动力和、制动力差和轴制动力占轴荷的百分比;

④检测手制动力;

⑤检测车速表指示误差。

(3)灯光尾气工位

本工位主要由前照灯检测(Head Light Test)、排气检测(Exhaust Gas Test)、烟度检测(Diesel Smoke Test)和喇叭噪声级检测(Noise Test)组成,简称HX工位。

主要设备:

①工位测控计算机;

②前照灯检验仪;

③废气分析仪;

④烟度计;

⑤声级计;

⑥检验程序指示器;

⑦停车位置指示器;

⑧光电开关;

⑨反光镜。

检测项目:

①检测前照灯发光强度和光束照射方向;

②检测汽油车怠速排放污染物或柴油车自由加速烟度;

③检测喇叭噪声级。

(4) 车底检查工位

车底检查(Pit Inspection)工位,简称 P 工位。

主要设备:

①工位测控计算机;

②检验程序指示器及其控制器;

③地沟内举升平台;

④检测手锤;

⑤不合格项目输入键盘;

⑥对讲话筒及扬声器;

⑦光电开关;

⑧车辆到位报警灯或报警器;

⑨地沟内电视摄像机。

检测项目:本工位是车辆底部的外观检查,由检测人员在地沟内人工检查底盘各装置及发动机的连接是否牢固可靠,有无弯扭断裂及漏油、漏水、漏气、漏电等现象,具体检查项目见表1-2。

车 底 检 测 项 目　　　　　　　　表 1-2

序 号	检 查 项 目	序 号	检 查 项 目
1	发动机及其连接	16	油路、气路、电路
2	车架	17	储气筒
3	前梁	18	传动轴、万向节、伸缩节
4	转向器的转向轴及其万向节	19	中间支承
5	转向器支架	20	离合器及操纵机构
6	转向垂臂	21	变速器
7	转向器	22	主传动轴
8	转向主销及其轴承	23	减振器
9	横直拉杆	24	钢板弹簧夹及U型螺栓
10	前悬架连接	25	排气管及消声器
11	前吊耳销子	26	制动系拉杆、驻车制动器
12	后悬架连接	27	后桥壳
13	后吊耳销子	28	缓冲器、保险杠、牵引钩
14	各部杆系	29	是否漏油、漏水、漏气、漏电
15	各种软管	30	油箱、蓄电池等的固定

(5) 综合判定及主控制室工位

主要设备:

①主控制计算机、键盘及显示器;

②打印机;

③监察电视(电视摄像机显示器);

④控制台及主控制键盘;

⑤稳压电源；
⑥不间断电源。

检测项目：汽车到达本工位时已全部检测完毕，主控制计算机将各工位检测结果综合判定后，由打印机集中打印检测结果报告单，交给汽车驾驶员。

2）综合检测线

综合检测线有两种类型：全能综合检测线和一般综合检测线。前者包含安全环保检测线的主要检测设备，能对车辆技术状况进行全面检测，也能对车辆进行安全环保检测；而后者不包括安全环保检测线的主要检测设备，主要由底盘测功机组成。

以全能综合检测线为例，综合检测线的工位设备和检测项目如下。

(1) 外观检查及前轮定位工位

该工位包括车上、车底外观检查和前轮定位检测。

主要设备：
①轮胎自动充气机；
②轮胎花纹测量器；
③检测手锤；
④地向内举升平台和地沟上举升器；
⑤就车式车轮平衡机；
⑥声发射探伤仪；
⑦侧滑试验台；
⑧前轮定位试验台或前轮定位检验仪；
⑨转向盘自由行程检测仪；
⑩传动系游动角度检验仪和底盘松旷量检测仪。

检测项目：
①车上、车底外观检查项目同全自动安全环保检测线；
②就车检测车轮不平衡量；
③对万向节枢轴等安全机件进行探伤；
④检测前轮侧滑量；
⑤检测前轮最大转向角、主销后倾角、主销内倾角，并视需要检测前轮前束值和前轮外倾值；
⑥检测转向盘自由行程；
⑦检测传动系游动角度；
⑧检测轮载轴承、主销和纵横拉杆等处的底盘松旷量。

(2) 制动工位

主要设备：
①轴重计或轮重仪（如果制动试验台本身带有轴重测量装置，则不必另外装备轴重计或轮重仪）；
②反力式式制动试验台。

检测项目：
①检测各轴轴重；

②检测各轮制动拖拖滞力和制动力,各轴制动力和、制动力差和轴制动力占轴荷的百分比。

（3）底盘测功工位

该工位能模拟汽车道路行驶,因而可组织较多的检测设备同时,还可交叉地对汽车发动机、底盘和电气设备等进行综合动态检测。本工位配备的设备众多,能检测的项目也较多。

主要设备：
①底盘测功试验台;
②发动机综合参数测试仪(汽、柴油机合一或分开);
③电器综合测试仪;
④汽缸压力测试仪;
⑤汽缸漏气测试仪;
⑥真空表或真空测试仪;
⑦油耗计;
⑧废气分析仪;
⑨烟度计;
⑩声级计;
⑪机油洁净性分析仪;
⑫发动机无负荷测功仪;
⑬发动机异响分析仪;
⑭传动系异响分析仪;
⑮前照灯检验仪;
⑯温度计或温度仪。

检测项目：
①检测驱动车轮输出功率或驱动力,模拟车辆各种速度行驶,进行加速性能、等速性能和滑行性能等试验,检测百千米耗油量和经济车速等;
②对发动机的点火系、供油系、电气设备、动力性、汽缸密封性和各部异响等进行检测、分析和诊断;
③检测汽油车怠速或其他工况排放的 CO 和 HC 浓度;
④检测柴油车自由加速烟度或全负荷烟度;
⑤检测前照灯的发光强度和光束照射方向;
⑥检测喇叭噪声和汽车车内、外噪声;
⑦检测、分析并诊断传动系异响;
⑧检测各总成温度和发动机排气温度。

当该工位上的有些项目检测时间过长时,也可在前面的工位上提前进行。例如,机油清净性分析,可以在第一工位上对机油取样,接着到分析仪上进行分析,以平衡与其他项目的检测进度。

在综合检测线上,允许对车辆做必要的调试。例如,调试时间过长,应离线在维修（或调试）车间内进行。当在综合检测线上进行安全环保检测时,应按安全环保检测线规定的项目进行。

3)汽车性能检测站工艺路线

对于一个完整的综合性能检测站,需检车辆进站后的工艺流程路线,如图1-2所示。

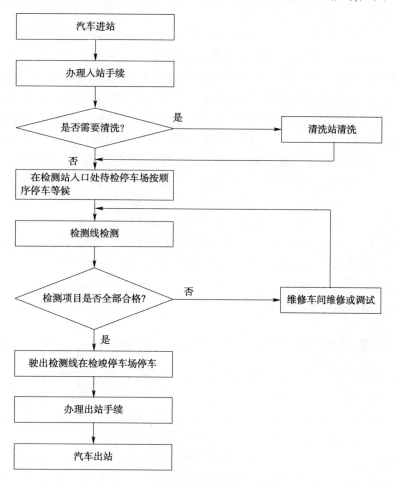

图1-2　综合性能检测站工艺流程路线

第三节　汽车远程检测技术

随着现代汽车结构的日益复杂,汽车电子控制技术的应用越来越广泛,汽车故障诊断尤其是电子系统故障诊断的难度也越来越大。汽车远程故障诊断技术是集现代通信技术、网络技术、计算机技术、传感器技术、人工智能技术、汽车电子控制技术为一体的一门新兴学科技术。该技术的实现,可以有效地提高诊断的精确性及工作效率,实现资源共享,极大地提高社会生产效率。

一、远程测试与诊断技术的发展

远程故障诊断技术的兴起与发展,起源于远程医疗诊断的发展应用。1988年,开放式远程医疗系统的概念在美国被提出。而设备诊断与人类的疾病诊断是相似的,因此从技术上说能实现远程医疗诊断也就能实现远程设备诊断。但是,由于重视程度不够和投入的科研资金少、人力不足等原因,与医疗行业已取得的显著成果相比,工业领域的远程诊断工作的进展相对较慢。

1997年1月,首届基于Internet技术的工业远程诊断研讨会由斯坦福大学和麻省理工学院联合主办。1996年10月,斯坦福大学和麻省理工学院从开始合作开发基于Internet的下一代远程诊断示范系统,并得到了Boeing、Fort、Segate、Intel等12家大公司的支持和通力合作。此外,密歇根大学也在积极开展针对机械加工的远程诊断和制造系统的研究工作,并在Internet上设立了一个宣传站点。许多国际组织也纷纷通过网络进行设备故障诊断咨询和技术推广工作,并制定了一些信息交换格式和标准,许多公司也在其产品中加入了连接Internet的功能。在国内,西安交通大学、上海交通大学、哈尔滨工业大学等都在向国外先进水平看齐,已经开始或准备开始从事工业领域的远程诊断研究工作。华中科技大学机械学院信息所建立了设备故障诊断中心,不仅可以为Internet用户提供远程信号采集、信号分析和设备故障诊断服务,还可以从网上为在校学生开设工程测试与信号分析实验,实现网络课程教学。哈尔滨工业大学航天学院热能工程研究所实现了基于Internet的大型汽轮发电机组远程故障诊断。淮阴工学院交通工程学院自2005年6月开始进行汽车远程测试与故障诊断实验室的建设,经过几年的努力,现已基本建成具有远程控制、远程测试、远程诊断及远程教学等功能的车辆故障诊断实验室。

二、汽车远程测试与诊断技术的优越性

随着汽车结构日趋复杂,新技术的运用日趋广泛和深入,汽车维修行业发生了巨大变化,已从传统依靠维修实践经验进行诊断的阶段,发展到目前利用专门设备进行综合检测诊断阶段。但是,对于一些疑难杂症,现场技术人员经常力不从心,需求助技术雄厚的大型汽车制造维修部门或科研院所专家才能解决。现代网络技术及多媒体技术的蓬勃发展,为汽车故障远程诊断技术的推广应用提供了技术支持。汽车故障远程诊断技术具有以下优点:

(1)远程诊断可以加强科研院所与生产企业的合作。能够使技术领域力量较强的维修企业、科研院所充分发挥自身的技术优势,更好地为企业服务,而且使理论更好地联系实际,而企业的需求也可以很好地反馈给科研院所。

(2)远程诊断可以实现资源的共享。互联网的发展,可通过网上诊断中心获得故障的原因及其解决措施,使故障诊断变得灵活方便,无论用户在何处,只要通过Internet连接检测中心的Web服务器,即可请求检测服务,还可以实现资源共享,避免重复开发,具有非常好的社会效益和经济效益。

(3)可实现多诊断系统远程协作诊断,以提高系统的整体诊断能力。传统的诊断系统缺乏系统间的协作能力,但远程故障诊断系统的发展可大大提高这种协作能力,从根本上改善系统的整体诊断能力。

(4)可实现远程教学和技术培训。通过网络传递信息进行在线教学,越来越受到高校的重视,学生通过网络接收远端服务器传来的数据,进行数据保存或在线分析处理,不仅可以节省实验教学成本,同时也可以使实验教学更灵活,提高教学效果。

三、远程故障诊断系统模式

远程故障诊断系统模式通常有两种：一种是基于 C/S 的故障诊断模式；另一种是基于 B/S 的故障诊断模式。

1. C/S 的故障诊断模式

C/S 模式即客户端/服务器（Client/Server）模式，它是软件系统体系结构，通过它可以充分利用两端硬件环境的优势，将任务合理分配到客户端和服务器端来实现，降低系统通信开销。其主要由客户应用程序、服务器管理程序和中间件（Middleware）三个部件组成。客户应用程序是系统中用户与数据进行交互的部件。服务器程序负责有效地管理系统资源，如管理一个信息数据库，其主要工作是当多个客户并发地请求服务器上的相同资源时，对这些资源进行最优化管理。中间件负责连接客户应用程序与服务器管理程序，协同完成一个作业，以满足用户查询管理数据的要求。

2. B/S 的故障诊断模式

B/S 模式即浏览器/服务器（Browser/Server）模式，是一种以 Web 技术为基础的新型 MIS 系统平台模式，是对 C/S 结构的一种改进结构。在这种结构下，用户工作界面是通过 WWW 浏览器来实现，极少部分事务逻辑在浏览器端实现，但是主要事务逻辑在服务器实现，形成所谓三层结构。

第一层客户机是用户与整个系统的接口。客户的应用程序精简到一个通用的浏览器软件，如 Netscape Navigator、微软公司的 IE 等。浏览器将 HTML 代码转化成图文并茂的网页。网页还具备一定的交互功能，允许用户在网页提供的申请表上输入信息提交给后台，并提出处理请求。这个后台就是第二层 Web 服务器。

第二层 Web 服务器将启动相应的进程来响应这一请求，并动态生成一串 HTML 代码，其中嵌入处理的结果，返回给客户机的浏览器。如果客户机提交的请求包括数据的存取，Web 服务器还需与数据库服务器协同完成这一处理工作。

第三层数据库服务器的任务类似于 C/S 模式，负责协调不同的 Web 服务器发出的 SQ 请求，管理数据库。

四、远程故障诊断的实现方法及手段

随着电子技术、计算机技术、网络技术、通信技术和传感器技术的长足进步和发展，在设备运行状态的远程监测方面，通常有两种远程故障诊断方法：一种是外置式诊断监测，即在设备上安装的附加监测仪器系统，依托较为成熟的现有状态监测与故障诊断技术，实现在线的远程智能监测和故障诊断；另一种是内置式诊断监测，即在设备电子控制单元（ECU）设计阶段，就将设备状态监测仪器作为设备的一个重要单元一并考虑，来设计设备状态监测与故障诊断系统，设备一旦制造完毕，设备状态监测系统便内置于设备中。

在汽车远程测试与诊断系统中，两种不同的诊断检测方法，各有各的特点和优势。外置式诊断监测方法可以充分发挥现有诊断检测设备的资源优势,检测信息丰富,适用于汽车检测与维修中心,具有最高的性价比。由于汽车动态移动的特点,使得内置式诊断系统利用现有的移动通信网络、GPS 网络比装外置式监测系统在方便性、灵活性上更占有明显优势。就国内外目前研究现状来看,外置式远程诊断方法应用更为广泛,特别是随着近年来计算测试技术、虚拟仪器技术的迅猛发展,使得以往需要涉及较为复杂的 TCP/IP 低层编程和 Active 等技术才能解决的数据网上发布和共享问题现在变得简单和容易。

学习测试

1. 汽车综合性能评价指标有哪些?
2. 汽车综合性能检测分为哪两条检测线?各有哪些工位?
3. 如何进行汽车远程检测?

第二章　汽车动力性的检测

学习目标

1. 掌握汽车动力性评价指标；
2. 了解汽车驱动力与行驶阻力的含义；
3. 了解汽车动力性的主要影响因素；
4. 掌握汽车的动力性检测的方法。

学习时间

4学时。

汽车是一种高效率的运输工具，其运输效率很大程度上取决于汽车的动力性。动力性是汽车各种性能中最基本、最重要的性能。随着我国经济的飞速发展，汽车产业也日益壮大并成为我国的支柱产业之一，我国汽车保有量逐年攀升，同时对汽车动力性要求也越来越高，汽车驾驶员都希望汽车具有良好的动力性，以便能多拉快跑，提高运输效率和能力。

第一节　汽车动力性的评价指标

一、汽车动力性概述

汽车的动力性是指汽车在良好平直路面上直线行驶时所能达到的平均行驶速度。汽车无论是用作生产工具还是用作生活用具，其运行效率均取决于是否拉得动、跑得快，即取决于运行速度。在运行条件（地理、道路、气候条件及运输组织条件等）一定时，汽车的平均运行技术速度主要取决于汽车的动力性。显然，汽车动力性越好，汽车运行的平均技术速度就越高，汽车运行效率也就越高。汽车工程界基于具有最高的平均行驶技术速度的观点，以汽车的最高行驶速度、加速时间和最大爬坡度为量标，评定、比较汽车动力性的优劣。

二、汽车动力性的评价指标

从尽可能获得高的平均行驶速度出发，汽车的动力性主要由最高车速、加速时间和最大爬坡度三方面的指标来评定。

1 最高车速

最高车速是指汽车在水平良好的路面（混凝土或沥青路面）上，能够达到的最高稳定行驶速度。对经常在公路上行驶的汽车，最高车速十分重要，它关系到汽车的平均技术和运输效率。在汽车定型试验中，一般都要进行的最高车速的道路试验，以确定最高车速是否达到设计要求（图2-1）。

图 2-1　跑车的最高车速

2 加速时间

1）原地起步加速时间

原地起步加速时间，也称起步换挡加速时间，是指用规定的低挡起步，以最大的加速强度逐步换到最高挡后，加速到某一规定的车速所需的时间。

目前，常用 0~96km/h 所需的时间（s）来评价。也可用加速行驶规定距离所需的时间来衡量，其规定距离一般为 400m、800m 或 1000m，汽车起步加速时间越短，其动力性越好。

2）超车加速时间

超车加速时间，也称直接挡加速时间，指用最高挡或次高挡，由某一预定车速开始，全力加速到某一高速所需的时间，用来表示汽车超车时的加速能力。

超车加速时间越短，汽车的加速性能越好。目前，常用 48~112km/h 所需的时间（s）来评价。

3 最大爬坡度

最大爬坡度是指汽车满载时在良好路面上用第一挡克服的最大坡度，代表汽车的爬坡能力。爬坡度用坡度的角度值（以°表示）或以坡度起止点的高度差与其水平距离的比值（正切值）的百分数来表示（图2-2）。表述这种汽车爬坡能力的计量方法就是百分比坡度，用坡的高度和水平距离的比例来表示，即百分比坡度 = $\tan\theta \times 100\%$，其中 θ 是坡面与水平面的夹角。

轿车大多在良好的道路上行驶，主要强调最高车速和加速能力，一般不强调爬坡能力；货车在各种不同道路上行驶，除了具有较高的最高车速和加速能力以外，还应具有足够的爬坡能力；越野车在坏路或无路条件下行驶，爬坡能力非常重要。

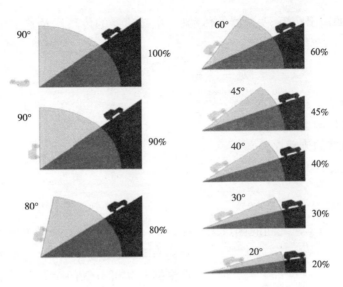

图 2-2 不同爬坡度的图示

第二节 汽车的驱动力与行驶阻力

汽车动力性是由作用于汽车行驶方向的各种外力决定的,包括使汽车前进的驱动力和阻碍汽车前进的行驶阻力。同一型号的汽车,驱动力越大,行驶阻力越小,其动力性越好。汽车发动机产生的转矩,经传动系统传至驱动轮上。此时作用于驱动轮上的转矩 T_t 对地面产生圆周力 F_0,而地面对车轮的反作用力 F_t 即为驱动汽车的外力,此外力就称为汽车的驱动力,其数值为: $F_t = T_t/r$。

一、汽车的驱动力

1 概念

在汽车行驶中,如果驱动轮在路面上无滑转现象,驱动轮给路面一个向后的力。按作用力与反作用力定律,路面将给驱动轮一个反作用力 F_t,作用于驱动轮,该力称为汽车的驱动力。它用来克服行驶阻力,使汽车正常行驶。驱动力 F_t 由发动机产生的转矩经传动系传到驱动轮,产生驱动力矩 T_t,驱动轮在 T_t 的作用下给地面作用一圆周力 F_0,地面对驱动轮的反作用力 F_t 即为驱动力,如图 2-3 所示。

驱动力 F_t 的计算公式如下:

$$F_t = \frac{T_t}{r} \qquad (2-1)$$

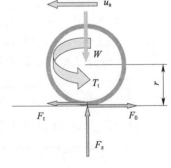

图 2-3 汽车的驱动力

式中:T_t——作用于驱动轮上的转矩,N·m;
r——车轮半径,m。

T_t 和发动机的输出转矩、变速器的传动比、主减速器的传动比及整个传动系统的机械效率都有关系。

$$F_t = \frac{T_t}{r} = \frac{T_{tq} i_g i_o \eta_T}{r} \quad (\text{N}) \tag{2-2}$$

式中：T_t——驱动轮上的转矩，N·m；

T_{tq}——发动机输出转矩，N·m；

i_g——变速器的传动比；

i_o——主减速器的传动比。

2 驱动力图

一般用驱动力与车速之间的函数关系曲线 F_t-u_a 来全面表示汽车的驱动力，称为汽车的驱动力图，如图 2-4 所示。驱动力图中的驱动力是根据发动机节气门全开时的转矩计算出来的，它表示了在一定车速下汽车各挡位能达到的最大驱动力。汽车驱动力随发动机输出转矩、变速器传动比、主减速器传动比、传动系效率的增加而增大，随车轮半径增大而减少，即节气门的开度减小，驱动力也减小。相同的节气门开度，低挡时驱动力较大，高挡时驱动力较小。

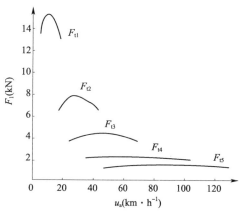

图 2-4 货车 NKR552/555 的驱动力图

二、汽车行驶阻力

汽车运动时需要克服运动中所遇到的各种阻力。汽车在水平道路上等速行驶时必须克服来自汽车赖以行驶的地面滚动阻力（F_f）和来自汽车周围的空气阻力（F_w）。当汽车在坡道上上坡行驶时，还必须克服汽车重力沿坡道的分力，称为坡度阻力（F_i）。汽车加速行驶时需要克服的惯性力，称为加速阻力（F_j）。汽车行驶的总阻力为：

$$\sum F = F_f + F_w + F_i + F_j \tag{2-3}$$

在上述各种阻力中，滚动阻力和空气阻力在任何行驶条件下都是存在的。克服这两个阻力所消耗的能量是纯消耗，不能回收利用。但坡度阻力和加速阻力并不是这样，它们可分别在下坡和滑行时重新利用。坡度阻力在上坡行驶时存在，在水平道路上行驶时没有坡度阻力。加速阻力在汽车加速行驶时存在，等速行驶时没有加速阻力。

1 滚动阻力

滚动阻力是指汽车车轮滚动时，由于轮胎和地面变形造成的阻碍运动的力。

汽车总质量愈大，汽车要克服的滚动阻力愈大。汽车滚动阻力为：

$$F_f = fG \tag{2-4}$$

式中：F_f——汽车滚动阻力，N；

f——滚动阻力系数；

G——车质量，N。

由于轮胎和支承面的相对刚度不同，它们的变形特点也不同。当弹性轮胎在混凝土路、沥青路等硬路面上滚动时，轮胎的变形是主要的。这时，轮胎由于有内部摩擦产生弹性迟滞损失，使轮胎变形时，损耗了一部分能量。

车轮在硬路面上的弹性迟滞损失绝大部分是轮胎变形的能量损失，即表现为弹性迟滞损失的轮胎橡胶、帘布等材料内的分子摩擦损失，以及内胎与外胎、轮胎与轮辋、橡胶与帘布层等轮胎各组成物间的机械摩擦损失。车轮在软路面上的弹性迟滞损失大部分是消耗于土壤的变形损失，即土壤变形时其微粒间的机械摩擦损失。

滚动阻力系数是概括轮胎变形、道路变形以及接触面上之摩擦等损失的系数。滚动阻力系数与路面的种类、行驶车速以及轮胎的构造、材料、气压等有关，轮胎的结构、材料和气压对滚动阻力系数有很大影响。在保证轮胎具有足够的强度和使用寿命的条件下，采用较少的帘布层、较薄的胎体以及采用较好的轮胎材料均可减少轮胎滚动时的迟滞损失，减小滚动阻力系数。子午线轮胎的滚动阻力系数较低。在软路面上行驶的汽车，采用大直径宽轮缘的轮胎，使其与路面的接触面积增加，减小路面变形，因而可得较小的滚动阻力系数。

滚动阻力系数与径向载荷有一定关系，载荷增加使轮胎变形增加，加大迟滞损失，因而滚动阻力系数也增加，但影响很小。所以可以认为滚动阻力系数不随径向载荷的大小而变化。对滚动阻力系数影响最大的是路面的类型、表面状态和力学物理性质等。当路面无变形时，滚动损失仅由轮胎变形损失所决定；当路面有变形时，滚动损失大部分为路面变形损失所组成，且其数值较大。所以，混凝土路面、沥青路面、碎石路面、沙地、雪地、冰道等路面类型和干燥、潮湿、有无尘土和雪等表层、高低凹凸不平程度等表面状态以及道路粒度、抗压强度、抗剪强度等力学物理性质都会影响路面有无变形、变形的大小和性质。不仅如此，在不同路面上，不同的轮胎类型、结构、材料、尺寸、气压和不同的行驶车速、受力情况对滚动阻力系数的影响也不相同。所以，不同路面，尤其是在各种因素的综合影响下，所有的滚动阻力系数能在很大的范围内变动，即使同一种轮胎沿各种类型路面滚动时的滚动阻力系数差别也很大。

❷ 空气阻力

汽车行驶时受到空气作用力在行驶方向上的分力。空气阻力 F_w 与汽车的迎风面积 A 有关。考虑到汽车的形状和表面的粗糙程度对空气阻力的影响，空气阻力系数 C_D、空气相对于汽车速度 u_r 的关系为：

$$F_w = \frac{C_D A u_r^2}{21.15} \tag{2-5}$$

汽车在行驶时，需要挤开周围的空气，汽车前面受气流压力并且形成真空，产生压力差，此外还存在着各层空气之间以及空气与汽车表面的摩擦，再加上冷却发动机、室内通风以及汽车表面外凸零件引起的气流干扰等，就形成了空气阻力。它包括有压差阻力（又称形状阻力）、诱导阻力、表面阻力（又称摩擦阻力）、内部阻力（又称内循环阻力）以及干扰阻力。空气阻力与汽车的形状、汽车的正面投影面积有关。图 2-5 所示为汽车表面外凸零件对空气阻力的影响。

3 坡度阻力

汽车上坡行驶时,汽车重力沿坡道的分力称为汽车上坡阻力,如图 2-6 所示。道路坡度用坡道角及坡度表示。坡度是坡高与相应的水平距离之比,可用百分比表示。

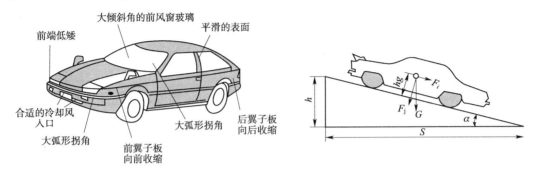

图 2-5 汽车表面外凸零件影响空气阻力　　　图 2-6 上坡阻力示意图

由于坡度阻力与滚动阻力都是与道路有关的阻力,而且都和汽车重力成正比,所以可把这两种阻力合在一起考虑,称为道路阻力。

4 加速阻力

汽车加速时需要克服的惯性力称作加速阻力。汽车的质量包括平移质量和旋转质量两部分,加速时,平移质量产生惯性力,旋转质量(主要是曲轴、车轮、离合器总成和所有车轮)产生惯性力偶矩。为了计算方便,通常把旋转质量的惯性力偶矩转化为平移质量的惯性力。计算时,用系数 δ 作为旋转质量惯性力偶矩的汽车质量换算系数。δ 分为 δ_1 和 δ_2。这里的 δ_1 是考虑曲轴、飞轮、离合器总成旋转质量影响的系数,轿车 $\delta_1 = 0.05 \sim 0.07$,货车 $\delta_1 = 0.04 \sim 0.05$,载质量大的汽车取小值。$\delta_2$ 是考虑全部车轮旋转质量影响的系数,若空车重为 G_o,总重为 G,轿车 $\delta_2 = 0.05 G_o/G$,货车 $\delta_2 = 0.07 G_o/G$。加速阻力的计算公式如下:

$$F_j = \delta \cdot m \frac{d_u}{d_t} \tag{2-6}$$

式中:F_j——加速阻力,N;
　　　δ——汽车旋转质量转换系数,$\delta > 1$;
　　　m——汽车质量,kg;
　　　d_u/d_t——行驶加速度,m/s²。

三 汽车行驶条件

汽车行驶时,作用于汽车的外力有驱动力和行驶阻力,它们相互平衡。表示汽车驱动力与行驶阻力之间关系的等式,称为汽车的驱动力平衡方程,即:

$$F_t = F_f + F_w + F_i + F_j \tag{2-7}$$

1 驱动条件

由汽车驱动力平衡方程可知:

$F_t = F_f + F_w + F_i$,汽车将等速行驶；

$F_t > F_f + F_w + F_i$,汽车将加速行驶；

$F_t < F_f + F_w + F_i$,汽车将无法动或减速行驶以至停车。

可见汽车行驶的必要条件是：

$$F_t \geq F_f + F_w + F_i \tag{2-8}$$

式(2-8)称为汽车的驱动条件,但还不是汽车行驶的充分条件,它反映了汽车本身的行驶能力。可以采用增加发动机转矩,加大传动比的办法来增大汽车的驱动力,以保证汽车的驱动条件。

2 附着条件

上述增大驱动力的办法是有限度的,它只有在驱动轮与路面不发生滑转时才有效。在一定的轮胎与路面条件下,当驱动力增大到一定程度时,驱动轮将出现滑转现象,增大驱动轮的转矩,只能使驱动轮加速旋转,地面切向反作用力并不增加。这表明汽车行驶还要受轮胎与路面附着条件的限制。

地面对轮胎切向反作用力的极限值(无侧向力作用时)称为附着力 F_Φ。在硬路面上,它与地面对驱动轮的法向反作用力成正比,即：

$$F_\Phi = F_z \cdot \Phi \tag{2-9}$$

比例常数 Φ 称为附着系数,它表示轮胎与路面的接触强度。在硬路面上它主要反映轮胎与路面的摩擦作用；在松软路面上则与轮胎和路面的摩擦作用及土壤的抗剪强度有关。

显而易见,如果驱动轮产生滑转,汽车将不能行驶。为了避免驱动轮产生滑转现象,汽车行驶还必须满足附着条件。

地面对轮胎切向反作用力的极限值称为附着力。驱动力的最大限度至多等于驱动轮与路面间的附着力。当驱动力大于附着力时,驱动轮就要产生滑转,即：

$$F_f \leq F_\Phi \tag{2-10}$$

式(2-10)称为的汽车的附着条件。

将汽车的驱动条件与附着条件联写,则得：

$$F_f + F_w + F_i \leq F_t \leq F_\Phi \tag{2-11}$$

式(2-11)即汽车行驶的驱动与附着条件,也是汽车行驶的充分与必要条件。

汽车行驶首先要满足驱动条件,即汽车本身具有产生足够驱动力的必要条件,这就要求汽车发动机能产生足够大的转矩或功率,汽车传动系有一定的传动比,以保证计算的驱动力足够大,足以克服各种行驶阻力。但是,该条件只是汽车行驶的必要条件,并不充分,也就是说,汽车行驶只满足驱动条件是不够的。推动汽车行驶的驱动力是地面对驱动轮的切向反作用力,是地面作用于汽车的外力。可以观察到,驱动轮被架空而离开地面时,无论发动机产生多大转矩,汽车都是不能行驶的。汽车行驶必须有外力作用。路面对汽车作用的驱动力的最大值,要受附着力的限制。

驱动力不能超过附着力,只能小于或等于附着力。因此,为了保证汽车正常行驶,轮胎与地面必须有良好的附着性能,即附着力足够大,地面才能在附着力的限制下对驱动轮作用足够的切向反作用力。换言之,附着力并不是地面对车轮作用的一个力,而是限制驱动力大小的一个界限。在附着力的限制之内,驱动力才能真正发挥出来。

第三节　汽车动力性的主要影响因素

一、结构因素的影响

1. 发动机的功率和转矩

发动机功率越大,汽车的动力性越好。设计中发动机最大功率的选择必须保证汽车的最高车速。最高速度越高,要求的汽车发动机功率越大,其后备功率也大,加速爬坡能力越好。但是发动机功率不宜过大,否则在常用条件下,发动机负荷率过低,油耗必然增加。

发动机转矩越大,在主减速器传动比及变速器挡数一定时,最大动力因素较大,汽车的加速和上坡能力也强。

2. 传动系参数

传动系对汽车动力性的影响取决于主减速器传动比、变速器挡数与传动比等。

(1) 主减速器传动比

变速器处于直接挡时,主减速器传动比 i 将直接影响汽车动力性能。对于变速器无超速挡的汽车,主减速器传动比将决定汽车的最高车速和克服行使阻力的能力。

(2) 变速器挡数与传动比

变速器挡数增多,发动机在最高功率附近工作的机会增加,发动机的平均功率利用率高,后备功率大。

(3) 汽车流线型

汽车流线型影响汽车的空气阻力系数,对汽车的动力性也有影响。因为空气阻力和车速的平方成正比,克服空气阻力消耗的功率和车速的立方成正比,所以汽车的流线型对汽车的最高车速影响很大。

(4) 轮胎尺寸与形式

汽车的驱动力与驱动轮的半径成反比,汽车的行驶速度与驱动轮的半径成正比。在良好路面行驶的汽车,由于附着力较大,允许用小直径的轮胎,可得到较大的驱动力。车速的提高可以用减小主减速器传动比来解决。轮胎尺寸与主减速器传动比的减小,使汽车质心高度减低,提高了汽车行驶的稳定性,有利于汽车的高速行驶。松软路面上行驶的汽车,车速不高,要求轮胎半径大些,主要是为了增加附着系数。

轮胎形式、花纹对汽车动力性也有影响。为提高汽车的动力性,应尽量采用滚动阻力较小的轮胎,如子午线轮胎。同时合理选用花纹,以增加道路与轮胎间的附着力。

(5) 汽车整备质量

汽车整备质量对汽车动力性影响很大。除空气阻力外,其他行驶阻力都与汽车的质量成正比。动力因素与汽车整备质量成反比。因此,随着汽车整备质量的增加,其动力性变差,汽车行驶的平均速度下降。如果能减轻整备质量,则可见小汽车行驶的阻力,使汽车性能得到改善。

二、使用因素的影响

在实际使用过程中汽车受实际环境因素的影响,对汽车动力性影响较大,主要有以下4个方面的影响:

(1)发动机状况

发动机技术状况不良,其功率、转矩下降,汽车的动力性下降,这是显而易见的。

(2)汽车底盘技术状况

汽车传动系各传动元件的松紧与润滑、前轮定位的调整、轮胎气压、制动性能的好坏、离合器的调整、传动系润滑油的质量等都直接影响汽车的动力性。

(3)驾驶技术

驾驶员熟练的驾驶、适时和迅速换挡以及正确地选择挡位等,对发挥和利用汽车的动力性有很大影响。

(4)汽车行驶条件

当汽车长时间在高温条件下工作,由于发动机过热,功率下降,致使汽车的动力性下降。当汽车行驶在高原地区或土路上时,不仅使滚动阻力增加,更主要的是由于附着系数减少,致使汽车的动力性大大降低。

第四节 汽车动力性的检测

汽车动力性检测项目主要有加速性能检测、最高车速检测、汽车底盘输出功率检测。动力性检测可依据的标准:《道路运输车辆技术等级划分和评定要求》(JT/T 198—2016)、《汽车维护、检测、诊断技术规范》(GB/T 18344—2016)、《道路运输车辆综合性能要求和检验方法》(GB 18565—2016)、《机动车安全运行技术条件》(GB 7258—2012)等。

国家标准规定,汽车整车动力性可用底盘测功机检测汽车驱动轮输出功率来评价。而驱动轮输出功率来源于发动机。因此,本节主要讲述发动机功率检测和底盘测功机检测。

一、发动机功率的检测

发动机输出的有效功率是指发动机输出轴上发出的功率,是发动机一项综合性指标。通过检测,可掌握发动机的技术状况,确定发动机是否需要大修或鉴定发动机的维修质量。发动机功率的检测可分为稳态测功和动态测功。

稳态测功是指在发动机试验台上由测功器测试功率的方法。通过测量发动机的输出转矩和转速,由式(2-12)计算出发动机的有效功率:

$$P_e = \frac{M_e \cdot n}{9550} \tag{2-12}$$

式中:P_e——发动机功率,kW;

n——发动机转速,r/min;

M_e——发动机输出转矩,N·m。

动态测功是指发动机在低速运转时,突然全开节气门或置节气门齿杆位置为最大,使发动机加速运转,用加速性能直接反映最大功率。这种方法不加负荷,可在实验台上进行,也可就车进行,但测量精度比稳态测功要差。

① 稳态测功

在实验台上测量发动机输出功率的测试设备有转速仪、水温表、机油压力表、机油温度表、气象仪器(湿度计、大气压力计、温度计)、计时器、燃料测量仪及测功器等。

测功器作为发动机的负载,实现对测定工况的调节,模拟汽车实际行驶时外界负载的变化,同时测量发动机的输出转矩和转速,即可算出发动机的功率。

测功器是发动机性能测试的重要设备,主要的类型有水力式、电力式和电涡流式。水力测功器是利用水作为工作介质,调节制动力矩。电力测功器是利用改变定子磁场的励磁电压产生制动力矩。电涡流测功器是利用电磁感应产生涡电流形成制动作用。下面以电涡流测功器的结构和工作原理进行介绍。

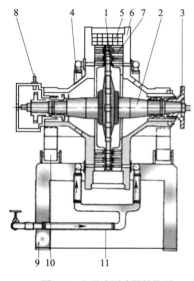

图 2-7 电涡流测功器结构图
1-转子;2-转子轴;3-连接盘;4-冷却水管;5-励磁绕组;6-外壳;7-冷却水腔;8-转速传感器;9-底座;10-轴承座;11-进水管

1)电涡流测功器的结构和工作原理

(1)电涡流测功器的结构

电涡流测功器因结构形式不同,分为盘式和感应子式两类。现在应用最多的是感应子式电涡流测工器。

图 2-7 为感应子式电涡流测功器的结构图。制动器由转子和定子组成,制成平衡式结构。转子为铁制的齿状圆盘。定子的结构较为复杂,由励磁绕组、涡流环、铁芯组成。电涡流测功器吸收的发动机功率全部转化为热量,测功器工作时,冷却水对测功器进行冷却。

(2)电涡流测功器的原理

当励磁绕组中有直流电通过时,在由感应子、空气隙、涡流环和铁芯形成的闭合磁路中产生磁通,当转子转动时,空气隙发生变化,则磁通密度也发生变化。在转子齿顶处的磁通密度大,齿根处磁通密度小。由电磁感应定律可知,此时将产生感应电势,力图阻止磁通的变化,于是在涡流环上感应出涡电流,涡电流的产生引起对转子的制动作用,涡流环吸收发动机的功率,产生的热量由冷却水带走。

2)检测方法

(1)将发动机安装在测功器台架上,使发动机曲轴中心线与测功器转轴中心线重合。

(2)安装仪表并接上电器线路及接通各种管路。

(3)检查调整气门间隙、分电器的断电器触点间隙、火花塞电极间隙及点火提前角,紧固各部螺栓螺母。

柴油机要检查调整：喷油器的喷油提前角、喷油压力、喷油锥角及喷雾情况。

（4）记录当时气压和气温。

（5）起动发动机，操纵试验仪器，观察仪表工作情况，记录下数据，根据记录数据计算并绘制出 P_e、M_e、g_e 曲线。

❷ 无负荷测功（动态测功）

从汽车上卸下发动机时，将耗费时间和劳力，并增加汽车的停歇时间。另外配合件的拆装，不仅导致原走合面的改变，并且会造成密封件和连接件的损坏，同时将大大缩短机构的工作寿命。在用发动机无负荷测功，可以在不拆卸发动机的情况下，快速测定发动机的功率。

1）发动机无负荷测功的原理

发动机无负荷测功仪不需外加载装置，其测量原理是：对于某一结构的发动机，它的运动件的转动惯量可以认为是一定值，这就是发动机加速时的惯性负载。因此，只要测出发动机在指定转速范围内急加速时的平均加速度，即可得知发动机的动力性能。或者说通过测量某一定转速时的瞬时加速度，就可以确定出发动机的功率大小。瞬时加速度愈大，则发动机功率愈大。

2）发动机无负荷测功方法

进行无负荷测功时，首先使发动机与传动系分离，并使发动机的温度与转速达到规定值，然后把传感器装入离合器壳的专用孔中，快速打开节气门（汽油机），使发动机加速，此时功率表便可显示被测发动机的功率。为了取得较准确的测量值，可重复试验几次，取平均值。

测试时的加速方法，对汽油机有两种：一种是通过快速打开节气门加速；另一种是在发动机运转时切断点火电路，待发动机转速下降后再接通点火电路加速。由于切断点火会造成发动机排放性能变差，加大三元催化转换器的负荷甚至造成损害，因此电控发动机无负荷测功严禁使用第二种方法。

下面以远征 EA2000 发动机综合性能分析仪为例进行介绍。

（1）转动惯量测试

在"汽油机测试菜单"下用鼠标左键点击"无外载测功"图标，系统即进入无外载测功测试界面。选择"方式选择"图标，在弹出的窗口中选择测试转动惯量测试图标"J"，即进入转动惯量测试。设定怠速转速 n_1（发动机怠速转速）、额定转速 n_2（发动机额定转速）和待测车辆额定功率。

①用鼠标左键点击"测试"，系统开始倒记数（"测试"被点击后变为"停止"，再次按下后"停止"恢复为"测试"，且系统停止测试）。

②记数为零时，请迅速踩下汽车加速踏板，使发动机尽可能快地将转速迅速提高，当发动机转速超过设定的额定转速 n_2 时，迅速松开加速踏板，使发动机回到怠速工况；系统将自动检测发动机的转动惯量并显示（图2-8）。

（2）无外载测功

①将一缸信号拾取器夹在一缸高压线，将电瓶电压拾取器夹在蓄电池正负极上。

②在"汽油机测试菜单"下用鼠标左键点击"无外载测功"图标,系统即进入无外载测功测试界面,或点击"方式选择"图标选择 P 进入无外载测功界面。设定怠速转速 n_1(发动机怠速转速)、额定转速 n_2(发动机额定转速)和当量转动惯量(一般小型车的当量转动惯量在 0.1~1.0,大型货车的当量转动惯量在 2.0~5.0)。

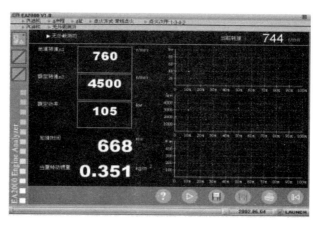

图 2-8 转动惯量测试

③用鼠标左键点击"测试",系统开始倒记数("测试"被点击后变为"停止",再次按下后"停止"恢复为"测试",且系统停止测试)。

④记数为零时,请迅速踩下汽车加速踏板,使发动机尽可能快地将转速迅速提高,当发动机转速超过设定的额定转速 n_2 时,迅速松开加速踏板,使发动机回到怠速工况;系统将自动检测发动机的输出功率并显示(图 2-9)。

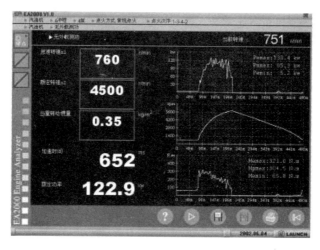

图 2-9 无外载测功测试

3)检测结果分析

根据测定结果进行分析,对发动机技术状况作出判断。在用车发动机功率不得低于原额定功率的 75%,大修后发动机功率不得低于原额定功率的 90%。

(1)若发动机功率偏低,系燃料供给系调整状况不佳,点火系技术状况不佳,应对油、电路进行调整。若调整后功率仍低时,应结合汽缸压力和进气歧管真空度的检查,判断是否是机械部分故障。

（2）对个别汽缸技术状况有怀疑时，可对其进行断火后再测功，从功率下降的大小诊断该缸的工作情况。需要特别注意：应尽量少用单缸断火方法，若要用则尽量缩短断缸时间。

也可利用在单缸断火情况下测得的发动机转速下降值来评价各缸的工作情况。工作正常的发动机，在某一转速下稳定空转时，发动机的指示功率与摩擦功率是平衡的。此时，若取消任一汽缸的工作，发动机转速都会有相同的下降值。要求最高下降值与最低下降值之差不大于平均下降值的30%。如果转速下降值低于一定规定值，说明断火的单缸工作不良。转速下降值愈小，则单缸功率愈小，当下降值等于零时，单缸功率也等于零，即该缸不工作。

发动机单缸功率偏低，一般系该缸高压分火线或火花塞技术状况不佳、汽缸密封性不良、汽缸上油（机油）等原因造成，应调整或检修。

（3）发动机功率与海拔高度有密切关系，无负荷测功仪所测结果是实际大气压力下的发动机功率，如果要校正到标准大气压下的功率，应乘以校正系数。

二、底盘测功试验台的检验

汽车输出功率检测又称底盘测功，指对汽车驱动轮输出功率的检测。底盘测功的目的是评价汽车的动力性，同时对驱动轮输出功率与发动机输出功率进行对比，可求出传动效率以评价汽车底盘传动系的技术状况。驱动轮输出功率检测工况采用汽车发动机额定转矩和额定功率时的工况，即发动机全负荷与额定转矩转速和额定功率转速所对应的直接挡（无直接挡时，指传动比最接近于一挡）车速构成的工况。在这种工况下，采用校正驱动轮输出功率[实测功率校正到标准状态下，校正方法见《汽车动力性台架试验方法和评价指标》（GB/T 18276—2000）]与相应的发动机输出总功率的百分比作为驱动轮输出功率的限值。

1. 底盘测功试验台的功能

底盘测功在滚筒式试验台上进行，该试验台通常称为底盘测功试验台或底盘测功机，是汽车底盘综合性能诊断设备，其基本功能为：

（1）测试汽车驱动轮输出功率；

（2）测试汽车的加速性能；

（3）测试汽车的滑行能力和传动系统的传动效率；

（4）检测校验车速表。

辅以油耗计、废气分析仪等设备，还可以对汽车燃油经济性和废气排放性能进行检测。

2. 底盘测功试验台的结构原理

滚筒式底盘测功试验台，一般由滚筒装置、功率吸收装置（即加载装置）、测量装置、辅助装置4部分组成。图2-10所示为国产DCG-10C型汽车底盘测功试验台机械部分的结构示意图。该试验台是一种采用美国Intel公司生产的单片机作为系统的控制核心，适用于轴质量不大于10t、驱动车轮输出功率不大于150kW的滚筒式试验台。

1）滚筒装置

滚筒相当于连续移动的路面，被检汽车的车轮在其上滚动。滚筒有单滚筒和双滚筒之分，如图2-11所示。

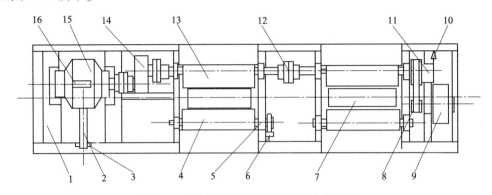

图2-10 底盘测功试验台机械部分结构示意图

1-框架；2-测力杠杆；3-测力传感器；4-从动滚筒；5-轴承座；6-速度传感器；7-举升装置；8-传动带轮；9-飞轮；10-电刷；11-离合器；12-联轴器；13-主动滚筒；14-变速器；15-电涡流测功器；16-冷却水入口

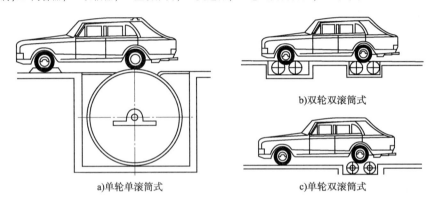

图2-11 滚筒装置的结构类型

（1）单滚筒试验台

支承两边驱动车轮的滚筒各为单个的试验台，称为单滚筒试验台。单滚筒试验台的滚筒直径一般较大，车轮与滚筒的接触更接近其与路面接触的实际情况，使轮胎与滚筒的滑转率小、滚动阻力小，因而测试精度较高。但这种试验台的制造、安装、检测都比较复杂，且成本较高，不适用于汽车维修企业、汽车检测站等生产性试验。

（2）双滚筒试验台

支承汽车两边驱动车轮的滚筒各为两个的试验台，称为双滚筒试验台。双滚筒试验台的滚筒直径较小，车轮与滚筒的接触与其在路面上不一样，致使滑转率增大，滚动阻力增大，滚动损失增加，故测试精度较低。但这种试验台结构简单，安装、使用方便，且成本较低，因而适用于汽车制造单位、维修企业和交通管理部门。尤其是单轮双滚筒式试验台应用更为广泛。

滚筒表面形状不同，有光滚筒、滚花滚筒、带槽滚筒和带涂覆层滚筒多种形式。光滚筒目前应用最多，对于双滚筒的光滚筒，由于车轮对滚筒的比压增大，虽然附着系数较低，但车轮与光滚筒间的附着能力可以产生足够的牵引力。带涂覆层滚筒是在光滚筒表面上涂覆与道路实际情况接近一致的摩擦层材料制成，可使附着力增大，是有发展前途的一种形式。对于滚花滚筒和带槽滚筒由于在使用中打滑率不能保持恒定,故应用较少。

2) 功率吸收装置(即加载装置)

汽车在底盘测功试验台上试验时,用试验台上的功率吸收装置来模拟车辆在道路上行驶所受的各种阻力,使汽车在试验台上的受力情况同行驶在道路上基本一样。功率吸收装置用来吸收并测量汽车发动机经传动系传至驱动车轮上的功率和牵引力,常用的功率吸收装置有水力测功器、直流电机电力测功器和电涡流测功器。

(1) 水力测功器

用水作为制动介质,水在测功器的转子和定子之间起连接作用,而形成制动力矩。通过调节进出水量,可以得到不同的制动功率。在水流量一定时,测功器的制动转矩随转子转速的增加而提高。这种测功器精度较低。

(2) 电力测功器

电力测功器又称为平衡电机,作为负载用时,它吸收功率,其功用相当于直流发电机。平衡电机还可作为驱动机械之用,这时它输出功率,其功用则相当于直流电动机。利用电子控制的电力测功器能很好地模拟汽车的行驶阻力和惯性力。因此,它大大扩大了滚筒试验台的用途。但电力测功器的制造成本较高,一般科研单位使用较多。

(3) 电涡流测功器

汽车检测站和汽车维修企业使用的滚筒式底盘测功试验台,多采用电涡流测功器,如图2-12所示。电涡流测功器具有测量精度高、振动小、结构简单和易于调控等优点,并具有宽广的转速和功率范围。

电涡流测功器的定子,其内部沿圆周布置有励磁线圈和涡流环,转子在励磁线圈和涡流环内转动。转子的外圆上加工有或镶有与圆柱齿轮相仿的、均匀分布的齿与槽,齿顶与涡流环留有一定空气隙。

当励磁线圈通以直流电时,在其周围形成磁场,磁场产生的磁力线通过转子、空气隙、涡流环和定子形成闭合磁路。由于转子外圆上的齿与槽

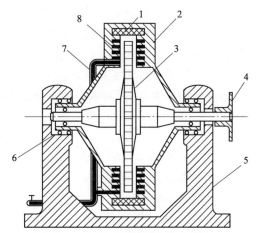

图 2-12 水冷电涡流测功器结构示意图
1-励磁线圈;2-定子;3-转子;4-联轴器;5-底座;6-轴承;7-冷却水管;8-冷却室水沟

是均布的,因而转子周围的空气隙也大小相间地均布,通过的磁力线也疏密相间。当转子旋转时,这些疏密相间的磁力线也同步旋转。由于通过涡流环上任一点的磁力线是呈周期性变化的,因而在涡流环上感生涡电流。该涡电流与产生它的磁场相互作用而产生了对转子的制动力矩,因而测功器吸收了驱动车轮的输出功率。只要调节励磁电流的大小,就可以改变制动力矩(即吸收功率)的范围。电涡流测功器将吸收的功率而产生的涡电流转化为热能,因而涡流环的温度较高,需对其进行冷却,按冷却方式分为风冷式和水冷式两类。

3) 测量装置

因为测功器不能直接测出汽车驱动轮的输出功率值,它需要测出旋转运动时的转速与扭矩,或直线运动时的速度与牵引力,再换算成其功率值。所以,测功试验台必须配有测力

装置与测速装置。

(1) 测力装置

该装置能测出驱动车轮产生的驱动力。驱动车轮对滚筒施加的驱动力所形成的转矩,由测功器定子与转子间的制动作用而传给可摆动的定子,定子则通过一定长度的测力杠杆(图2-10)传给测力装置,然后由指示装置显示出来。

测力装置有机械式、液压式和电测式三种形式,目前应用较多的是电测式。电测式测力装置一般在测力杠杆外端安装测力传感器(图2-10),将测力杠杆传来的力变成电信号,经处理后送到指示装置显示出来。

(2) 测速装置

底盘测功试验台在进行测功、加速、等速、滑行和燃料经济性等试验时,都需要测得试验车速,因此必须配备测速装置。测速装置多为电测式,一般由速度传感器(图2-10)、中间处理装置和指示装置组成。常见的速度传感器有磁电式、光电式和测速发电机等形式,它们安装在从动滚筒一端,随滚筒一起转动,能把滚筒的转动转变为电信号。与测速发电机配套的指示装置是一电压计,电压计的刻度盘以 km/h 标定。

(3) 功率指示装置

如果测力装置为电测式,指示装置能直接指示驱动车轮的输出功率。特别是微机控制的底盘测功试验台,测力传感器和速度传感器输出的电信号送入微机处理后,可在指示装置上直接显示驱动轮的输出功率数。

测力装置为机械和液压式的试验台,其指示装置仅能指示驱动车轮的驱动力,驱动车轮的输出功率 P_k 应根据测得的驱动力和对应的试验车速按式(2-13)计算:

$$P_k = \frac{Fv}{3600} \quad (\text{kW}) \tag{2-13}$$

式中: F——驱动车轮的驱动力,N;

v——试验车速,km/h。

4) 辅助装置

(1) 飞轮装置

有的滚筒式底盘测功试验台还装有飞轮装置。飞轮由滚动轴承支承在滚筒式底盘测功试验台的框架上,通过离合器与主滚筒相连。带有飞轮的底盘测功试验台称为惯性式底盘测功试验台,能模拟汽车的旋转惯量,进行加速性能和滑行性能等性能试验。飞轮的质量一般按照被测汽车的质量选取。

(2) 举升装置

为了方便汽车进出底盘测功试验台,在主、从动滚筒之间设有举升装置。举升装置由举升器和举升平板组成。举升器有气动、液动和电动三种形式,以气动最为多见。气动举升器又有气缸式和气囊式之分。气囊式结构简单、制造容易、成本低廉,已开始在底盘测功试验台上应用。

(3) 控制装置

底盘测功试验台的控制装置和指示装置往往制成一体,形成柜式结构,安置在底盘测功试验台机械部分左前方易于操作和观察的地方。图 2-13 为国产 DCG – 10C 型底盘测功试验台控制柜面板图,控制柜上的按键、显示窗、旋钮、功能灯、报警灯、指示灯等,用来控制试验过程,显示试验结果。带有打印机的底盘测功试验台,还可打印出所测数据或曲线图。

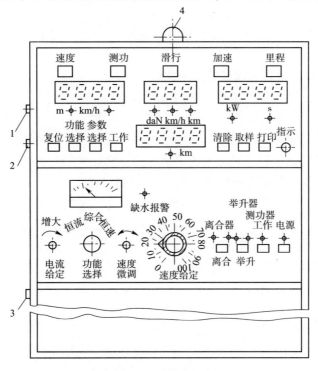

图 2-13　控制柜面板图

1-取样盒插座;2-打印机数据线插座;3-打印机电源线插座;4-报警灯

多数测功试验台,还附有供冷却被检车辆发动机散热器用的冷风装置和为防止被检车辆在检测时驶出滚筒的纵向约束装置(三角木和钢质索链)。

三、汽车驱动轮输出功率的检测

1. 检测前的准备

1）底盘测功试验台的准备

使用试验台之前,按厂家规定的项目对试验台进行检查、调整、润滑,在使用过程中,要注意仪表指针的回位、举升器工作的导线的接触情况。发现故障,及时清除。

2）被检汽车的准备

汽车开上底盘测功试验台以前,仔细调整发动机供油系及点火系至最佳工作状态;检查、调整、紧固和润滑传动系、车轮的连接情况;清洁轮胎,检查轮胎气压是否符合规定;必须运行走热汽车至正常工作温度。

2. 检测方法

1）检测点的选择

测功试验时,应选择几个有代表性的工况测试汽车驱动轮的输出功率或驱动力,如发动机额定功率所对应的车速(或转速),发动机最大转矩所对应的车速(或转速),汽车常用车速例如经济车速(或转速),或根据交通管理部门的要求选择检测点。

2)测功方法

(1)接通试验台电源,并根据被检车辆驱动轮输出功率的大小,将功率指示表的转换开关置于低挡或高挡位置。

(2)操纵手柄(或按钮),升起举升器的托板。

(3)将被检汽车的驱动轮尽可能与滚筒成垂直状态地停放在试验台滚筒间的举升器托板上。

(4)操纵手柄,降下举升器托板,直到轮胎与举升器托板完全脱离为止。

(5)用三角铁板架抵住位于试验台滚筒之外的一对车轮的前方,以防止汽车在检测时从试验台滑出去,将冷却风扇置于被检汽车正前方,并接通电源。

(6)检测发动机额定功率和最大转矩转速下驱动车轮的输出功率或驱动力时,将变速器挂入选定挡位,松开驻车制动器,踩下加速踏板,同时调节测功器制动力矩对滚筒加载,使发动机在节气门全开情况下以额定转速运转。待发动机转速稳定后,读取并打印驱动车轮的输出功率(或驱动力)值、试验车速值。在节气门全开情况下继续对滚筒加载,至发动机转速降至最大转矩转速稳定运转时,读取并打印驱动车轮的驱动力(或输出功率)值、试验车速值。

如需测出驱动车轮在变速器不同挡位下的输出功率或驱动力,则要依次挂入每一挡按上述方法进行检测。当发动机发出额定功率,挂直接挡,可测得驱动车轮的额定输出功率;当发动机发出最大转矩,挂一挡,可测得驱动车轮的最大驱动力。

发动机全负荷选定车速下驱动车轮输出功率或驱动力的检测,是在踩下加速踏板的同时调节测功器制动力矩对滚筒加载,使发动机在节气门全开情况下以选定的试验车速稳定运转进行的。发动机部分负荷选定车速下驱动车轮输出功率或驱动力的检测与此相同,只不过发动机是在选定的部分负荷下工作的。

当使用DCG-10C型汽车底盘测功试验台测功时,将"速度给定"旋钮(图2-7)打到选定的速度刻线上,"功能选择"旋钮打到"恒速"上,在逐渐增大节气门到所需位置的同时,控制装置能自动调控励磁电流,使汽车在选定的车速下恒速测功。如果手动调控励磁电流,须将"功能选择"旋钮打到"恒流"上,然后手动旋转"电流给定"旋钮即可增大或减小励磁电流,并在旋钮给定位置上供给恒定的励磁电流。

(7)全部检测结束,待驱动轮停止转动后,移开风扇,去掉车轮前的三角板架,操纵手柄,举起举升器的托板,将被检汽车驶离试验台。

(8)切断试验台电源。

3)注意事项

(1)超过试验台允许轴重或轮重的车辆一律不准上试验台进行检测。

(2)检测过程中,切勿拨弄举升器托板操纵手柄,车前方严禁站人,以确保检测安全。

(3)检测额定功率和最大转矩相应转速工况下的驱动轮输出功率时,一定要开启冷却风扇,并密切注意各种异响和发动机的冷却水温。

(4)走合期间的新车和大修车不宜进行底盘测功。

(5)试验台不检测期间,不准在上面停放车辆。

❸ 计算机械传动效率评价传动系技术状况

如果测出的被检汽车驱动车轮输出功率低,可能系发动机功率低或传动系功率损失大造成。把测出的汽车驱动车轮输出功率与发动机输出的有效功率进行比较,可按式(2-14)计算出传动系统的机械传动效率 η_m:

$$\eta_m = \frac{P_k}{P_e} \tag{2-14}$$

式中:P_k——驱动轮输出功率;

P_e——发动机有效功率。

汽车传动系中的机械传动效率正常值见表2-1。需说明的是:在底盘测功试验台上试验时,车轮在滚筒上的滚动损失功率可达所传递功率的15%~20%;试验台的机械传动阻力所消耗的功率在正常情况下约占传动功率的5%。试验表明,考察驱动轮功率,轿车一般能达到其发动机额定功率的70%,货车和客车一般能达到其发动机额定功率的(双级主传动器)60%~65%(单级主传动器),即说明其发动机与传动系的技术状况良好。

汽车传动系统机械传动效率　　　　　表2-1

汽车类型		机械传动效率 η_m
轿车		0.90~0.92
载货汽车与公共汽车	单级主传动器	0.90
	双级主传动器	0.84
4×4越野汽车		0.85
6×4载货汽车		0.80

当被检汽车的机械传动效率过低时,说明消耗于离合器、变速器、分动器、万向传动装置、主减速器、差速器和轮毂轴承等处的功率增加,汽车传动系统技术状况不良。通过正确的调整和合理的润滑,机械传动效率会得到提高。值得提出的是,新车和大修车的机械传动效率并不是最高,只有传动系完全走合后,由于配合情况变好,摩擦力减小,才使得机械传动效率达到最高。此后,随着车辆继续使用,由于磨损逐渐扩大,配合情况逐渐恶化,造成摩擦损失不断增加,因而机械传动效率也就降低。所以,定期对车辆底盘测功,计算机械传动效率,能为评价底盘技术状况提供重要依据。

滚筒式底盘测功试验台,除能检测驱动车轮的输出功率或驱动力外,还能检测车速表指示误差、模拟道路等速行驶、上坡行驶和测试等速行驶油耗量等。如果试验台属于惯性式,且飞轮的转动惯量能等效(通过更换不同质量的飞轮实现)试验汽车加速行驶时的惯性力(即加速阻力),还可模拟加速行驶、减速行驶,测试滑行距离和多工况试验油耗量等;有些惯性式底盘测功试验台,在测得驱动车轮输出功率后,立即踩下离合器踏板,利用试验台对汽车的反拖还可测得传动系消耗功率。这种试验台,如果将测得的同一转速下的驱动车轮输出功率与传动系消耗功率相加,就可求得这一转速下的发动机有效功率。

除上述测试项目外,凡需要汽车在运行中进行的检测与诊断项目,只要配备所需的检测设备,均可在滚筒式底盘测功试验台上进行。例如,检测各种行驶工况下的废气成分或烟度,检测点火提前角或供油提前角,诊断各总成或系统的噪声与异响(包括经验诊断法),观测汽油机点火波形或柴油机供油波形,检测各总成工作温度和各电气设备的工作情况等。

四、汽车动力性能的道路检测

汽车是一种高效率的运输工具,其运输效率的高低主要取决于汽车的动力性,该性能是汽车最基本最重要的使用性能之一。汽车动力性能的评价指标主要有:汽车的最高车速、汽车的加速时间、汽车的最大爬坡能力。汽车动力性评价指标可通过道路试验测定。

1. 汽车最高车速的测定

汽车最高车速指的是汽车满载时在良好的水平路面上能达到的最大行驶速度。汽车的最高车速越高,汽车运行中能达到的平均车速就越高,运输效率也就越高。

对汽车进行最高车速测定,应满足前面提到的"汽车测试一般条件",并检查汽车各机构和系统的状况,以确保试验的安全,测试时应关闭好车辆门窗。

1)测试方法

在符合规定的试验道路上,选定中间一段200m作为测试路段,并用标杆做好标记。

根据汽车加速性能的好坏,选择充足的加速区段,使汽车在驶入测量路段前能达到最高的稳定行驶车速。

测试汽车在加速区间以最佳加速状态行驶,在达到测量路段前保持变速器(及分动器)在汽车设计最高车速的相应挡位,将加速踏板踩到底,使汽车以最高的稳定车速通过测试路段,记录下该通过时间。

测试往返各进行一次,取其平均值。

2)测试结果处理

根据测试距离与通过测试路段的时间,按式(2-15)计算汽车的最高车速。

$$v_{\max} = \frac{200}{t} \times 3.6 = \frac{720}{t} \tag{2-15}$$

式中:$v_{\max}$——汽车的最高车速,km/h;

t——汽车各次通过200m路段的平均时间,s。

2. 汽车加速性能的测定

汽车的加速能力是评价汽车动力性的重要指标之一,加速能力的大小对汽车的平均行驶速度有很大影响。汽车的加速能力通常用加速时间来评定。加速时间又分为原地起步加速时间和超车加速时间两种。汽车原地起步加速时间指的是汽车以适当的挡位和换挡时机使车辆尽快加速,加速到某一预定的距离或车速时所需要的时间,小型乘用车通常用从0加速到100km/h所需的时间来表示。超车加速时间是汽车由某一速度全力加速至另一预定的距离或车速时所需的时间,如计算从60km/h加速到90km/h所用的时间。超车加速试验通常采用直接挡,故称超车加速能力为直接挡加速能力。超车加速能力越强,汽车超车时并行时间越短,越有利于行车安全。

试验时,应满足"汽车试验的一般条件"并保证汽车技术状况良好。

1) 原地起步加速性能的测定

在符合试验条件的道路上,选取合适长度的路段作为测试路段,在两端做上标记。

汽车停于加速试验测试路段起点,变速器挂入起步挡位,迅速起步并将加速踏板快速踩到底,使汽车以最大的加速度行驶。当发动机达到最大功率转速时,迅速换挡。换挡后立即将加速踏板踩到底,如此换至最高挡。直至加速到设定车速或距离,记录所用时间。

试验往返各进行一次,取其平均值作为试验结果。

2) 超车加速性能的测定

试验路段与原地起步加速性能试验相同。

汽车变速器挂入预定挡位,以稍高于该挡位最低稳定车速(如40km/h)为初速做等速行驶。当车速稳定后驶入试验路段,急速将加速踏板踩到底,使汽车加速行驶至预定车速(如70km/h),记录所用时间。

试验往返各进行一次,取平均值作为试验结果。

③ 汽车爬坡能力的测定

汽车爬坡能力是指汽车满载,在良好的路面用最低挡行驶时所能克服的最大坡度。通常最大爬坡度用 i_{max} 表示。

$$i_{max} = \tan \alpha_{max} \tag{2-16}$$

式中:i_{max}——汽车的最大爬坡度,%;

α_{max}——汽车所能爬过的最大坡度,(°)。

汽车要求有足够的爬坡能力,载货汽车的 i_{max} 在30%左右;越野汽车的 i_{max} 要求在60%左右。

试验时,应满足汽车试验的一般条件并保证汽车技术状况良好。

试验坡道的坡度应与试验车的最大爬坡度相接近。坡度长度不小于25m,坡前应有8~10m的平直路段。

变速器使用最低挡,如有副变速器也置于最低挡。爬坡过程中不得换挡。汽车经过预热后,停于坡道前的平直路面上。起步后,将加速踏板踩到底,全力爬坡。如果第一次爬不上去,可进行第二次,但不得超过两次。

如果坡度不合适(过大或过小),可用增减装载质量或使用变速器较高一挡进行试验,并用下式将试验结果折算为汽车生产厂额定最大总质量时,变速器用最低挡时的最大爬坡度。

$$\alpha_{max} = \sin^{-1} \left(\frac{G_{实} i_1}{G i_{实}} \cdot \sin\alpha_{实} \right) \tag{2-17}$$

式中:α_{max}——汽车所能越过的最大坡度,(°);

$\alpha_{实}$——坡道的实际坡度,(°);

G——汽车厂额定最大总质量,kg;

$G_{实}$——试验时汽车实际总质量,kg;

i_1——汽车最低挡总速比;

$i_{实}$——汽车试验时实际总速比。

学习测试

1. 造成发动机功率下降的原因有哪些?
2. 底盘测功试验台的检测原理是什么?
3. 汽车的正常行驶条件有哪些?
4. 汽车动力性评价指标有哪些?
5. 如何测定汽车最高车速?

第三章 汽车燃油经济性的检测

学习目标

1. 掌握汽车燃油经济性评价指标；
2. 了解汽车燃油经济性的主要影响因素；
3. 掌握汽车的燃油经济性检测的方法。

学习时间

4 学时。

第一节 汽车燃油经济性的评价指标

石油是现代工业，尤其是交通运输的重要能源，汽车的燃料在今后较长的一段时间仍然是石油产品。随着工业的发展，车辆的增多，使用石油产品越来越多。现在各国都把节约汽车用油作为汽车制造业和汽车运输业中的重大问题。

一、汽车燃油经济性概述

汽车燃料经济性是指汽车以最小的燃料消耗完成单位运输工作量的能力或单位行程的燃料消耗量。汽车的燃料经济性是汽车的主要性能之一。在汽车运输成本中燃料消耗费用占总费用的 20%～30%，所以经济性的提高就意味着汽车运输成本的下降和经济效益的提高。

对汽车燃料经济性的评价，一般是通过汽车燃料消耗量试验来确定的，检测汽车燃料消耗量一般通过燃料消耗检测仪测定，用容积或质量来表示，可在汽车检测站通过底盘测功试验台，模拟路试来检测其燃料消耗量，或直接进行道路试验。

二、汽车燃油经济性的评价指标

汽车的燃油经济性，是指以最小的燃油消耗量完成单位运输工作量的能力。燃油消耗已占运输成本的 40% 左右，所以节约用油是降低运输成本的重要措施之一。汽车燃油经济性的评价指标主要有以下三种。

① 单位行驶里程的燃油消耗量

当燃油按质量计算时,用符号表示燃油消耗量,其单位为 kg/100km。当燃油按容积计算时,用符号表示燃料消耗量,其单位为 L/100km。

单位行驶里程的燃油消耗量只考虑了行驶里程,没有考虑车型与载质量的差别,所以只能用于比较同类型汽车或同一辆汽车的燃料经济性,但它也可用于分析不同部件(如发动机、传动系等)装在同一汽车上,对燃料经济性的影响。其数值越小,汽车燃油经济性越好。

② 单位运输工作量的燃油消耗量

若燃油以质量计算时,该指标单位对于载货汽车为 kg/(100t·km),对客车为 kg/(1000人·km)。

若燃油以容积计算时,该指标单位对于载货汽车为 L/100t·km,客车为 L/(1000人·km)。

该指标可以用来比较不同类型、不同装载质量汽车的燃料经济性。其数值越小,汽车燃油经济性越好。

③ 消耗单位燃油所行驶的里程

美国采用消耗单位燃油所行驶的里程的评价方法,其单位是 MPG 或 mile/USgal❶,指的是每消耗一加仑燃油能行驶的英里数。其数值越大,汽车燃油经济性越好。

在汽车设计时,常需要在实际的试验样车制成之前,先根据所选用的发动机台架试验得到的油耗曲线与汽车功率平衡图,对汽车进行燃油经济性的估算。其中包括汽车等速百公里油耗的计算,等速、加速、减速和怠速等行驶工况的油耗的计算。

第二节　汽车燃油经济性的主要影响因素

一、汽车燃油经济性的主要影响因素

① 发动机与油耗的关系

发动机与油耗的关系,很多时候往往把油耗的大小与发动机的排量联系在一起,认为大排量的发动机的油耗会大于小排量的发动机。实事不尽然,大车和小车相比,油耗相对较大,主要是整车质量上的问题,而不是发动机的原因。

发动机的工作过程中影响油耗的两个最根本因素是空燃比和发动机负荷,这两个值都有一个理论上的最佳值,在实际工作过程中,空燃比和发动机负荷的实际值越接近理论值,

---

❶　1mile = 1.61km,1USgal = 4.55L。

汽车就越省油。发动机在负荷为90%、空燃比为1.05∶1时燃烧效率最高。

② 轮胎与油耗的关系

轮胎作为汽车的关键承载部件之一，承受车辆负荷、向路面传递驱动力和制动力等作用。因此，轮胎也能影响汽车的燃油经济性、操纵性和安全性。

不同类型花纹的轮胎的燃油消耗率不同，折线花纹轮胎比一般花纹要省油。节油轮胎可省油。节油轮胎比起同规格产品来说，在负载不变的情况下滚动阻力值平均降低21%~24%。由于每减少3%~5%的滚动阻力就能节约1%的燃油消耗，因此如果一部车使用四条节油轮胎，平均可降低约5%的汽车燃油量。

③ 车重与油耗的关系

车重是对油耗影响最大的因素。行驶同样的距离，越重的车做功越多，也就需要更多的燃油。

④ 汽车的传动系对汽车的燃油经济性有重要影响

汽车的传动系对汽车的燃油经济性有重要影响。变速器挡位越多，不但汽车换挡平顺，而且使发动机增加了处于经济工况下运行的机会，有利于提高燃油经济性。因此，现代汽车都是趋向于五挡或以上变速器，或者采用无级变速，保证在任何条件下具有使发动机在最经济工况下工作的可能性。在速度不变的情况下，接合高速挡时，传动比小发动机转速低，接合低速挡时，传动比大相应的发动机转速高。由发动机负荷特性可知，当发动机负荷相同时，一般是转速越低燃油消耗率越小。在一定的行驶条件下，传动系的速比越小，汽车的燃油经济性越高，因此汽车的经济行驶都在高挡位。自动挡变速箱，挡位越多越省油，无级变速CVT也较省油。

⑤ 风阻系数

由于现代汽车速度的增高，汽车的造型对燃油经济性也有重要影响，车速越快影响越大，这就是人们常说的"风阻"。减小空气阻力主要是通过减少汽车的迎风面积和空气阻力系数来实现，一般而言迎风面积取决于汽车的体积，空气阻力取决于车身造型。为此，汽车车身紧凑化和流线型是提高燃油经济性的途径。目前许多轿车的空气阻力系数在0.28~0.3，对减少燃油消耗起到很大作用。很多人认为风阻只是一个微小的技术参数，但是在实际使用中它与耗油之间的关系非常大。一般来说，车辆高速行驶中，最大的阻力来自空气。因此，风阻系数哪怕是0.01的降低油耗，也会带来很大的不同。

二、改善燃油经济性的措施

① 技术上改善燃油经济性的措施

汽车发动机的节油和车身轻量化或者汽车风阻系数不同，驾驶员对后两者无法控制，但可以采取很多办法对汽车发动机进行控制，以达到节油的目的。与汽车发动机相关的节油技术涉及两个方面：一个是驾驶员的驾驶习惯，另一个是发动机技术上的一些局部的改装。

(1) 在空燃比的控制上，采用空燃比控制系统。

(2) 通过压缩比改善经济性。

(3) 采用高强度、低质量的新材料。

❷ 驾驶技术层面上改善燃油经济性

如前所述，从汽车制造上的层面上，不断追求新技术无疑是提高汽车经济性的有效解决办法，从驾驶员的角度，良好的驾车习惯可以很大程度上提高燃油经济性。

1) 杜绝不必要的猛加速踏板

日常行车，脚踏加速踏板要轻缓，做到轻踏缓抬。轻踏加速踏板所以能节油，这因为一般化油器都有加速装置和省油装置，若猛踏加速踏板，加速装置和省油装置都会提前起作用而"额外"供油，使混合气过浓，造成汽车油耗量增加。测试表明，原地踏一次加速踏板，至少等于行驶 1km。在路口遇到红灯停车，变绿灯后起步加速跑 500m。先用比较舒缓的方式换挡，转速为 1500～2000r/min，到 500m 计时点车速为 86km/h，用时 35.2s，平均油耗相当于 13.14L/100km；然后用相对凶猛的方式，额定转速 5000r/min 换挡，终点速度达到 114km/h，用时 23.9s，平均油耗几乎高出一倍，达到 25.89L/100km。

2) 避免长时间的怠速运转

一般汽车运转 1min 以上所消耗的燃油要比重新起动所消耗燃油多。根据测算，怠速运转 4min 的耗油量就大约相当于以 60km/h 速度行驶 1min 的耗油量。因此建议较长时间停车还是熄火更好。

3) 减少汽车不必要的起动次数

汽车每起动一次的耗油量可以行驶 3km，对发动机的磨损相当于行驶 50km 的磨损量，所以尽量不要让汽车非正常熄火，频繁的起动将会增加不必要的油耗。

4) 避免不必要的紧急制动

汽车每紧急制动一次，所浪费的油可行驶 2km，对轮胎的磨损相当于行驶 80km 的磨损量。

5) 空挡滑行不省油

测试表明，在 60km/h 等速下，完全抬起加速踏板，直线滑行至停止，在这个过程中空挡滑行的耗油量是 31.4mL，滑行距离为 890m，而带挡滑行（带挡，松加速踏板）的测试结果是 15.7mL，其滑行距离比空挡短，是 608m，但算起来还是省了油。空挡滑行时最低油耗相当于怠速油耗，而带挡滑行时，ECU 会在一段时间内让发动机完全停止喷油，这时的最低油耗是零。因此带挡滑行更省油。

6) 及时合理换挡

对于高转速发动机，建议一挡在 2000 转换挡，其他挡位在 2300～2500r/min 换挡。85km/h 速度以内不用五挡，市区行驶一般不用上五挡，90km/h 以上一定换五挡。换挡的动作要准确迅速及时，避免因动作过慢而使车速下降过多。不要把加速加得很大、发动机转速很高的情况下再慢慢换入下一个挡位。而应当在加速踏板开度不大，发动机转速不高的情况下迅速换挡。换挡过程的快慢直接影响汽车的油耗，试验证实两者可使油耗相差一倍以上。发动机的大部分时间在中等转速下运转,而且节气门开度适当(70%左右)时耗油量最小。在道路状况良好的情况下,尽量使用高速挡行驶,避免在中间过度挡位停留过长时间,这样会获得较好的燃油经济性能。在高速挡时不要拖挡,在低速挡时不要使发动机转速很高,这是合理使用挡位的原则。

7) 适当的胎压可以降低油耗

理论上若胎压比规定值低 $0.5kg/cm^2$,油耗将增加5%。轮胎亏气会造成滚动阻力增加,所以更费油。测试表明,都是在样本车规定胎压2.1bar的状态下进行,分别测试其比规定胎压 +0.5bar 和 -0.5bar 两种状态下的60km/h等速油耗,测试结果:+0.5bar的数据是3.89L/100km,省油0.23L;-0.5bar的数据是5.10L/100km,增加油耗0.98L。可见,"亏气"的负面效果比"多气"的正面效果更明显,所以在实际使用中一定要注意经常检查胎压,不要亏气行驶。

第三节 汽车的燃油经济性检测

汽车燃油经济性的测量方法主要有容积法、质量法、超声波法和碳平衡法等。前两种方法需要使用专用的油耗仪。现在燃油消耗量的测量主要采用容积法和质量法。

一、容积法

容积法是采用容积式油耗仪,通过测量发动机运转时累计消耗的燃油总容量,同时记录汽车行驶时间和行驶里程,然后换算成汽车的燃油消耗量。

容积式油耗仪分为定容式和容量式两种。定容式油耗仪主要用于汽油发动机的台架试验,是通过测量消耗一定容积的燃油所需时间来计算燃油消耗量的,不能用于瞬时油耗的测量。容量式油耗仪可以进行连续测量,有膜片式、往复活塞式和行星活塞式等多种结构形式。其中,膜片式油耗仪具有结构简单、密封性好、对燃油清洁性要求低等优点,但使用中膜片会不可避免地产生塑性变形,因而需要经常校准;往复活塞式油耗仪的密封和排气不易解决,目前使用较少;行星活塞式油耗仪具有结构紧凑、布置对称、计量精度高、适合道路试验等优点,目前测量主要采用这种结构,但它具有设备成本高、对燃油清洁性要求高等不足。

二、质量法

质量式油耗仪由称重装置、计数装置和控制装置组成,如图3-1所示。在测量消耗一定质量的燃油所需的时间后,即可按式(3-1)计算出单位时间内发动机的燃油消耗量。

$$G = 3.6 \times \frac{w}{t} \tag{3-1}$$

式中:w——燃油质量,g;

t——测量时间,s;

G——燃油消耗量,kg/h。

称重装置通常利用台秤改制,量程为10kg,称重误差为 ±0.1%。称重装置的秤盘上装有油杯 2,燃油经电磁阀 4 加入油杯。电磁阀的开闭由装在平衡块上的行程限位器 12 拨动两个微型限位开关 7 和 13 来控制。光电传感器给出油耗始点和终点信号,它由两个光电二极管 6、8 和装在棱形指针上的光源 9 组成,光电二极管 6 为固定式,光电二极管 8 装在活动滑块上,滑块通过齿轮齿条机构移动,齿轮轴与鼓轮 11 相连,计量的燃油量通过转动鼓轮 11 从刻度盘上读出。计量开始时,光源 9 的光束射在光电二极管 6 上,光电二极管 6 发出信号,使计数器 1 开始计数,随着油杯中燃油的消耗,指针移动。当光束射到光电二极管 8 上时,光电二极管 8 发出信号,使计数器 1 停止计数。

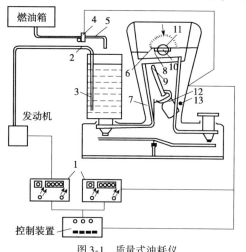

图 3-1 质量式油耗仪
1-计数器;2-油杯;3-出油管;4-电磁阀;5-加油管;6、8-光电二极管;7、13-限位开关;9-光源;10-鼓轮机构;11-鼓轮;12-限位器

上述质量式油耗仪有一个系统误差,即测量时油杯中油面高度将发生变化,使得伸入油杯中的油管浮力的反作用力也随之发生变化,从而造成称重时存在系统误差。此项系统误差必须根据汽车耗油量及油杯液面高度变化情况进行修正。此外,在用 1/100km 油耗量单位时,在换算中还须考虑燃油密度与温度之间的关系。

三 燃油消耗量的台架试验

在汽车底盘测功试验台上进行循环试验(测定油耗)是近年来新发展的试验方法,我国于 20 世纪 90 年代开始参照采用联合国欧洲经济委员会汽车油耗试验方法,制定了我国《乘用车燃料消耗量试验方法》(GB/T 12545.1 – 2001),其中规定油耗试验必须在底盘测功试验台上进行。燃油消耗量在底盘测功试验台上进行试验的如图 3-2 所示。将汽车驱动轮置于底盘测功试验台的转鼓上,驱动轮既可拖动转鼓,又可进行反拖。如果将底盘测功试验台装在有空调设施的试验室内,则控制室温的空调器就不会有风和气温的变化,能够使行驶阻力保持稳定,所以这种台架试验具有良好的结果再现性。

按照《道路运输车辆综合性能要求和检验方法》(GB 18565—2016)的规定,有以下要求:

(1)燃用柴油或汽油且最大总质量超过 3500kg 的客车,其燃料消耗量应符合 JT 711 的要求,试验方法执行 JT 711 的规定。

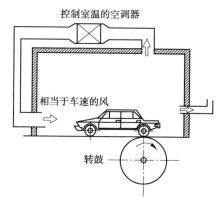

图 3-2 燃油消耗量台架试验示意图

(2)燃用柴油或汽油且最大总质量超过 3500kg 的货车,其燃料消耗量应符合 JT 719 的要求,试验方法执行 JT 719 的规定。

(3)轻型商用车辆和乘用车的燃料消耗量应符合 GB 20997 和 GB 19578 的要求,试验方法执行该两项标准的有关规定。

四、燃油消耗量的道路试验

1. 路试的基本条件

(1)试验前,应对试验的车辆进行磨合;试验时,试验车辆必须进行预热行驶,使发动机、传动系及其他部分预热到规定的温度状态。轮胎气压应符合该车技术条件的规定,误差不超过±10kPa。装载质量除有特殊规定外,轿车应为规定乘员数的1/2(取整数),城市客车为总质量的65%;其他车辆为满载,装载物应均匀分布且固定牢靠,试验过程中不得晃动和颠离。不应因潮湿、散失等条件变化而改变其质量,以保证装载质量的大小、分布不变。试验车辆必须清洁,关闭车窗和驾驶室通风口,由恒温器控制的空气流必须处于正常调整状态,做各项燃油消耗量试验时,汽车发动机不作调整。

(2)试验道路应为清洁、干燥、平坦的、用沥青或混凝土铺成的直线道路,道路长2~3km,宽不小于8m,纵向坡度在0.1%以内。试验应在无雨无雾、相对湿度小于95%、气温0~40℃、风速不大于3m/s的气候条件下进行。车速测定仪器和燃油流量计的精度为0.5%;计时器最小读数为0.1s。试验油耗仪常用容积式。

2. 试验方法

1)直接挡节气门全开加速燃油消耗量试验

测试路段长500m,试验时,汽车挂直接挡(没有直接挡用最高挡),以(30±1)km/h的速度,稳定通过50m的预备段,在测试路段的起点开始,节气门全开加速通过测试路段,测量并记录通过测试段的加速时间、燃油消耗量及汽车在测试段终点时的速度。

试验往返各进行两次,测得同方向加速时间的相对误差应不大于5%。取测得的4次加速时间试验结果的算术平均值作为测定值,且要符合该车技术条件的规定。

2)等速行驶燃油消耗量试验

根据《汽车燃料消耗量试验方法 第1部分:乘用车燃料消耗量试验方法》(GB/T 12545.1—2008)规定,对于乘用车进行等速行驶燃油消耗量试验时,只进行90km/h和120km/h两个速度下的燃油消耗量试验;对于商用车则按照GB/T 12545.1—2008中规定的方法进行等速行驶燃油消耗量试验。

(1)乘用车等速行驶燃油消耗量试验。除遵守道路试验的一般试验条件外,乘用车等速行驶燃油消耗量试验还需遵守下列条件,并按照要求进行燃油消耗量计算和精度及试验数据的校正。

车辆基本要求如下:

①车辆试验质量。车辆试验质量为整车整备质量加上180kg,当车辆的50%载质量大于180kg时,则车辆试验质量为车辆整车整备质量加上50%的载质量(包括测量人员和仪器的质量)。

②载荷分布。对于M1类车辆,载荷的质心应位于前排外侧座椅R点连线的中点;对于最多两排座椅的车辆,载荷的质心应位于前排外侧座椅R点连线的中点;对于多于两排座椅

的车辆,最初的180kg载荷的质心应位于前排座椅R点连线的中点,附加载荷的质心应位于车辆中心线上,且应在前排外侧座椅R点连线中点和第二排外侧座椅R点连线中点之间;对于N1类车辆,附加载荷(指试验总载荷减去测量仪器和人员的质量)的质心应位于车辆货箱的中心。

③变速器。如果车辆在最高挡(n)时的最大速度超过130km/h,则只能使用该挡位进行燃油消耗量的测定;如果在($n-1$)挡的最大速度为130km/h,而n挡的最大速度仅为120km/h,则120km/h的试验应在($n-1$)挡进行,但制造厂可要求120km/h的燃油消耗量在($n-1$)挡和n挡同时测定,条件是用n挡时应满足道路试验条件第d条的规定要求。

道路试验如下:

①道路条件和气象条件。道路应干燥,路面可以有湿的痕迹,但不得有任何积水;平均风速小于3m/s,阵风不应超过5m/s。

②在第一次测量之前,车辆应进行充分的预热,并达到正常工作条件。在每次测量之前,车辆应在试验道路上以尽可能接近试验速度(该速度在任何情况下与试验速度相差不得超过±5km/h)行驶至少5km,以保持温度稳定。

③测量用试验道路。测量路段的长度至少2km,可以是封闭的环形路(测量路程必须为完整的环形路),也可以是平直路(试验在两个方向上进行)。

试验道路应保证车辆按规定等速稳定行驶,路面应保持良好状态,在试验道路上任意的两点之间的纵向坡度不应超过±2%。

④为了确定在规定速度时的燃油消耗量,应至少在低于或等于规定速度时进行两次试验,并在至少等于或高于规定速度时进行另两次试验,但应满足下面规定的误差:每次行驶期间,速度误差不应超过±2km/h;每次试验的平均速度与试验规定的速度之差不得超过±2km/h。

⑤使用式(3-2)和式(3-3)计算每次试验行程的燃油消耗量。

采用质量法确定燃油消耗量C(L/100km):

$$C = \frac{M}{100 \times DS_g} \tag{3-2}$$

式中:S_g——标准温度20℃(293K)下的燃油密度,kg/L;

D——试验期间的实际行驶距离,km;

M——燃油消耗量测量值,kg。

采用容积法确定燃油消耗量C(L/100km):

$$C = \frac{V[1 + \alpha(T_0 - T_F)]}{100 \times D} \tag{3-3}$$

式中:V——燃油消耗量(体积)测量值,L;

α——燃油容积膨胀系数,燃油为汽油和柴油时,该系数为0.001/℃;

T_0——标准温度为20℃;

T_F——燃油平均温度,即每次试验开始和结束时,在容积测量装置上读取的燃油温度的算术平均值,℃。

⑥指定速度的燃油消耗量应按道路试验条件第d条规定的方法取得的试验数据用线性

回归法进行计算。在试验道路的两个方向上进行试验时,应分别记录在每个方向上获得的数值。

⑦为了使置信度达到95%,燃油消耗量的精度应达到±3%。为了得到此精度,可增加试验次数,燃油消耗量测量精度由式(3-4)计算:

$$精度 = K \times \frac{\sqrt{\frac{\sum(C_i - \hat{C}_i)^2}{n-2}} \times \sqrt{\frac{1}{n} + \frac{(v_{erf} - \bar{v})^2}{\sum(v_i - \bar{v})^2}}}{C} \times 100\% \quad (3-4)$$

式中:C_i——在v_i速度时测量的燃油消耗量;

$\hat{C}_i$——在v_i速度时用线性回归法计算出的燃油消耗量;

C——在指定速度v时,用线性回归法计算出的燃油消耗量;

v_{erf}——指定速度;

v_i——i时的实际速度;

$\bar{v}$——平均速度,$\bar{v} = \sum v_i / n$;

n——试验次数;

K——查手册获得。

如果在平均速度等于指定速度±0.5km/h时测量燃油消耗量,可用获得的试验数据的平均值计算规定速度下的燃油消耗量。

(2)商用车等速行驶燃油消耗量试验。试验路段长度为500m,汽车用常用挡位,等速行驶通过500m的测试路段,测量并记录通过该路段的时间及燃油消耗量。试验车速从20km/h(最小稳定车速高于20km/h时,从30km/h)开始,以车速的10km/h的整数倍均匀选取车速,直至最高车速的90%,至少测定5个试验车速。

同一车速往返试验各进行两次,两次试验之间的时间间隔应尽可能缩短,以保持稳定的热状况,往返四次试验结果的燃油消耗量差值不应超过±5%,取4次试验结果的平均值作为等速行驶的耗油量,并折算为等速百公里油耗量(L/100km)。根据试验结果,以车速为横坐标,绘制等速燃油消耗量散点图,根据散点图绘制等速行驶燃油消耗量的特性曲线。

(3)多工况燃油消耗量测定。汽车运行工况可分为匀速、加速、减速和怠速等几种,实际运行时,往往是上述几种工况的组合,并以此决定了汽车的油耗。所以,各国根据不同车型车辆的常用工况,制订了不同的试验循环,从而既可使试验结果比较接近于实际情况,又可缩短试验周期。我国的《乘用车燃油消耗量试验方法》(GB/T 12545.1 – 2008)规定了模拟城市工况循环燃油消耗量试验方法十五工况法和十三工况法。

图3-3给出了联合国欧洲经济委员会、美国及我国法定的测定燃油经济性的循环行驶工况图。欧洲经济委员会(ECE)规定,要测量车速为90km/h和120km/h的等速百千米燃油消耗量和按ECL – R.15循环工况的百千米燃油消耗量,并各取1/3相加作为混合百千米的燃油消耗量来评定汽车燃油经济性。美国环境保护局(EPA)规定,要测量城市循环工况(UDDS)及公路循环工况(HEFET)的燃油经济性(单位为每加仑燃油行驶的英里数 mile/gal)。

多工况燃油消耗量试验方法就是将不同车型的车辆严格依据各自的试验循环测定其燃

油消耗量。怠速工况时,离合器应接合,变速器置于空挡,从怠速运转工况转换为加速工况时,在转换前5s,分离离合器,将变速器挡位换为低速挡,换挡时应迅速、平稳。减速工况中,应完全放松加速踏板,离合器仍然接合,当车速降至10km/h时,分离离合器,必要时,减速工况中允许使用车辆制动器。

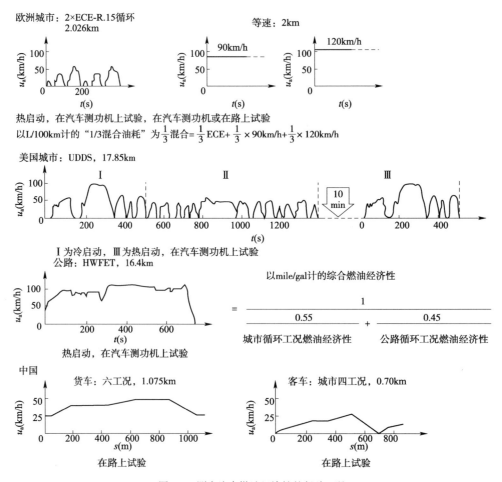

图3-3　测定汽车燃油经济性的行驶工况

汽车在进行多工况试验时,加速、匀速和用车辆制动器减速时,在每个试验工况(除单独规定外),车速偏差为±2km/h。在工况改变过程中允许车速的偏差大于规定值,但在任何条件下超过车速偏差的时间应不大于1s,即时间偏差为±1s。

每次循环试验后,应记录通过循环试验的燃油消耗量和时间。当按各试验循环完成一次试验后,车辆应迅速掉头,重复试验,试验往返各进行两次,取4次试验结果的算术平均值作为多工况燃油消耗量试验的测定值。

图3-4～图3-8为各类汽车进行多工况燃油消耗量试验时的试验循环图。

(4)限定条件下燃油消耗量的试验方法。汽车在实际使用中的燃油消耗直接地反映了汽车的燃油经济性水平,但是由于汽车实际使用条件的复杂性,实际燃油消耗量的离散性很大,为了使实际运行条件下的测试结果有一定的可比性,要求对实际运行条件加以适当的限制和规定,这就是限定条件下的燃油消耗量试验。

试验时,测试路段应设在三级以上的平原干线公路上,试验路段长度不小于50km。

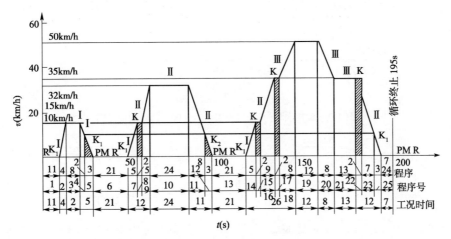

图3-4 轿车及总质量小于3500kg货车试验循环图(十五工况法)
K-离合器分离;K_1、K_2-离合器分离,变速器接合1挡或2挡;Ⅰ、Ⅱ、Ⅲ-变速器1挡、2挡、3挡;PM-空挡;R-怠速(图中阴影表示换挡)

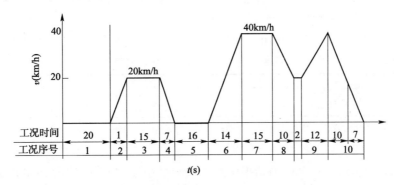

图3-5 微型汽车试验循环图

所选择道路的交通情况应正常。试验车辆在保证交通安全和遵守交通法规规定的前提下,应基本保持一定的行驶速度。对于轿车,车速为60km/h;对于铰接式客车,车速为35km/h;对于其他车辆,车速为50km/h。各车速下速度偏差不应超过±2km/h。

客车试验时,每隔10km,停车一次,怠速运转1min后重新起步。

试验中记录制动次数、各挡位使用次数、行驶时间和行程、停车时间等,要测量每50km单程的燃油消耗量,并计算汽车百公里油耗和

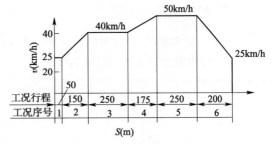

图3-6 客车、城市客车试验循环图

平均车速。试验往返各进行一次,以两次测量结果的算术平均值作为限定条件下的平均使用燃油消耗量的测定值。

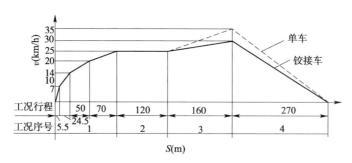

图 3-7 载货汽车(总质量为 3500~14000kg)试验循环图

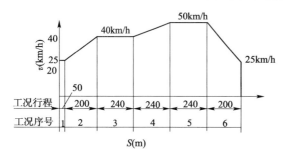

图 3-8 载货汽车(总质量大于 14000kg)试验循环图

五、试验结果分析处理

1. 试验结果的重复性检验

根据《商用车辆燃油消耗量试验方法》（GB/T 12545.2—2008）规定，必须对商用车等速行驶燃油消耗量试验和多工况循环燃油消耗量试验的测试结果进行重复性检验。

（1）检验结果的重复性按第 95 百分位来判断。

（2）标准差：第 95 百分位分布的标准差 R 与重复性检测次数 n 有关，见表 3-1。

标准差 R 与重复性检测次数 n 的关系   表 3-1

n	2	3	4	5	6
R(L/100km)	$0.053Q_{mp}$	$0.063Q_{mp}$	$0.069Q_{mp}$	$0.073Q_{mp}$	$0.085Q_{mp}$

注：Q_{mp} 为每次检测时，n 次检测所得百公里燃油消耗量算术平均值（L/100km）。

（3）重复性检验。

ΔQ_{max} 为每次检测时，n 次检测结果中最大值与最小值之差，单位为 L/100km。

当 $\Delta Q_{max} < R$ 时，表明检测结果的重复性好，不必增加检测次数。

当 $\Delta Q_{max} > R$ 时，表明检测结果的重复性差，必须增加检测次数。

2. 检测数据的校正

燃油消耗量的检测值均应校正到标准状态下的数值。

（1）标准状态。环境温度：20℃；大气压力：100kPa；汽油密度：0.742g/cm³；柴油密度：0.830g/cm³。

（2）校正公式：

$$Q_{mj} = \frac{Q_{mp}}{C_1 \cdot C_2 \cdot C_3} \tag{3-5}$$

式中：Q_{mj}——检测百公里燃油消耗量校正值，L/100km；

Q_{mp}——检测百公里燃油消耗量算术平均值，L/100km；

C_1——环境温度校正系数，$C_1 = 1 + 0.0025 \times (20 - T)$；

C_2——大气压力校正系数,$C_2 = 1 + 0.0021 \times (p - 100)$;

T——检测时的环境温度,℃;

p——检测时的大气压力,kPa;

C_3——燃油密度的校正系数。

汽油机 $\qquad C_3 = 1 + 0.8 \times (0.742 - G_s)$

柴油机 $\qquad C_3 = 1 + 0.8 \times (0.83 - G_d)$

式中:G_s——检测时的汽油平均密度,g/cm³;

G_d——检测时的柴油平均密度,g/cm³。

六、汽车燃油消耗量的限值

1. 乘用车燃油消耗量限值

《乘用车燃油消耗量限值》(GB 19578—2014)规定了我国生产车(乘用车)燃油消耗量的限值,其限值见表3-2。若申请车型在结构上具有以下一种或多种特征,其限值见表3-3。

乘用车燃油消耗量限值(1) 表3-2

整车整备质量CM (kg)	第一阶段 (L/100km)	第二阶段 (L/100km)	整车整备质量CM (kg)	第一阶段 (L/100km)	第二阶段 (L/100km)
CM≤750	7.2	6.2	1540 < CM≤1660	11.3	10.2
750 < CM≤865	7.2	6.5	1660 < CM≤1770	11.9	10.7
865 < CM≤980	7.7	7.0	1770 < CM≤1880	12.4	11.1
980 < CM≤1090	8.3	7.5	1880 < CM≤2000	12.8	11.5
1090 < CM≤1205	8.9	8.1	2000 < CM≤2110	13.2	11.9
1205 < CM≤1320	9.5	8.6	2110 < CM≤2280	13.7	12.3
1320 < CM≤1430	10.1	9.2	2280 < CM≤2510	14.6	13.1
1430 < CM≤1540	10.7	9.7	2510 < CM	15.5	13.9

注:1. 对于新认证车,第一阶段的执行日期为2005年7月1日,第二阶段的执行日期为2008年1月1日。

2. 对于在生产车,第一阶段的执行日期为2006年7月1日,第二阶段的执行日期为2009年1月1日。

(1)装有自动变速器。

(2)具有三排或三排以上座椅。

(3)符合《机动车辆及挂车分类》(GB/T 15089—2001)中规定条件的M1 G类汽车,即指包括驾驶员座位在内,座位数不超过9座的越野客车。

乘用车燃油消耗量限值(2) 表3-3

整车整备质量CM (kg)	第一阶段 (L/100km)	第二阶段 (L/100km)	整车整备质量CM (kg)	第一阶段 (L/100km)	第二阶段 (L/100km)
CM≤750	7.6	6.6	1540 < CM≤1660	12.0	10.8
750 < CM≤865	7.6	6.9	1660 < CM≤1770	12.6	11.3

续上表

整车整备质量CM (kg)	第一阶段 (L/100km)	第二阶段 (L/100km)	整车整备质量CM (kg)	第一阶段 (L/100km)	第二阶段 (L/100km)
865 < CM ≤ 980	8.2	7.4	1770 < CM ≤ 1880	13.1	11.8
980 < CM ≤ 1090	8.8	8.0	1880 < CM ≤ 2000	13.6	12.2
1090 < CM ≤ 1205	9.4	8.6	2000 < CM ≤ 2110	14.0	12.6
1205 < CM ≤ 1320	10.1	9.1	2110 < CM ≤ 2280	14.5	13.0
1320 < CM ≤ 1430	10.7	9.8	2280 < CM ≤ 2510	15.5	13.9
1430 < CM ≤ 1540	11.3	10.3	2510 < CM	16.4	14.7

❷ 货车燃油消耗量限值

为节约能源,保护环境,我国对现生产及计划投产的载货汽车规定了百吨公里燃油消耗量限值,要求车辆在满足动力性的前提下,其百吨公里燃油消耗量应符合"载货汽车燃油消耗量限值表"的规定,见表3-4～表3-6。

汽油载货汽车燃油消耗量限值　　　　　　　　　　　　　　　　　表3-4

汽车总质量(t)	燃油消耗量(L/100t·km)	汽车总质量(t)	燃油消耗量(L/100t·km)
2.5～4.0	4.05～3.17	>9.0～12.0	2.64～2.50
>4.0～6.0	3.15～2.83	>12.0～15.0	2.48～2.39
>6.0～9.0	2.82～2.65		

柴油载货汽车燃油消耗量限值　　　　　　　　　　　　　　　　　表3-5

汽车总质量(t)	燃油消耗量(L/100t·km)	汽车总质量(t)	燃油消耗量(L/100t·km)
2.5～4.0	2.82～2.16	>9.0～12.0	1.68～1.55
>4.0～6.0	2.14～1.88	>12.0～15.0	1.53～1.43
>6.0～9.0	1.86～1.76		

重型载货汽车燃油消耗量限值　　　　　　　　　　　　　　　　　表3-6

汽车总质量(t)	燃油消耗量(L/100t·km)	汽车总质量(t)	燃油消耗量(L/100t·km)
>15～17	1.42～1.40	>22～26	1.37～1.33
>17～22	1.39～1.37	>26～32	1.32～1.30

营运汽车燃油消耗量限值是以该车型原厂规定的等速百公里燃油消耗量限值为基础确定的。根据我国营运汽车检测设备的实际情况和《道路运输车辆技术等级划分和评定要求》(JT/T 198—2016)的执行情况,采用等速百公里燃油消耗量作为评价汽车燃油经济性的指标。在规定的检测车速(乘用车为60km/h,其他汽车为50km/h)下,其限值规定为该车型制造厂规定的相应车速等速百公里燃油消耗量的103%。

学习测试

1. 汽车燃油经济性的道路试验有哪些检测项目?
2. 改善汽车燃油经济性的措施有哪些?
3. 影响燃油经济学的因素有哪些?
4. 什么是等速百公里燃油消耗量?
5. 如何对商用车等速行驶燃油消耗量试验和多工况循环燃油消耗量试验的测试结果进行重复性检验?

第四章　汽车排放污染物及噪声的检测

学习目标

1. 了解汽车排放污染物的主要成分；
2. 掌握汽油车排放污染物的检测；
3. 掌握柴油车排放污染物的检测；
4. 了解汽车噪声的检测。

学习时间

4学时。

世界汽车工业的迅速发展和汽车保有量的急剧增加，极大地促进了运输业的发展，也为人们的出行带来了极大方便。但汽车排放物对环境污染的负面影响也日趋严重，汽车排放已被公认为是世界最大的空气和环境污染源。

汽车对环境的污染主要来自废气排放对空气的污染、噪声对人们生活环境安静程度的扰乱以及电磁波对无线电设备和电子装置的干扰三个方面。其中，汽车废气排放是对空气、环境和人类身体健康危害最大的问题，它严重危害着人类生存环境，破坏着生态平衡，影响着人们的身体健康，已成为严重的世界性公害性问题。因此，检测汽车排气中有害物质的含量，则成为评价新车质量和监督在用车使用性能的主要指标之一。

据有关研究资料表明，若对汽车的排放量不加以限制，一辆汽车每行驶一天，排出CO为2.5~3.0kg，HC为0.2~0.4kg，NO_x为0.05~0.15kg。在汽车工业高度发达的国家，像美国洛杉矶那样汽车保有量高度集中的大城市，1968年的调查研究就表明，CO、HC和NO_x的日排放量就分别达到了4200t、1000t和433t。1970年，日本东京上述三种有害物质的日排放量分别达到了4200t、700t和433t，再加上其他微粒物质的排放量，对城市的污染已经达到了相当惊人的程度。因此，世界各国政府都极其重视对汽车污染物排放量的限制、检测、监督和治理。同时，研究和生产符合环保要求的低污染或无污染环保型汽车，则是世界汽车制造商不可推卸的责任。

第一节 汽车排放污染物的主要成分

一、汽车排放物及其形成机制

1. 汽车排放物

对内燃发动机燃料燃烧的热化学理论研究表明,烃类液体石油燃料在空气中完全燃烧后,将生成二氧化碳(CO_2)、水蒸气(H_2O)、氮气(N_2)和剩余的氧气(O_2),这些物质一般被认为是无害的。但在汽车发动机在实际工作中,很多情况下是燃烧不完全的,加之燃料中往往含有其他杂质和添加剂,所以汽车排出的气体物质,不但含有二氧化碳(CO_2)、水蒸气(H_2O)、氮气(N_2)和剩余的氧气等无害物质,还含有一氧化碳(CO)、碳氢化合物(HC)、氮氧化合物(NO_x)等有害气体。汽油机汽车还排出有游离物质[硫酸盐、二氧化硫(SO_2)等低分子物质]。若使用含铅汽油,还会排出铅化合物。柴油汽车排放的有害物质主要是微粒和碳烟等。

2. 形成机制

(1)碳氢化合物(HC)。HC其实就是未燃的汽油分子,即使发动机处于良好的工作状态且点火正时,燃油系也会释放一些HC。因为当燃烧室内的火焰前锋到达较冷的汽缸壁时,火焰前锋将因激冷而熄灭,从而会留下未燃的汽油分子,即HC。对于装有三元催化器的轿车,在发动机燃油系、点火系和排放控制系都正常的状态下,汽车排气管中的HC排放会很低。对于未装三元催化器的汽车,只有混合气在理论空燃比时,HC排放才会较低。

当混合气过稀超过燃烧极限时,会因汽缸缺火导致HC排放过高,混合气过浓也会使HC排放高于正常值。另外,燃油箱、化油器浮子室和蒸发排放系统也是HC的排放源。当点火系发生故障引起汽缸缺火或断火时,则无法点燃汽缸内的混合气,所有的未燃气体都进入排气,会导致HC排放量过高。汽缸密封不良压缩压力过低也会造成HC排放量较高。

(2)一氧化碳(CO)。CO是混合气未能充分燃烧的产物,是一种碳与氧结合的有毒气体。当混合气为理论空燃比或较稀时,由于氧气充足燃烧后生成的是二氧化碳(CO_2),排气中的CO会很低。若在发动机燃烧期间由于混合气过浓,没有足够的氧与碳结合而燃烧不充分,将有部分混合气生成CO。混合气较浓时,CO排放将会增加;混合气为理论空燃比时,CO的排放非常低;混合气较稀时,CO的排放也会很低。所以,CO排放量可以反映混合气是否过浓,但不能准确地反映混合气是否过稀。发动机汽缸缺火时,被燃烧的混合气有所减少,由于CO是燃烧不完全的产物,所以当汽缸缺火混合气不能燃烧时,不会增加CO排放,反而会使CO排放略微降低。

(3)氮氧化合物(NO_x)。NO_x实际上是氮与氧的多种化合物,现已分析出有200多种。NO_x中的x表示氧原子和氮原子的混合比例,x是可变的,它可能是NO、NO_2或NO_3,因此NO_x代表多种不同的氮氧化物(NO、NO_2、NO_3等)。氮和氧存在用于燃烧的空气中,氮是不能燃烧的物质,在低温下一般不与氧发生化学反应,但当燃烧温度达到 1261℃ 以上且汽缸内氧气充裕时,汽缸中的氮和氧就会结合生成 NO_x。由于外部大气中 78% 是 N,因此,不可能阻止 N 进入燃烧室。控制 NO_x 生成的关键是防止 N 和 O_2 在高温下结合。

(4) 二氧化碳 (CO_2)。CO_2 是发动机燃烧后的必然产物。从燃烧效率的角度看,CO_2 越高表示可燃混合气燃烧越充分,因此可以认为 CO_2 是燃烧理想的产物,所以期望排气中的 CO_2 含量越高越好。如果空燃比从 9:1 提高到 14.7:1 时,CO_2 所占比例会从 6% 左右增大到 13.5%。若实际空燃比比理论空燃比略稀时,CO_2 的生成量开始下降。

虽然 CO_2 对人体无害,但过量的排放会导致大气产生温室效应,为此也应该限制其排放量。为减少排气中的 CO_2 含量,努力使发动机在高效运转的同时降低 CO_2 排放,是探索汽车使用替代燃料的主要原因之一。

(5) 氧气 (O_2)。O_2 也不是污染物,它存在于排放物中不会对环境构成任何威胁。但是,如果排气中含 O_2 过高,表明汽缸内混合气过稀或混合气燃烧不完全。空燃比过稀会使排气中的 O_2 含量偏高,此时可能已经影响到发动机的动力性。

如果混合气过浓,混合气中的所有 O_2 都与燃油混合,废气中的 O_2 含量就非常低。如果混合气过稀,没有足够的燃油与进入汽缸的 O_2 结合,废气中的 O_2 含量将会很高,因此 O_2 含量可以反映混合气是否恰当。在燃油闭环控制系统中,O_2 是氧传感器产生空燃比信号的重要依据。

(6) 碳烟:碳烟是柴油汽车的主要排放物。柴油汽车排出的烟雾有白烟、黑烟和蓝烟。碳烟通常是指黑烟。柴油汽车在加速和大负荷工况中,为迅速提高发动机的输出功率,将向汽缸内喷入较多的燃料以形成较浓的混合气,往往因此时发动机转速较低充气量不足,使混合气形成不均匀而不能充分燃烧,造成燃料在高温缺氧的条件下裂解、聚合而形成碳烟排出。碳烟的主要成分是约有 85% 的碳,少量的 O_2、H_2、灰分和多环芳香烃等化合成黑色微粒物质。

二 汽车排放物的危害

1 碳氢化合物的危害

碳氢化合物中含有百余种烃类,其中大部分对人体健康没有直接危害,但其中所含的少部分甲醛、丙醛等醛类会产生难闻的臭味,对眼睛和呼吸道黏膜有刺激作用,能引起结膜炎、鼻炎、支气管炎和肺炎等。苯并芘和多环芳香烃是强烈的致癌物质。烃类在阳光下还能形成光化学烟雾,影响人们的视线。

2 一氧化碳的危害

CO 是一种无色无味有剧烈毒性的气体。据有关研究表明,空气中的一氧化碳浓度达到 70ppm 以上时,人们呼吸 3~4h 即会出现中毒症状。它被人吸入体内后极易与血液中的血红蛋白结合,而且一旦结合后很难分解,积累达到一定程度后会阻止肺中的血红蛋白与氧气结合,造成人体局部缺氧,引起头痛、头晕、呕吐和心跳加快等中毒症状,严重时会致人死亡。

③ 氮氧化合物的危害

发动机排出的 NO_x 中绝大部是分一氧化氮（NO），浓度较高时可引起人的神经中枢障碍。NO 排到大气中后通过光合作用，会很容易与空气中的氧原子结合转化成二氧化氮（NO_2）。NO 是一种剧毒的棕色气体，吸入肺中能引起肺气肿，当大气中含量达到 5ppm 时，就会对哮喘病患者产生影响。如果在 100~150ppm 的浓度下连续呼吸 30~60min，就会使人有生命危险。氮氧化合物还是形成烟雾、臭氧和酸雨的主要物质。

④ 二氧化碳的危害

二氧化碳不是有毒气体，一般认为对人体健康和对城市环境污染不构成危害，一部分二氧化碳还可以被植物吸收。但排放量过大会导致大气"温室"效应，这是致使全球变暖的原因之一。

⑤ 二氧化硫的危害

二氧化硫有强烈的刺鼻气味，当空气中二氧化硫的体积分数达到 100ppm 以上时，就会刺激眼睛和咽喉，达到 400ppm 以上时会使人中毒。二氧化硫还是形成酸雨的主要成分，污染土壤和水源，危害生物和植物的生长，甚至破坏自然界的生态平衡。

⑥ 碳烟的危害

柴油汽车排出的碳烟微粒中附着有二氧化硫、多环芳香烃、苯并芘等有害物质。其中二氧化硫是形成酸雨的主要物质，多环芳香烃和苯并芘有可能使人致癌，大量的黑色烟雾会影响人们的视野，是导致交通事故的隐患之一。以上表明，碳烟对环境污染、人体健康和交通安全都具有较大的危害，因此对于柴油汽车碳烟的排放也必须加以检测、监督和限制。

第二节 汽油车排放污染物的检测

一、汽油车排放污染物检测的方法

我国在用车的排气污染物检测方法大体可分为不加载试验（怠速法、双怠速法）和加载试验（稳态工况法、瞬态工况法、简易瞬态工况法）两大类。

以前检测汽油车排气污染物普遍采用的方法是怠速法，即在怠速工况下测试 CO 和 HC 的含量。这种传统的方法已趋于淘汰。按《点燃式发动机汽车排气污染物排放限值及测量方法（双怠速法及简易工况法）》（GB 18285—2005）的规定，目前全国点燃式发动机在用汽车排放监控，应采用改变准规定的双怠速法检测排气污染物排放。在机动车保有量大、污染严重的地区，也可按规定采用加载工况试验方法。各省级环境保护行政主管部门可根据当地实际情况，确定在用汽车排放监控方案，选择双怠速法或加载工况（试验）法中的一种作为在用汽车排气污染物排放检测方法。

双怠速法是分别测试发动机处于怠速和高怠速(一般为额定转速的50%)两种工况下的排气情况的方法,比传统的怠速法要复杂一些。

加载试验方法也称为多工况循环试验方法,试验过程中需要经历加速、等速、减速等多种工况,以前主要用于新生产汽车的形式认证。目前这类试验经过适当简化后已用于在用汽车排放污染物的检测,所以也统称为简易工况法。

1)双怠速法

怠速工况指发动机无负载运转状态。即离合器处于接合位置、变速器处于空挡位置(对于自动变速箱的车应处于"停车"或"P"挡位)。采用化油器供油系统的车,阻风门应处于全开位置。加速踏板处于完全松开位置。

高怠速工况只满足上述(除最后一项)条件,用加速踏板将发动机转速稳定控制在50%的额定转速或制造厂技术文件中规定的高怠速转速时的工况。《点燃式发动机汽车排气污染物排放限值及测量方法(双怠速法及简易工况法)》(GB 18285—2005)中将轻型汽车的高怠速转速规定为(2500±100)r/min,重型车的高怠速转速规定为(1800±100)r/min。

汽车处于怠速工况时,其燃烧条件比较恶劣。怠速燃烧质量的稳定是其他工况燃烧质量稳定的前提条件,测量怠速工况下排期中各种排放物的浓度,而且可以监控因化油器量孔磨损或催化转化器转化率下降而造成的汽车排放恶化。现代汽车所装的三元催化器只有在高排气温度下才能正常工作。高怠速的排气温度较高,这样可有效测试催化器的转换效率。其测试程序极限值按《点燃式发动机汽车排气污染物排放限值及测量方法(双怠速法及简易工况法)》(GB 18285—2005)的规定执行。

《点燃式发动机汽车排气污染物排放限值及测量方法(双怠速法及简易工况法)》(GB 18285—2005)规定,采用双怠速测量轻型汽车排气污染物的限值见表4-1。

在用(轿车、轻型)汽车排气污染物排放限值(体积分数)　　　　表4-1

车　　型	怠　　速		高　怠　速	
	CO(%)	HC×(10^{-6})	CO(%)	HC×(10^{-6})
1995年7月1日前生产的轻型汽车	4.5	1200	3.0	900
1995年7月1起生产的轻型汽车	4.5	900	3.0	900
2000年7月1日起生产的第一类轻型汽车	0.8	150	0.3	100
2001年10月1日起生产的第二类轻型汽车	1.0	200	0.5	150
2005年7月1日起新生产的第一类轻型汽车	0.5	100	0.3	100
2005年7月1日起新生产的第二类轻型汽车	0.8	150	0.5	150

国家标准又规定,对于使用闭环系统和三元催化转换器技术的汽车要进行过量空气系数 λ 的测定,并且要求发动机在高怠速时过量空气系数 λ 应在(1.00±0.03)或制造厂规定的范围内。表4-1中,CO排放量的单位是%;HC的单位是×10^{-6}。

2)稳态工况法

稳态工况法是简易工况法的一种,指汽车预热到规定的状态后,加速至规定车速,根据汽车规定车速时的加速负荷,通过测功机对汽车加载使汽车保持等速运转工况,测定汽车发动机排出的各种废弃成分的浓度值。这种测试方法又称加速模拟工况法(ASM)。ASM法在两种稳态工况下检测：

①高负荷低速工况，即50%节气门开度，25km/h；

②中负荷中速工况，即25%节气门开度，40km/h。

ASM法仅适用于最大总质量不大于3800kg的汽车，其试验规定条件如下：

(1) 对底盘测功机的要求。除通过底盘测功机对汽车施加于车速相对应的负荷外，还需添加额外负荷，用于模拟加速工况。因此，能进行ASM法的底盘测功机还必须按规定配备惯性飞轮(或电模拟量)。

(2) 对排气分析仪的要求。仪器要求能测量CO、HC、NO_x等污染物，其中对于CO、HC和CO_2采用部分光红外法，NO_x和O_2采用电化学法。排放结果以浓度表示。目前一般采用五种气体排放分析仪(可同时检测HC、CO、CO_2和NO_x以及过量空气系数λ)进行检测。

二、汽油车排放污染物的检测设备

目前汽油机汽车采用的废气分析仪器主要有四气分析仪和五气分析仪两种。图4-1是四气分析仪的外形，图4-2是五气分析仪的外形。

图4-1　VEAP-401型四气分析仪的外形

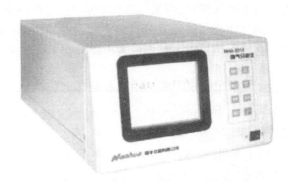
图4-2　NHA-501型五气分析仪的外形

四气分析仪的功能是可以对汽油机汽车废气中HC、CO、CO_2、O_2四种气体的含量进行分析。五气分析仪的功能是可以对汽油机汽车废气中HC、CO、CO_2、O_2和NO_x五种气体的含量进行分析。

1 工作原理

四气分析仪和五气分析仪都属于不分光红外线式气体分析仪，都是根据不同气体具有吸收不同波长红外线的特性制成的。汽车排放废气中看似透明的CO、HC、NO和CO_2等气体，在某种波长的红外线照射下就显示了不透明性，部分红外线被挡住或被吸收，而且所吸收能量的大小，与该气体的浓度有一定的比例关系。不同的气体对应吸收红外线的波长也不相同，如CO主要吸收波长为4.7μm附近的红外线。为此，可以让红外线通过一定的汽车废气，根据对比4.7μm红外线经过废气前后能量的变化，来测定废气中CO的含量。检测其他气体的原理相同，如图4-3所示。

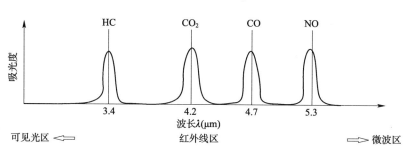

图 4-3 不同气体对红外线的吸收情况

② 气体分析装置的作用

气体分析装置是废气分析仪的核心部分。其作用是从来自取样装置的多种成分的废气中分析检测出 CO 和 HC 的浓度。气体分析装置由红外线光源、气样室、旋转扇轮、测量室和传感器等组成。其中标准气样室内充满不吸收红外光的清洁气体,如氮气 N_2,检测室中充以一定浓度的同种被测气体。测量时,两个红外光源发出等量的红外光,分别穿过标准气样室和测量气样室而达到两个检测室。由于来自汽车的废气不断流过测量气样室,当红外线穿过废气时,其能量不断被吸收,吸收能量的多少与废气中的有害物质含量有关。另一束红外光穿过标准气样室,因氮气不吸收能量,这样两束光线达到检测室时其能量出现差异。检测室中的气体吸收红外光后引起不同的热膨胀,结果装于两检测室间的传感器将这一压力变化转化成电信号送入仪器放大电路后由指示仪表显示,从而得出检测结果。

③ 五气分析仪的主要组成及操作键功能

各种废气分析仪的构造基本相同。现以 NHA-501 型五气分析仪为例说明其组成和面板操作键功能。

（1）主要组成：NHA-501 型五气分析仪由仪器主体、短导管、前置过滤器、取样管、取样探头等组成,如图 4-4 所示。

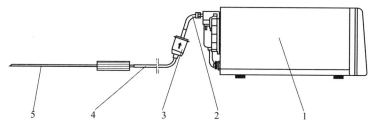

图 4-4 NHA-501 型五气分析仪的组成
1-仪器本体；2-短导管；3-前置过滤器；4-取样管；5-取样探头

（2）后背面板结构如图 4-5 所示。

（3）面板操作键功能：面板布置如图 4-6 所示。

① 液晶显示屏：显示中文菜单和测量数据。

② 选择键：用于选择所需的项目。

③ 确认键：用于确认所选择的项目和切换输入法。

④ 调零键：用于检测前的仪器调零。

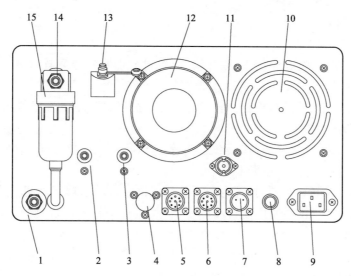

图4-5　NHA-501型五气分析仪的后背面板结构

1-主排气口;2-NO_x传感器排气口;3-氧传感排气口;4-二次过滤器;5-输出信号插座;6-打印信号插座;7-转速信号插座;8-保险管盒;9-电源插座;10-冷却风扇;11-油温信号插座;12-粉尘过滤器;13-标准气输入口;14-氧气输入口;15-水分过滤器

⑤储存键:用于检测数据的机内储存操作。

⑥检测/停止键:启动或停止测量功能。

⑦电源开关:用于接通或关闭仪器的电源。

⑧打印键:在装接打印机后,操作此键可打印检测数据。

⑨▽和△键:可用于选择所需的项目;翻查显示屏上的文字、字母和数字;调节显示屏的亮度和对比度;修改校准气的设定值。

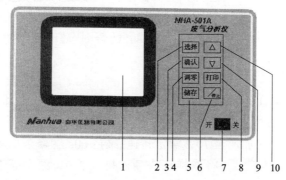

图4-6　NHA-501型五气分析仪的面板布置图

1-液晶显示屏;2-选择键;3-确认键;4-调零键;5-储存键;6-测量/停止键;7-电源开关;8-打印键;9-▽下翻键;10-△上翻键

三、汽油机汽车排放物的检测流程

1 检测前的准备

仪器使用前要认真阅读仪器的使用说明书,掌握正确的使用方法,了解使用注意事项,并做好以下准备工作。

1)仪器的准备

(1)安装取样探头:将取样探头、取样管、前置过滤器和短导管连接在一起,再将短导管端头上的螺母旋紧在样气入口上,并确保无漏气。

(2)确保各种过滤器清洁:检查前置过滤器、水分过滤器、粉尘过滤器和二次过滤器是否清洁,否则更换滤芯或滤纸。

(3)连接各种导线:连接好油温信号线插头、转速信号线插头、插接好打印机及其连接导线。

(4)连接电源导线并打开电源开关。

(5)仪器预热、检漏和调零:打开电源开关后仪器将自动按规定时间进入预热倒计时;预热后自动进入检漏10s;仪器使用前自动调零,检测过程中将周期性地每半小时自行校准零位一次。

(6)输入标准气样:打开样气输入口盖,将样气瓶输出口对正输入口压下输入样气。

2)待测汽车的准备

(1)操控装置的位置:离合器处于结合位置,加速踏板处于松开位置,变速器处于空挡位置,采用化油器供油系统的阻风门处于全开位置。

(2)预热发动机:在预热仪器的同时起动发动机,预热冷却液和机油至正常工作温度(80~90℃)。

(3)检查点火系:点火提前角应正时,点火系应工作正常,不得有缺火和断火情况,否则应调整或检修。

(4)检查怠速:发动机预热后检查怠速和高怠速应能在规定范围内稳定地运转,否则应进行调整。

(5)检查其他运转情况:各转速工况运转稳定,加减速应顺畅、过度平缓。

(6)调整混合气浓度:化油器发动机混合气浓度应调整合适。

(7)检查排气管:排气管应无破损,确保不漏气,否则应修补或更换。

2 怠速速检测法

(1)将转速传感器夹在第一缸点火线上,箭头指向火花塞方向。拔出机油尺将润滑油温度传感器插入油底壳机油中。

(2)发动机由怠速工况加速至70%额定转速,维持60s后降至怠速状态。

(3)发动机降至怠速状态后,将取样探头插入排气管中,深度等于400mm,并固定于排气管上。

(4)按选择键使主菜单上的光标移到"测量"选项上,再按确认键进入子菜单中的"怠速标准测量"选项。

(5)发动机在怠速状态,维持15s后开始读数,读取30s内的最高值和最低值,其平均值即为测量结果。若为多排气管时,取各排气管测量结果的算术平均值。

(6)若需打印,按打印操作步骤进行。

(7)测量工作结束后,把取样探头从排气管里抽出来,让它吸入新鲜空气5min,待仪器指示回到零点时,按"测量/停止"键停止测量后,再关闭电源。

怠速检测时仪器的操作流程如图 4-7 所示。

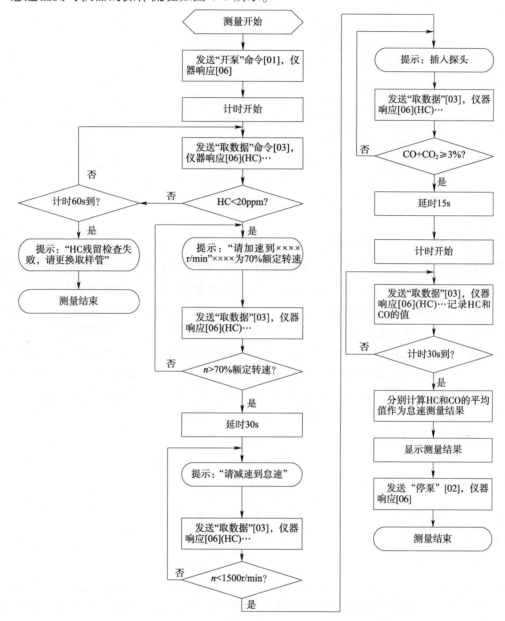

图 4-7 怠速检测法操作流程图

③ 双怠速检测法

双怠速检测的操作方法和怠速法基本一样,不同的是发动机先在高怠速状态维持 15s 后开始读数,读取 30s 内的最高值和最低值,取平均值即为高怠速排放测量结果。然后使发动机由高怠速状态降至怠速状态,在怠速状态维持 15s 后开始读数,读取 30s 内的最高值和最低值,其平均值即为怠速排放测量结果。双怠速检测结果显示如图 4-8 所示。图 4-9 是双怠速检测时仪器的操作流程图。

```
                 高怠速平均值
    HC   0123    ppm       CO    02.34   %
    CO2  14.86   %         O2    00.36   %
    NO   0305    ppm       rpm   0700
    T    025     ℃         λ     1.03

                 低怠速平均值
    HC   0123    ppm       CO    02.34   %
    CO2  14.86   %         O2    00.36   %
    NO   0305    ppm       rpm   0700
    T    025     ℃         λ     1.03

        ▼
        退出    打印    存储
```

图 4-8 双怠速检测结果示例图

4 加速模拟工况（ASM）检测法

所谓加速模拟工况，是指通过底盘测功机对车辆加载，模拟汽车在各种行驶工况下的检测。车辆预热到规定的热状态后，在底盘测功机上加至规定车速，并施加规定车速时负荷，使车辆保持等速运行状态，在这样的情况下测试汽车废气的排放量，称为加速模拟工况检测法，简称 ASM 法。采用该方法检测时需要使用两种设备：底盘测功机和废气分析仪（图 4-10）。

加速模拟工况法由两个试验工况组成，分别称为 ASM5025 工况（50 和 25 检测时的设定功率：加速度为 $1.475 m/s^2$ 时输出功率的 50% 作为设定功率；25 和 40 检测时的设定车速）和 ASM2540 工况。试验过程如图 4-11 所示。表 4-2 为加速模拟工况运转循环表。

加速模拟工况检测运行循环表   表 4-2

工况	运行次序	运行速度(km/h)	操作时间(s)	检测时间(s)
ASM 5025	1	0~25	3.5~8.5	—
	2	25	10	—
	3	25	90	90
ASM 2540	1	25~40	2.3~5.6	—
	2	40	10	—
	3	40	90	90

（1）ASM5025 工况检测法：车辆驱动轮位于测功机滚筒上，将分析仪取样探头插入排气管中，深度为 400mm，并固定于排气管上，对独立工作的多排气管应同时取样。

经预热后的车辆加速至 25.0km/h，测功机以车辆速度为 25.0km/h、加速度为 $1.475 m/s^2$ 时输出功率的 50% 作为设定功率对车辆加载。车辆以 25.0km/h±1.5km/h 的速度持续运转 10s 后开始计时测试。持续运行检测时间为 90s。

（2）ASM2540 工况检测法：在 ASM5025 工况检测结束后，车辆立即加速至 40.0km/h，测功机以车辆速度为 40.0km/h，加速为 $1.475 m/s^2$ 时的输出功率的 25% 作为设定功率对车辆加载。车辆以 40.0km/h±1.5km/h 的速度持续运转 10s 后，开始计时测试。持续运行检测时间为 90s。

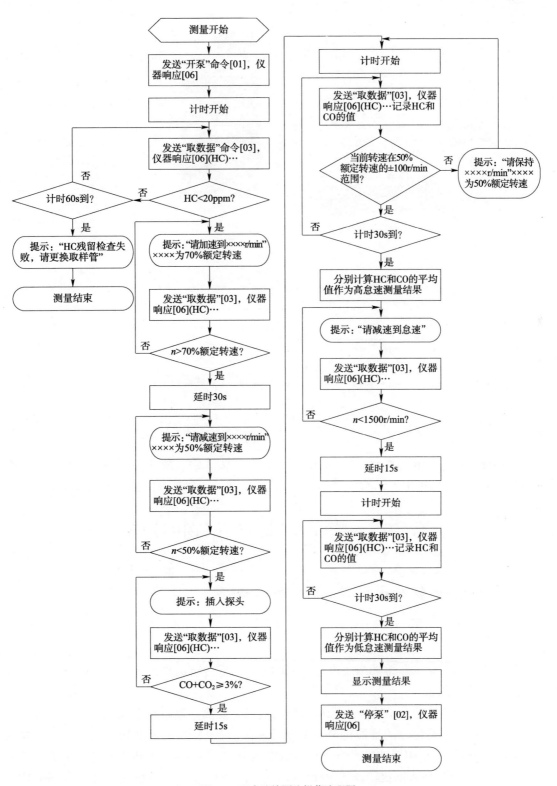

图 4-9 双怠速检测法操作流程图

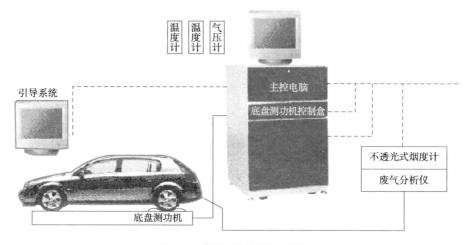

图 4-10 模拟工况检测法示意图

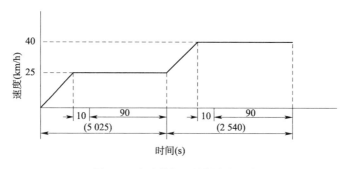

图 4-11 加速模拟工况检测过程图

该标准指出,若第一次试验不合格,可进行重复试验。要求连续进行 ASM5025 和 ASM2540 工况试验,每个工况测试时间延长至 145s,两个工况重复测试时间为 290s。

第三节　柴油车排放污染物的检测

一、柴油车排放污染物检测的方法

1. 烟度法

烟度法是指对柴油车排烟浓度进行检测的方法。它可分为稳态和非稳态两种。

1) 稳态烟度测量

柴油车冒黑烟在全负荷时较为严重,因此,稳态烟度测量通常是在柴油车全负荷稳定运转时进行。我国自行制定的柴油机全负荷烟度测量方法规定:由最低转速至额定转速之间选取 6~7 个转速对车用柴油机进行全负荷烟度测量,其中包括最大转矩转速和最大功率转速。最低转速是指 45% 额定转速或 1000r/min 中较高的一个。每一转速的烟度测量必须在柴油机稳定运转后进行,任何一次测量结果都不得超过限值。

稳态烟度测量适用于在台架上进行,较难在汽车上测定。

2)非稳态烟度测量

目前非稳态烟度测量有自由加速法和控制加速法两种。我国使用的是自由加速法。自由加速法是指柴油机从急速状态突然加速至高速空载转速过程中进行烟度测量的一种方法。由于自由加速不需要对柴油机加载,因此,该方法适应于检测站对在用车的年检以及环保部门对柴油车的监测。

检测通常在汽车上进行,其检测步骤如下:

(1)将取样探头固定在排气管内,插入深度为300mm,并使探头中心线与排气管中心线平行。

(2)使发动机在急速工况(离合器处于结合位置,加速踏板与节气门处于松开位置,具有排气装置的发动机的蝶形阀处于全开位置)下运转。

(3)将加速踏板急速踏到底,维持4s后松开,如此重复三次,以吹净排气系统的沉积物。

(4)取样测量。将加速踏板急速踏到底,维持4s后松开,并按规定循环测量四次,取后三次读数的算术平均值作为所测得的烟度值。

(5)当汽车黑烟冒出排气管的时间和抽气泵开始抽气的时间不同步时,应取最大烟度值作为所测得的烟度值。用滤纸烟度计所测量的烟度值不得超过标准中的限值,否则为不合格。

② 可见污染物测量法

可见污染物测量法是指利用不透光度针对柴油车排气中的可见污染物进行测量的方法。柴油机排放中的黑烟、蓝烟、白烟和油雾均为可见污染物。

我国对于2001年1月1日以后上牌照的在用柴油车,使用不远光度计,采用自由加速法检测柴油车排出的可见污染物。其检测方法是:车辆处于规定的热状态,在发动机急速时,按规定的要求插入不透光度计的取样探头,迅速但不猛烈地踏下加速踏板,使喷油泵供给最大油量。在发动机达到调速器允许的最大转速前,保持其位置,一旦达到最大转速,立即松开加速踏板,使发动机恢复至急速,不透光度计恢复到相应的状态。重复测量6次。记录不透光度计的最大数值,如读数值连续四次均在$0.25mm^{-1}$的带宽内,并且没有连续下降趋势,则记录值有效。其中,4次测量结果的算术平均值即为该车的排放结果。

二 柴油车排放污染物的检测设备

《点燃式发动机汽车排气污染物排放限值及测量方法(双急速法及简易工况法)》(GB 18285—2005)中规定,装配压燃式发动机汽车排气检测设备为滤纸式烟度计,按自由加速试验方法进行检测。

① 滤纸式烟度计的主要组成

滤纸式烟度计主要由排气取样装置、专用吸样滤纸、染黑度检测装置、指示装置和控制装置等组成。

2 滤纸式烟度计的基本工作原理

滤纸式烟度计利用抽气泵,从柴油机排气管中抽取一定容积的废气,并使这部分废气通过一定面积的滤纸,使废气中的碳烟颗粒吸附在滤纸上,使滤纸变黑,然后用一定的光线照射滤纸,并用光电池接受反射光,再根据光电池产生的电流使仪表指针偏转,把烟度用污染度百分比的形式显示出来,如图4-12所示。

3 主要装置的作用原理和要求

(1) 取样装置:由取样探头、活塞式抽气泵、取样软管和清洗机构等组成,如图4-13所示。仪器的脚踏开关装在加速踏板上,以便控制吸取气样和加速同步。取样头还带有为废气冷却的圆片式散热器。连接取样头与吸气泵的导管,为内径4mm、长度5m的软管,要求连接可靠、无漏气。为保证检测精度,要求吸气泵吸气容量为300mL±15mL,且每次吸气量相等、吸气速度一致和吸附烟粒面积相同,吸气时间为1.4s±0.2s,外界空气渗入量每分钟不得大于15mL。

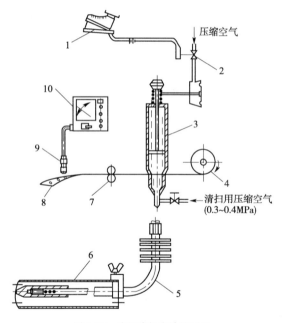

图4-12 滤纸式烟度计的原理
1-脚踏开关;2-压缩空气;3-抽气泵;4-滤纸卷;5-取样头;
6-排气管;7-进给机构;8-滤纸;9-光电传感器;10-显示器

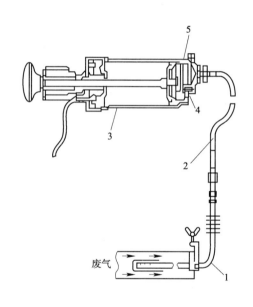

图4-13 取样装置的结构
1-取样头;2-导管;3-气泵;4-滤纸压紧器;5-滤纸插入口

(2) 滤纸:滤纸是烟度计吸样的关键元件,对其有严格的要求:滤纸白度为85%±2.5%,当量孔径为45μm,透气度为3 000mL/(cm²·min),厚度不大于0.18mm,有效工作面直径为32mm,夹紧器工作可靠。

(3) 压缩空气清洗机构:能在排气取样之前用压缩空气吹洗取样探头和取样软管内的残留碳烟颗粒。清洗用压缩空气的压力为0.3~0.4MPa。

(4) 检测装置:由光电传感器、滤纸和标准烟样等组成。光电传感器由光源(白炽灯泡)、光电元件(环形硒光电池)和电位器等组成。工作原理如图 4-14 所示,电源接通后白炽灯泡发亮,其光亮通过带有中心孔的环形硒光电池照射到滤纸上。当滤纸的染黑度不同时,反射给环形硒光电池感光面的光线强度也不同,因而环形硒光电池产生的光电流强度也就不同。内部电路中配备有电阻 R_1 和 R_2 作为白炽灯泡电流的粗调和微调,以便获得适度的光强,使光源和硒光电池的灵敏度相匹配。

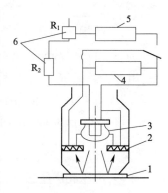

图 4-14 光电传感器的工作原理
1-滤纸;2-光电元件;3-光源;4-指示装置;5-电源;6-调节电阻

(5)指示装置:旧式仪器是一个微安表,现在的新式仪器均采用液晶显示屏,用于指示排气烟度的检测值。当检测到滤纸的染黑度不同时,环形硒光电池产生的流强度也不同,表针指示的位置随电流大小变化。表头以 Rb0～Rb10 表示烟度范围。其中,0 是全白滤纸的 Rb 单位,10 是全黑滤纸的 Rb 单位,数值越大表示烟度越大。

(6)控制装置包括用脚操纵的抽气泵脚踏开关和滤纸进给机构等。

第四节 汽车噪声的检测

噪声是指扰乱人们工作、学习和居住环境,对人的生理和心理健康有损害的声音。据统计,当环境噪声大于 45dB 时,人会感到明显不适;当噪声为 60～80dB 时,会影响睡眠;当噪声超过 90dB 时,就会对身体健康产生明显影响。所以噪声也是一种环境污染源,被列为必须加以限制的对象。

车辆产生的噪声,可以占到交通噪声的 80% 左右。随着交通运输业的发展和汽车保有量的激增,噪声污染越来越严重。我国不少城市的噪声,特别是车辆噪声,已到了非治理不可的程度。为此,我国于 1979 年公布了国家标准《机动车辆允许噪声》(GB 1495—79)和《机动车辆噪声测量方法》(GB 1496—79),把控制车辆噪声纳入了环境保护的范畴。进入 20 世纪 80 年代又陆续颁布了汽油机、柴油机等噪声限值及测量方法等标准。一系列标准的实施对控制汽车噪声的过快增长、提高人们居住环境的安静度、减少对工作和学习的干扰以及减少对人身健康的影响起到了积极作用。

一、汽车噪声的评价指标

声音是由声源作周期或非周期性振动而产生的。当声源振动时,声音以波的形式在弹性媒体(气体、液体或固体)中传播,即形成声波。声音的大小与"声压"强弱有关;声音尖锐或沉闷与"音频"高低有关;声音悦耳或嘈杂,与"音调"是否和谐有关。噪声是指那些人们不需要的、令人厌恶的或对人类生活和工作有妨碍的声音。噪声不仅有其客观的物理特性,还依赖主观感觉的评定。如在听音乐时,悦耳的歌声不是噪声,而在老师讲课的课堂上,高音播放的音乐只能算是噪声。

1 音频

人耳可以听到的声音频率在 20~20000Hz 范围内。频率越高,声音就越尖锐;频率越低,声音就越低沉。例如,打鼓的声音频率在 100Hz 左右;人讲话的声音为几百赫兹;高音和乐器的声音在 100~4000Hz 范围内;尖叫的声音可能超过 4000Hz。低于 20Hz 的声音称为次声(波),高于 20000Hz 的声音称为超声(波)。次声(波)和超声(波)都是人耳不能听到的声音。

2 声压和声压级

用于度量噪声的指标有声压和声压级两个。

(1) 声压:声压是声学中表示音调强、弱的指标。当声音在空气中传播时,引起空气压力的起伏变化,这个压力的变化量称之为声压,声音越大,声压也越大。声压的单位与压力单位相同,即其单位为帕(斯卡)(Pa)。正常人耳刚刚能听到的声压(称为听阈声压)是 2×10^{-5}Pa;刚刚使人耳产生疼痛的声压(痛阈声压)是 20Pa,痛阈声压是听阈声压的 100×10 倍。

(2) 声压级:由于以声压计量数值太大,使用起来不方便,加之人们对声压强、弱变化的感觉与声压的相对变化量有关,故实际上采用了对声音进行相对变化比较单位"声压级"来作为噪声的测量单位。声压级的单位是分贝(dB),其定义为:

$$L_p = 20 \lg \frac{P}{P_0} \quad (\text{dB}) \tag{4-1}$$

式中:L_p——声压级,dB;

P——声压,Pa;

P_0——基准声压(取 2×10^{-5}),Pa。

(3) 采用声压级之后,就将相差 100×10 倍的可听声压范围,简化成 0~120dB 的声压级变化,它既符合人耳对声音的主观感觉,也便于表示。

3 计权网络

在噪声研究中,一般用声压、声压级作为噪声测量的物理参数,实际上,人耳接受客观声压和频率后,主观上产生的"响度感觉"与这些客观物理量之间并不完全一致。这种主、客观量的差异是由声波频率的不同而引起的。因此在噪声测量时,就存在着声音物理量与人耳听觉量的统一问题。为把声压级和频率统一起来,引出了"响度"的概念,单位为"方"(phon)。响度级反映人对声音的主观评价,将声压级和频率用同一个单位表示。为此,人们在噪声分析仪中设计了 A、B、C 三种"频率计权"网络来对所测量噪声进行听感修正,其中 A、B 计权网络对中、低频声音有衰减,C 计权网络基本上无衰减。测量噪声声压级时常用 A 计权。国标规定在测量汽车噪声时也要使用 A 计权。这是因为研究表明,对于大多数的噪声而言,用 A 计权比其他计权能够更接近人耳的听觉响应特性。

其他标准规定:客车车内最大噪声级不大于 82dB;喇叭声级在车前 2m 远,离地高 1.2m 处检测时应为 90~115dB;驾驶员耳旁噪声级不大于 90dB。

二 汽车噪声的来源

按照噪声产生的过程,可将汽车噪声源大致分为两类:一类是与发动机运转有关的噪声;另一类是与汽车行驶有关的噪声。

1 发动机噪声

(1)燃烧噪声:燃烧噪声是由于汽缸内周期性变化的气体压力的作用产生的,主要表现为气体燃烧时急剧上升的汽缸压力通过活塞、连杆、曲轴缸体及缸盖等引起发动机结构表面振动而辐射出来的噪声。压力升高率是影响燃烧噪声的根本因素。因而,燃烧噪声主要集中于速燃期,其次是缓燃期。柴油机由于压缩比高,压力升高率过大,其燃烧噪声比汽油机高得多。

(2)机械噪声:机械噪声是指由于气体压力及机件的惯性作用,使相对运动零件之间产生撞击和振动而形成的噪声,主要包括:活塞连杆组噪声、配气机构噪声、柴油机供给系统噪声等。活塞连杆组噪声是发动机最主要的机械噪声源;配气机构噪声是由于气门开启和关闭时产生的撞击以及系统振动而形成的噪声;齿轮机构噪声是由齿轮啮合时所产生的噪声和齿轮固有振动噪声组成的;柴油机供油系统噪声主要是由于喷油泵、喷油器和高压油管系统振动引起的。其中喷油泵形成的噪声是主要的机械噪声。

(3)进、排气噪声:进、排气噪声是由于发动机在进、排气过程中的气体压力波动和高速气体流动所引起的振动而产生的噪声。进、排气噪声的强、弱受发动机转速和负荷影响较大。随发动机转速的提高,进气噪声增大,负荷对进气噪声影响较小。

(4)风扇噪声:风扇噪声由旋转噪声和空气涡流噪声所组成。旋转噪声是由于风扇旋转时叶片切割空气,引起空气振动所产生的。涡流噪声是由于风扇旋转时叶片周围产生的空气涡流造成的。

2 传动机构噪声

(1)变速器噪声:主要是因齿轮摩擦、振动引起的。此外,还包括轴承运转声、润滑油搅拌声、发动机振动传至变速器箱体而辐射的噪声等。提高齿轮加工精度,选择合适的齿轮材料,设计固有振动频率高、密封性好、隔声性强的齿轮箱等均可减小变速器噪声。

(2)传动轴噪声:主要表现为汽车行驶中传动轴发出的周期性响声,且车速越高响声越严重,甚至引起车身发生抖动、驾驶员握转向盘的手有麻木感,这是由于传动轴变形、轴承松旷及装配不良等原因造成的。提高装配精度,检查平衡片有无脱落,避免超速行驶,可减小传动轴噪声。

(3)驱动桥噪声:是在汽车行驶时车后部发出的较大的响声,且车速越高响声越大,主要是由于齿隙不合适、齿轮装配不当、轴承预紧力调整不当等原因造成的。

(4)制动噪声:制动噪声是汽车制动过程中由制动器摩擦诱发引起制动器等部件振动发出的声响,通常称为制动尖叫声。特别是制动器由热态转为冷态时更容易产生这种噪声。该高频噪声不仅影响汽车的舒适性,还会给驾驶员带来不必要的担心。

鼓式制动器比盘式制动器产生的噪声大。通常发生在制动蹄摩擦片端部和根部与制动鼓接触的情况下。其噪声大小取决于制动蹄摩擦片长度方向上的压力分布规律,还受制动系统及零部件刚度的影响。

(5)轮胎噪声:包括轮胎花纹噪声、道路噪声、弹性振动噪声以及轮胎旋转时搅动空气引起的风噪声。花纹噪声和道路噪声都是轮胎和路面相互作用而产生的噪声。汽车行驶时,轮胎接地部分胎面花纹沟槽内的空气以及路面的微小凹凸与地面间的空气,在轮胎离开地面时、受到一种类似于泵的挤压作用引起周围空气压力变化从而产生噪声。弹性振动噪声是由于轮胎不平衡、胎面花纹刚度变化或路面凹凸不平等原因激发胎体振动而产生的噪声。

三、汽车噪声检测设备

1 声级计的结构与工作原理

声级计是一种能将汽车噪声按近似人耳听觉的特性测定其噪声级的仪器,外形如图4-15所示,结构如图4-16所示。声级计有精密声级计和普通声级计两类。噪声级是指用声级计测得的并经过听感修正的声压级(dB)或响度级(phon)。

图4-15 带防风罩的新型声级计外形

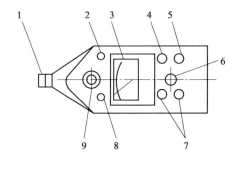

图4-16 声级计结构图
1-传声器;2-表面照明灯;3-指示电表;4-放大器输出插口;5-指示;6-控制旋钮;7-外接滤波器插口;8-灵敏度调整旋钮;9-衰减器旋钮声级计

结构原理方框图如图4-17所示。

(1)传声器:传声器也称为话筒、麦克风,是将声压信号(机械能)转变为电信号(电能)的传感器,是声级计中的关键元器件之一。

传声器的种类很多,按照它们的构造不同,可以分为动圈式、电容式、压电式、半导体式传声器等多种。常用的传声器有动圈式传声器和电容式传声器两种。

①动圈式传声器：由振动膜片、可动线圈、永久磁铁和变压器等组成。振动膜片受到声波压力以后开始振动，并带动着和它装在一起的可动线圈在磁场内振动以产生感应电流。该电流根据振动膜片受到声波压力的大小而变化，声压越大，产生的电流就越大；声压越小，产生的电流也越小。

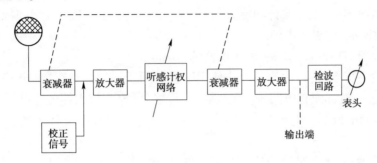

图4-17　声级计原理方框图

②电容式传声器：主要由金属膜片和靠得很近的金属电极组成，实质上是一个平板电容。电容式传声器是声学测量中比较理想的传声器，具有动态范围大、频率响应平直、灵敏度高和在一般测量环境下稳定性好等优点，因而应用广泛。由于电容式传声器输出阻抗很高，因而需要通过前置放大器进行阻抗变换，前置放大器装在声级计内部靠近安装电容式传声器的部位。

（2）放大器和衰减器：由于传声器将声压转变为电压的能量很小，所以在声级计中安装有低噪声放大器，其作用是将微弱的电信号放大。输入衰减器和输出衰减器是用来改变输入信号的衰减量和输出信号衰减量的，以便使表头指针指在适当的位置，其每一挡的衰减量为10dB。输入放大器使用的衰减器调节范围为测量低端（如0～70dB），输出放大器使用的衰减器调节范围为测量高端（如70～120dB）。输入和输出两个衰减器的刻度盘常做成不同的颜色，目前以黑色与透明配对为多。由于许多声级计的高低端以70dB为界限，故在旋转时要防止超过界限，以免损坏装置。

（3）检波器：为了使经过放大的信号通过仪表显示出来，声级计还需要有检波器，以便把迅速变化的电压信号转变成变化较慢的直流电压信号。这个直流电压的大小要正比于输入信号的大小。根据测量的需要，检波器有峰值检波器、平均值检波器和均方根值检波器之分。

（4）指示仪表：指示仪表是一只电表，可从表头上直接读出噪声级的分贝值。声级计表头阻尼一般都有"快"和"慢"两个挡。"快"挡的平均时间为0.27s，很接近于人耳听觉器官的生理平均时间；"慢"挡的平均时间为1.05s。当对稳态噪声进行测量或需要记录声级变化过程时，使用"快"挡比较合适；在被测噪声的波动比较大时，使用"慢"挡比较合适。

声级计面板上一般还备有一些插孔。这些插孔如果与便携式倍频带滤波器相连，可组成小型现场使用的简易频谱分析系统。如果与录音机组合，则可把现场噪声录制在磁带上储存下来，待以后再进行更详细的研究，如果与示波器组合，则可观察到声压变化的波形，并可存储波形或用照相机把波形摄制下来。还可以把分析仪、记录仪等仪器与声级计组合、配套使用，这要根据测试条件和测试要求而定。声级计一般都备有三脚支架，以便视需要将声级计固定在三脚支架上。

② 声级计的使用和维护

1)声级计使用前的检查和校准

(1)检查机械零点:在未接通电源时,先检查仪表指针是否在机械零点上。

(2)检查电池容量:把声级计功能开关对准"电池"时,电表指针应指到额定红线或规定区域,否则读数不准,应更换电池。

(3)预热仪器:打开电源开关,预热仪器约10min。

(4)对仪器进行校准:每次测量前或使用一段时间后,必须对仪器的电路和传声器进行校准。声级计上一般都配有电路校准的"参考"位置,可校验放大器的工作是否正常。如不正常,应调节微调电位器。电路校准后,再利用标准传声器对声级计上的传声器进行对比校准。

(5)校准线性挡:将声级计的功能开关对准"线性"快挡,由于一般办公室内的环境噪声为40~60dB,因此声级计上应有相应的示值。变换衰减器刻度盘,表头示值应相应变化10dB左右。

(6)检查计权网络:按以上步骤,将"线性"位置依次变为"C"、"B"、"A"。由于室内环境噪声多为低频成分,故经频率计权后的噪声级示值将低于线性值,而且应依次递减。

(7)检查"快"、"慢"挡:将衰减器刻度盘调至高分贝值处(如90dB)。通过操作人员发出声响,并注意观察"快"挡时的指针摆动能否跟上发音的速度,"慢"挡时的指针摆动是否明显迟缓。

(8)经过上述检查和校准后,声级计便可投入使用。在不知道被测声级多大时,必须把衰减器刻度盘预先放在最大衰减位置(即120dB),在实测中再逐步旋至被测声级所需要的衰减挡。

2)声级计的使用和维护注意事项

(1)使用前,应注意查看连线有无损伤和接触不良等。

(2)检测时要注意仪表量程的选择应由高到低,防止指针超出刻度线以外。测量前应根据被测声音的大、小将量程开关置于合适的挡位。如无法估计其大小,应先将量程开关置于最高挡。

(3)检测时要避免声级计受反射音、大风和电磁波的影响。

(4)声级计要避免受振动和冲击,注意防潮和避免阳光直射。

(5)电池式声级计在不使用期间,应取下干电池。电池已低于规定的工作电压时,需要更换。在更换电池时,要特别注意将电源开关置于"关"的位置。用完后应及时关掉电源开关,否则电池的电能将耗尽。

(6)声级计前端的多孔泡沫塑料圆球是风罩,在室外测量或当风速超过0.5m/s时应使用风罩,以减少风噪声的影响。风罩还能保护传声器不受尘埃的损害,因此在检测站内也应使用风罩。

(7)使用1个月后,应检查传声器有无灰尘。

(8)长期不使用时,因湿度的影响,易发生故障,需对声级计的内部进行干燥。

3 汽车外部噪声检测标准及方法

1）机动车噪声的相关规定

为了有效地控制汽车噪声,对机动车噪声控制做了以下规定:

(1)机动车允许的噪声应符合《汽车加速行驶车外噪声限值及测量方法》(GB 1495—2002)的规定。

(2)机动车加速行驶时,车外最大允许噪声级的测量应按《汽车加速行驶车外噪声限值及测量方法》(GB 1495—2002)的规定。

(3)车内噪声:客车车内最大噪声级不大于82dB(A),其测试方法应按《汽车加速行驶车外噪声限值及测量方法》(GB 1495—2002)的规定进行。

(4)喇叭性能要求:《机动车运行安全技术条件》(GB 7258—2012)中规定,机动车(手扶拖拉机运输机组除外)应设置具有连续发声功能的喇叭,喇叭声级在距车前2m、离地高1.2m处测量时,发动机最大净功率(或电动机最大输出功率总和)为7kW以下的摩托车为80~112dB(A),其他机动车为90~115dB(A)。教练车(三轮汽车除外)还应设置辅助喇叭开关,其工作性能可靠。

2）测量条件

首先测量场地应平坦而空旷,在测试中心以25m为半径的范围内,不应有大的反射物,如建筑物、围墙等;其次测试场地跑道应有20m以上平直、干燥的沥青路面或混凝土路面,路面坡度不超过0.5%;本地噪声(指当测量对象噪声不存在时周围环境的噪声)应比所测车辆噪声至少低10dB,并保证测量不被偶然的其他声源所干扰;为避免风噪声的干扰,可采用防风罩,但应注意防风罩对声级计灵敏度的影响;声级计附近除测量者外,不应有其他人员,如不可缺少时,则必须在测量者背后,而且测量人员的身体离声级计也应尽量远些,以免影响测量的准确性;被测车辆不得载重,测量时发动机应处于正常使用温度,车辆带有的其他辅助设备亦是噪声源,测量时是否开动,应按正常使用情况而定。

(1)测量场地及检测点位

测量场地示意图如图4-18所示。声级计传声器位于20m跑道中心O点两侧,各距中心7.5m,距地面高度1.2m,用三脚支架固定。传声器平行于路面,其轴线垂直于车辆行驶方向。

(2)加速行驶车外噪声检测方法

①车辆需按下列规定条件稳定地到达始端线。行驶挡位:前进挡位为四挡以上的车辆用第五挡;前进挡位为四挡或四挡以下的用第二挡。发动机转速为其标定转速的3/4。如果此时车速超过了50km/h,那么车辆应以50km/h的车速稳定地到达始端线。对于自动换挡的车辆,使用在试验区间加速最快的挡位。辅助变速装置不应使用。在无转速表时,可以控制车速进入测量区:以所定挡位相当于3/4标定转速的车速稳定地到达始端线。

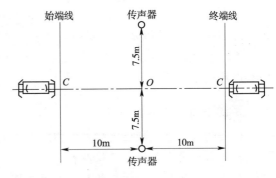

图4-18 测量场地示意图

②从车辆前端到达始端线开始,立即将加速踏板踩到底或节气门全开,直线加速行驶。当车辆后端到达终端线时,立即停止加速,车辆后端不包括拖车以及和拖车连接的部分。本测量要求被测车辆在后半区域发动机达到标定转速。如果车辆达不到这个要求,可延长 OC 距离为 15m。如仍达不到这个要求,车辆使用挡位要降低一挡。如果车辆在后半区域超过标定转速,可适当降低到达始端线的转速。

③声级计用 A 计权网络"快"挡进行测量,读取车辆驶过时声级计的最大读数。

④用同样的测量方法往返进行一次。车辆同侧的两次测量结果之差,不应大于 2dB,并把测量结果记入规定的表格中。取每侧二次声级平均值中最大值作为被测车辆的噪声级检测结果。若只用一个声级计测量,同样的测量应进行 4 次,即每侧测量 2 次。

(3) 匀速行驶车外噪声测量方法

①车辆用常用挡位,加速踏板保持稳定,以 50km/h 的车速匀速通过测量区域。

②声级计用 A 计权网络的"快"挡进行测量,读取车辆驶过时声级计的最大读数。

③同样的测量往返进行一次,车辆同侧两次测量结果之差,不应大于 2dB,并把测量结果记入规定的表格中。若只用一个声级计测量,同样的测量应进行 4 次,即每侧测量 2 次。

3) 机动车喇叭声级的检测

机动车喇叭声级的检测应在距车前 2m,离地高 1.2m 处进行,其值应为 90~115dB。城市用汽车喇叭声的检测位置点如图 4-19 所示。为了获取准确的检测结果,应重复检测两次以上,并注意监听喇叭声音是否悦耳,还要防止检测时被其他声源所干扰。

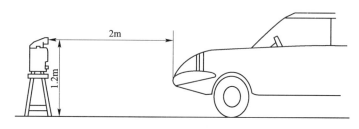

图 4-19 汽车喇叭声检测点位示意图

由于汽车噪声源中没有一个是完全密封的,因此汽车整车所辐射出来的噪声就取决于各声源的强度、特性以及向周围环境传递的情况。研究表明,排气噪声占车外噪声的份额最大,发动机风扇噪声次之。为了降低汽车加速行驶时车外噪声,应首先考虑降低排气系统噪声和冷却风扇运转噪声。

学习测试

1. 汽油机排放污染物有哪些?CO、HC、NO_x 的形成机理是什么?
2. 什么是自由加速工况检测?
3. 影响汽油机排放污染物生成的主要因素有哪些?
4. 车用柴油机 NO_x 的排放特性?
5. 什么叫噪声?环境噪声有哪些?
6. 响度级、频率和声压级三者之间有何关系?
7. 简述声级计的结构原理。

第五章　汽车制动性能的检测

学习目标

1. 掌握汽车制动性能的评价指标；
2. 了解汽车制动性能的检测作用；
3. 了解汽车制动性能的检测方法。

学习时间

6 学时。

汽车制动性能，是指汽车在行驶时能在短距离停车且维持行驶方向稳定性和在下长坡时能维持一定车速的能力，另外也包括在一定坡道能长时间停放的能力。汽车制动性能是汽车的整车性能的重要性能之一。制动效能低下，制动方向失去稳定性常是导致交通安全事故的直接原因之一，因此制动性能检测是汽车制造厂、汽车使用人、运输管理人员及汽车维修人员关心的重要任务。

随着汽车行驶里程的增加，汽车在使用中制动系统的自然磨损、老化、腐蚀和变形等因素造成制动性能逐渐衰退，制动效能逐步下降变差。因此，要及时掌握汽车制动性的衰退状况。对汽车制动性能进行检测是掌握汽车在使用中制动性衰退程度的唯一方法。检测汽车制动性的目的是判定制动系的技术状况能否达到上路行驶，使车主维持制动系处于良好技术状况。为保障汽车运行安全，车辆主管部门要求车辆强制性地进行定期检测，主要是委托各地区机动车辆检测站负责车辆的技术性能检测。

第一节　汽车制动性能的评价指标

一、车轮制动力分析

车轮制动时假设滚动阻力偶矩、车轮减速时的惯性力和惯性力偶矩均可忽略，则车轮在平直良好路面上制动时的受力情况如图 5-1 所示。

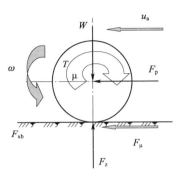

图5-1 制动时车轮受力条件

1 制动器制动力

制动器制动力 F_μ 等于为了克服制动器摩擦力矩而在轮胎轮缘作用的力。其大小为

$$F_\mu = \frac{T_\mu}{r} \tag{5-1}$$

式中：T_μ——车轮制动器摩擦副的摩擦力矩；

F_μ——制动器制动力由制动器结构参数所决定的，它与制动器的形式、结构尺寸、摩擦副的而摩擦系数和车轮半径以及踏板力有关。

2 地面制动力

地面制动力 F_δ 是使汽车减速的外力。它不但与制动器制动力 F_μ 有关,受地面附着力 F_φ 的制约。从力矩平衡可得地面制动力 F_δ 为：

$$F_\delta = \frac{T_\mu}{r} \tag{5-2}$$

地面制动力由车轮经车桥悬架传给车架及车身,迫使整车产生一定的减速度。地面制动力越大,汽车减速度就越大。

3 地面附着力

在汽车制动时制动器制动力是生成路面制动力的基础,地面制动力的大小首先取决于制动器制动力,只有足够的制动器制动力才能产生足够的地面制动力。

图5-2 给出了地面制动力、车轮制动力及附着力三者之间的关系。当踩下制动踏板时,首先消除制动器间隙后,制动器制动力开始增加。开始时踏板力较小,制动器制动力 F_μ 也较小,地面制动力 F_δ 足以克服制动器制动力 F_μ,而使得车轮滚动。此时,$F_\delta = F_\mu$,且随踏板力增加成线性增加。但地面制动力是地面摩擦阻力的约束反力,其值不能大于地面附着力 F_φ 或最大地面制动力 $F_{\delta max}$,即：

$$\begin{cases} F_\delta \leq F_\varphi = \varphi F_z \\ F_{\delta max} = \varphi F_z \end{cases} \tag{5-3}$$

当制动踏板力上升到一定值时,地面制动力达到最大地面制动力,车轮开始抱死不转而出现拖滑现象。只有当制动器制动力足够大,若要获得足够大的地面制动力,就只有提高车辆与路面间的附着系数。

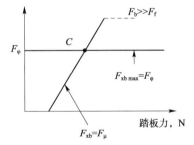

图5-2 地面制动力、车轮制动力及附着力的关系

4 地面附着系数

汽车在制动过程中,地面的附着系数是变化的,不是常数,是随制动车轮的运动状况变化的与车轮的滑移率有关。紧急制动时轮胎胎面在地面上的印迹从滚动到抱死是一个逐渐

变化的过程。轮胎印迹的变化基本上可分为以下三个阶段。

第一阶段内,轮胎的印迹与轮胎的花纹基本一致,车轮近似为单纯滚动状态,车轮中心速度 u_w 与车轮角速度 ω_w 存在关系式:$u_w \approx r\omega_w$。

第二阶段内,花纹逐渐模糊,但是花纹仍可辨别。此时,轮胎除了滚动之外,胎面和地面之间的滑动成分逐渐增加,车轮处于边滚边滑的状态。这时,车轮中心速度 u_w 与车轮角速度 ω_w 的关系为:$u_w > r\omega_w$,且随着制动强度的增加滑移成分越来越大,即 $u_w \geqslant r\omega_w$。

第三阶段内,车轮被完全抱死而拖滑,轮胎在地面上行程粗黑的拖痕,此时 $\omega_w = 0$。制动印痕如图5-3所示。

随着制动强度的增加,车轮的滚动成分逐渐减少,滑动成分越来越多。一般用滑动率 s 描述制动过程中轮胎滑移成分的多少:

$$s = \frac{u_w - r\omega_w}{u_w} \times 100\% \qquad (5-4)$$

式中:s——车轮运动成分所占的比例,滑动率越大,滑动成分越大。

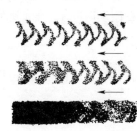

图5-3 制动印痕

二、制动性能评价指标

汽车制动效能是指汽车行驶时能够迅速降低车速,在维持行驶方向稳定的同时短距离内停车的能力。制动性能分冷态制动效能和热态制动效能。汽车制动性能的评价指标主要有汽车制动效能、制动抗热衰退性和汽车制动时方向稳定性三个方面。

乘用车的行车制动系冷态制动效能和热态制动效能应符合《乘用车制动系统技术要求及试验方法》(GB 21670—2008)的要求,M2、M3 类客车和 N 类货车的行车制动系冷态制动效能应符合《商用车辆和挂车制动系统技术要求及试验方法》(GB 12676—2014)的要求,试验方法执行 GB 21670—2008 和 GB 12676—2014 的相关规定。

1 汽车的制动效能

制动效能是指汽车行驶速度迅速降低直至停车的能力,根据《机动车运行安全技术条件》(GB 7528—2012)规定主要由制动距离 S(单位 m)、制动减速度(单位 m/s^2)和制动力等参数来评定。

1)制动距离

制动距离是指机动车在规定的初速度下急踩制动踏板时,从脚接触制动踏板(或手触碰制动手柄)时起至机动车停住时止,机动车驶过的距离(制动距离要求见 GB 7258—2012)。汽车制动距离的长短直接反映出汽车制动效能的高和低,是评价制动性能的基本特性参数。汽车在制动时的过程有驾驶员的到制动信息、发出制动指令、制动器工作产生制动力、地面产生制动力、出现减速度、汽车持续稳定减速、解除制动和全部释放制动力(图5-4)。

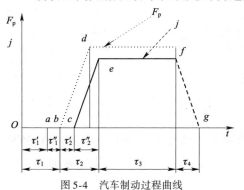

图5-4 汽车制动过程曲线

如图 5-4 所示,汽车反应时间 τ_1,包括驾驶员发现、识别障碍并做出决策的反应时间 τ'_1,把脚从加速踏板换到制动踏板上的时间 τ''_1,以及消除制动踏板的间隙等所需要的时间 τ'_2。制动力由零增长到稳定值的时间 τ_2,从出现制动力到上升至最大稳定值所需要的时间。在持续制动时间 τ_3 内,制动踏板力及制动力假定为常数,减速度 j 也不变。根据定义,在制动过程协调时间内,汽车行驶过的距离 s_1 如式计算:

$$s_1 = u_0 \tau_1 \tag{5-5}$$

在制动时间 τ_2 的行驶距离 s_2 为:

$$s_2 = s'_2 + s''_2 = u_0 \tau'_2 + u_0 \tau''_2 - \frac{1}{6} \ddot{x}_{\max} \tau''^2_2 \tag{5-6}$$

在持续制动阶段,减速度为 $j_{\max}$,其初速度 u_e,则持续制动距离 s_3 为:

$$s_3 = \frac{u_e^2}{2j_{\max}} = \frac{u_0^2}{2j_{\max}} - \frac{u_0 \tau''_2}{2} + \frac{j_{\max} \tau''^2_2}{8} \tag{5-7}$$

制动距离 s 是指汽车以给定的初速 u_{a0},从脚踩到制动踏板至汽车完全停住所行驶的距离。

由上式可得到制动距离为在此处键入公式。

$$s = s_1 + s_2 + s_3 \tag{5-8}$$

2) 制动力和制动减速度

制动距离与制动系管路压力以及车轮与地面的附着情况有关,也与制动器的热工况有关。制动减速度是汽车降低行驶速度能力强弱的量化体现。制动减速度按测试、取值和计算的方法不同,可分为制动稳定减速度和充分发出的减速度。

(1) 不同制动工况时汽车的地面制动力不同。汽车的地面制动力为:

$$F_b = \varphi_b mg \tag{5-9}$$

(2) 汽车的制动减速度 $j_{\max}$ 为:

$$j_{\max} = \frac{du}{dt} = \frac{F_b}{m} = \varphi_b g \tag{5-10}$$

当汽车制动时允许前后轮抱死拖滑时(如未安装制动防抱死系统或者制动防抱死系统失效),汽车的最大制动减速度:

$$j_{\max s} = \varphi_s g \tag{5-11}$$

对于装有理想的制动防抱死系统(ABS)控制的汽车的最大制动减速度 $j_{\max p}$ 为:

$$j_{\max p} = \varphi_p g \tag{5-12}$$

(3) 当汽车驾驶员采取预防性的制动措施时,由于制动力较小,车轮滑动率尚低于15% ~ 25%,即 $\varphi_b < \varphi_p$,此时,汽车制动减速度 j 为:

$$j < \varphi_s g < \varphi_p g \tag{5-13}$$

❷ 制动效能的恒定性

制动效能的恒定性是指汽车抗制动效能下降的能力。汽车在繁重的工作条件和环境下,制动效能会发生变化,会衰退。制动效能热衰退和水衰退是导致制动效能衰退的主要因素。

1) 制动效能的热衰退

热衰退是指制动器之间摩擦热的原因使制动器摩擦副的材料摩擦系数下降,导致制动效能暂时降低的现象。制动器的结构和制动器摩擦副的材料是影响抗热衰退性能的主要因素。制动鼓或盘一般为铸铁材料,摩擦衬片或块的主要成分为石棉。正常制动时摩擦摩擦副的工作温度约为 200℃,摩擦系数为 0.3~0.4。但在高温条件下摩擦系数会大幅度下降。

例如,高速制动或下长坡制动时,制动器就要较长时间实施高强度制动,使得制动器温度迅速上升(常在 300℃,山区道路上甚至达 600~700℃),摩擦力矩迅速下降,这种现象通常称为热衰退现象。在产生相同制动力的条件下,制动器冷状态下所需的操纵力与热状态下所需的操纵力之比称为热衰退率。

制动器抗热衰退性能一般用一系列连续制动的制动效能保持程度进行评价。为了满足有关标准对抗热衰退性能的要求,汽车应以规定车速连续,规定的制动的踏板力实施 15 次制动(制动强度为 $3m/s^2$),最后制动效能不低于冷试验效能($5.8m/s^2$)的 60%。

热衰退现象是高速制动或山区行车不可避免的问题,有些国家规定大型货车必须装备辅助制动器。在我国缩写山区运输汽车甚至采用喷洒冷却水的措施来降低制动器温度,以保证汽车有足够的制动性能。

2) 制动效能的水衰退

水衰退是指制动器摩擦表面浸水使制动效能下降的现象。当汽车在行驶时车轮涉水后,因水进入了制动器使其摩擦系数下降,导致短时间内制动效能的降低。汽车应具有能在短时间内迅速回复制动效能的能力,否则会严重影响制动性能和制动时方向稳定性。如车辆的一侧车轮制动器浸水行驶后,水衰退将造成左右车轮的制动力不均等,会出现方向跑偏现象,影响汽车制动时的方向稳定性。

汽车在制动时产生的热量可以使制动器摩擦衬片干燥。为了车轮安全行驶,汽车在浸水后驾驶员应多踩几脚制动踏板,使制动器工作产生制动器摩擦热量,使其迅速干燥恢复正常制动力,这种现象称为水恢复。经试验研究表明,在不同结构的制动器的水衰退实验中发现盘式制动器比鼓式制动器受水衰退的影响要小,水恢复也比鼓式制动器要快。盘式制动器中的水分会被旋转的制动盘甩出,同时制动器摩擦块的压力较高,制动时产生的摩擦热能够及时地使摩擦衬片上水分干燥。而鼓式制动器的结构导致排水不顺畅,干燥时间较长需经过多次制动才能恢复原有制动性。

⚙ 3 制动时方向稳定性

汽车制动时方向稳定性是指汽车在制动过程中维持直线行驶或按预定弯道行驶的能力。汽车制动方向不稳定现象主要表现为制动跑偏、侧滑和前轮失去转向能力。制动时方向不稳定导致汽车失控、偏离原来的行驶方向是造成交通事故的重要原因。据调查表明,发生人身伤亡的交通事故中,潮湿路面交通事故约 30% 是由侧滑引起的,冰雪道路交通事故 70% 以上与侧滑有关,而其中 50% 是由制动侧滑引发的。

1) 制动跑偏

制动跑偏,是指汽车在制动过程中保持方向盘固定不动的状态下,汽车自动向左或向右偏离直线行驶的现象。汽车制动跑偏主要有两个原因:一是因制造或调整误差造成车辆左、右前轮制动器制动力不相等；或是汽车左、右车轮因结构设计原因使汽车制动时悬架受力状态发生变化，造成悬架导向杆系与转向传动杆系在运动学上的不协调，如图5-5所示。

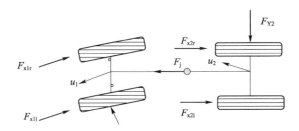

图5-5 为汽车制动左、右车轮跑偏的受力分析示意图

2) 制动侧滑

制动时侧滑，是指汽车在制动时车辆的某轴或多轴发生横向移动的现象。车轮严重的跑偏必然会引起侧滑，对侧滑敏感的汽车也有跑偏的趋势。通常，跑偏时车轮印迹重合，侧滑前后印迹不重合。制动时发生侧滑，尤其是后轴侧滑，会引起汽车急剧回转运动，严重时可使汽车掉头，造成严重交通事故。

通过试验在具有2.5%横坡的平直混凝土路面上洒水（低附着系数），通过调整制动系通各轴车轮制动力进行制动实验（图5-6）得出以下结果：

当前轮无制动力、后轮有足够的制动力的条件时，随u_a的提高侧滑趋势增加。当u_a=45km/h，回转角度可高达180°。当后轮无制动力、前轮有足够的制动力时，即使u_a=65km/h，回转角只有10°。车辆基本可以保持直线行驶状态。当前、后轮都有足够的制动力，但是先后次序和时间间隔不同时，若u_a=64.5 km/h，前轮比后轮先抱死或后轮比前轮先抱死，但是因时间间隔小于0.5s，则汽车基本保持直线行驶；若时间间隔大于0.5s，则后轴发生严重的侧滑。如果只有一个后轮抱死，后轴也不会发生侧滑。起始车速和附着系数对制动方向稳定性也有很大影响，例如，若u_a=48.2km/h，即使后轮抱死比前轮早0.5s，汽车纵轴也仅转动25°，而当u_a=72.3时km/h，则汽车发生剧烈侧滑。

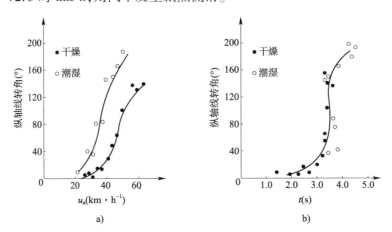

图5-6 路面的附着系数对后轴侧滑的影响

如图5-6a）所示，在横坡2.5%的干燥和潮湿两种路况下，对前轮无制动力后轮抱死进行制动试验，干燥路面制动距离是潮湿路面的70%。如图5-6b）所示，若以时间作为横坐

标,汽车纵轴偏转角近似相等。以上说明,在低附着系数的路面上,侧滑程度的增加主要原因是由于制动时间增加引起的。路面越滑附着系数越低,制动距离和制动时间越长,后轴侧滑就越严重。从受力情况分析,也可确定前轮或后轮抱死对制动方向稳定性的影响。据实验结果分析表明:制动时若后轴比前轴先抱死拖滑,就可能发生后轴侧滑。若前、后轴同时抱死,或者是前轴先抱死而后轴后抱死或不抱死,则能防止汽车后轴侧滑,但是汽车会丧失前轮的转向能力。

3)前轮抱死时方向稳定性的影响

当汽车制动时前轮先抱死后轮后抱死或不抱死时,前轮的横向附着系数为零(图5-7),尽管驾驶员操纵转向盘使前轮转向,路面却产生不了对前轮的侧向力,汽车因此丧失了转向能力,同时汽车前轮也失去横向附着能力。此时汽车若受到外界的侧向力作用,或因左、右轮制动力不等引起的侧向力作用,前轴在失去横向附着系数的情况下会沿横向滑动,即产生侧滑,如图5-7a)所示。

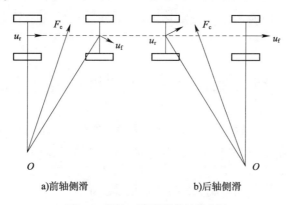

a)前轴侧滑　　　　　　　　b)后轴侧滑

图5-7　前轴、后轴侧滑的趋势分析

当前轮抱死、后轮自由滚动时,在干扰作用下,发生前轮偏离角 α(航向角)。若保持转向盘固定不动,因前轮侧偏转向产生的离心惯性力 F_c 与偏离角 α 的方向相反,F_c 起到减小或阻止前轴侧滑的作用,即汽车处于稳定状态。在弯道制动行驶条件下,若只有后轮抱死或提前一定时间抱死,在一定车速条件下,后轴将发生侧滑;而只有前轮抱死或前轮先抱死时,因侧向力系数几乎为零,不能产生地面侧向反作用力,汽车无法按照转向盘给定的方向行驶,而是沿着弯道切线方向驶出道路,即丧失转向能力。

4)后轮抱死时方向稳定性的影响

汽车制动时,后轮先于前轮抱死,在有侧向力的作用下车辆的后轴就会产生侧滑。如图5-7b)所示,当前轮无制动力滚动,后轴车轮制动到抱死拖滑时,后轴左右车轮失去了横向附着力,如有侧向力的干扰作用下发生后轴偏离角 α(航向角),后轴就会发生侧滑。若保持转向盘固定不动,因后轮侧偏产生的离心惯性力 F_c 与偏离角 α 的方向相同,F_c 起到加剧后轴侧滑的作用,即汽车处于不稳定状态。由此周而复始地相互影响,会导致侧滑回转出现甩尾,失去控制汽车方向能力直至翻车。

通过试验发现,汽车在制动过程中若后轴只有一个车轮先抱死汽车不会发生侧滑,侧滑的程度取决于晚抱死的前轮与晚抱死的后轮两者的时间差。为了保证汽车制动方向稳定性,首先不能出现只有后轴车轮抱死或后轴车轮比前轴车轮先抱死的情况,以防止后轴侧滑。其次,尽量减少只有前轮抱死或前、后轮都抱死的情况。最理想的就是避免任何车轮抱死,以维持汽车的转向能力和制动时的方向稳定性。

❹ 前、后轮制动力分配关系

前、后制动器制动力分配关系是影响汽车的制动方向稳定性和附着条件的主要因素,是汽车制动系设计时必须考虑的问题。一般根据前、后轴制动器制动力的分配、装载情况、道路附着条件和坡度等因素,当制动器制动力足够时,汽车制动过程中会出现三种情况:

(1) 前后轮同时抱死拖滑;
(2) 前轮先抱死拖滑,然后后轮抱死拖滑;
(3) 后轮先抱死拖滑,然后前轮抱死拖滑。

如前所述,前后轮同时抱死工况可避免后轴侧滑,并保证前轮只有在最大制动强度下,才使汽车失去转向能力,这种工况道路附着条件利用较好。前轮较后轮先抱死,虽然不会发生侧滑,但是汽车丧失转向能力。在一定速度下,后轮较前轮先抱死一定时间,会造成汽车后轴侧滑。

第二节　影响汽车制动性的主要因素

汽车制动性能与汽车的结构与其工作条件相关,如汽车轴间负荷的分配、载质量、制动系的结构、利用发动机制动、行驶速度、道路情况、驾驶方法等,均对制动过程有很大的影响。

一、制动力调节和制动防抱死装置

❶ 制动力调节

为防止在潮湿柏油路、泥泞或积雪等道路上紧急制动时,汽车会发生侧滑、掉头旋转、制动跑偏、弯道高速行驶进行紧急制动时滑出道路和在直道上紧急制动可能无法躲避障碍物等危险情况。因此汽车制动系统的前、后轮制动器制动力的实际分配线 β 应总保持在理想的前后轮制动器制动力分配曲线 I 下方。为减少前轮失去转向控制能力的倾向和提高制动系效率,β 线越接近 I 曲线越好。目前在现代汽车上大多采用制动防抱死装置(Antilock Braking System,简称 ABS),可防止这些危险状况的发生。

常见的制动压力调节器大多由限压阀、比例阀、载荷控制比例阀、压力调节器总成等部件组成。若使用比例阀,当制动系油压达到某一值时,比例阀自动调节前、后轮制动器制动力油压,使前、后轮制动器制动力仍保持直线关系,但直线的斜率小于45°线会变为折线,β 线总在 I 曲线下方而且接近 I 曲线,但是它仅适合一种载荷下的 β 线与 I 曲线配合。

❷ 车轮制动防抱死

使用按理想制动器制动力分配 I 曲线来改变 β 线的制动系能够提高汽车制动时方向稳定性,且制动系效率较高。图 5-8 表明,各种调节装置的 β 线总在 I 曲线下方,不管在怎样 φ

值的路面上制动时,前轮都将有抱死滑移的可能,同时也可能失去转向能力。另外,从 $\varphi - S$ 曲线可知汽车的附着系数和车轮运动状态相关。当滑移率 $S = 10\% \sim 20\%$ 时,附着系数最大,而当 $S = 100\%$ 车轮抱死时,附着系统降到最低状态。此时,车辆会出现侧滑等危险情况。通常汽车的制动系统都无法利用峰值附着系数,在汽车紧急制动时,大多是利用较小的滑动附着系数使车轮抱死。

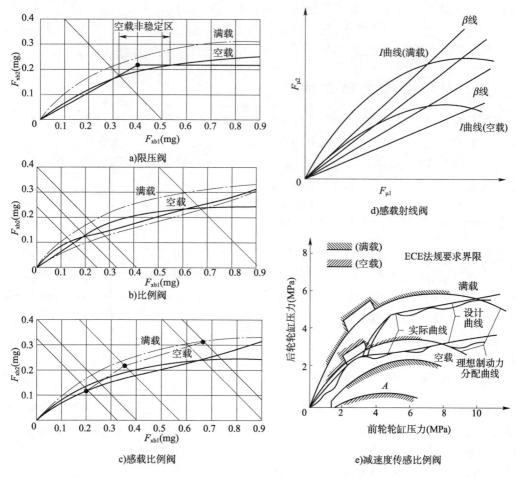

图 5-8 制动力调节

为全面满足对汽车制动性能的要求,发挥轮胎与地面间的潜在的附着能力,现代汽车大多采用了多种形式的制动防抱死装置。在紧急制动时,防抱死装置能够防止车轮完全抱死造成车辆严重滑移,而使车轮的滑移率控制在 10% ~ 20% 范围内。此时,纵向附着系数最大,横向附着系数也很大,从而使汽车车轮在保持最大的制动力的状态,防止后轴产生侧滑现象,保证汽车的行驶方向稳定性和操控性。由于利用了峰值附着系数,也能充分发挥制动效能,提高制动减速度和缩短制动距离。

二、车轮制动器的影响

车轮制动器的摩擦副、制动盘或制动鼓的构造与材料,对制动器的摩擦力矩和制动效能的热衰退都有较大的影响。因此,在设计制造过程中应选用合理的结构形式及较好的材料,在维修更换时也应选择较好的摩擦片使用。制动器的技术状况不仅和设计制造有关,而和车辆使用维修情况也有紧密关系。制动摩擦片与制动鼓(制动盘)接触面积不均匀或接触较少,都将降低制动摩擦力矩,也能引起各车轮制动性能的差异。在维修作业时制动摩擦片的表面不清洁,若有油污、水或污泥,则摩擦系数下降减少,制动力矩也随之降低。如汽车涉水行驶后水渗入制动器,其摩擦系数将迅速下降20%~30%。

在制动器张力一致的条件下,制动器能够产生的制动力矩也大。但当制动器摩擦副的摩擦系数下降时,其制动力矩会显著下降,车辆的制动性能下降而且制动稳定性较差。

三、制动初速度的影响

汽车在制动过程中制动初速度高时,需要通过制动消耗的运动能量也大,因此制动距离会延长。制动初速度愈高,通过制动器转化产生的热量也就愈多,制动器的温度也就愈高。制动摩擦片的摩擦性能会随着温度的升高而下降,会导致制动力衰退退,制动距离增长,制动效能急剧下降。

四、轴间负荷分配的影响

据制动过程中利用 β 线和 I 曲线得知,汽车制动时,车辆的前轴负荷增加,后轴负荷减小。如果前、后轮制动器制动力根据轴间负荷的变化分配,符合理想分配的条件,则前、后轮同时抱死;如果同时抱死;如果前、后轮制动器制动力的比例为定值;则只有在具有同步附着系数的路面上,前、后轮才能同时抱死。当在 $\varphi > \varphi_0$ 时,后轮先于前轮抱死;当 $\varphi > \varphi_0$ 时,前轮先抱死;空载时总是后轮先抱死。

五、发动机强制制动

发动机在运转过程中产生的内摩擦力矩和泵气损耗可用来作为制动时的阻力矩,而且发动机的散热能力要比制动器强得多。一台发动机,在单位时间内大约有相当于其功率1/3的热量必须散发到冷却介质中去。因此,可把发动机当作辅助制动器。

发动机的低转速常用作减速制动和下坡时保持车速不变的惯性制动,常用上坡的挡位来下坡。必须注意的是,在紧急制动时,发动机不仅无助于制动,反而需要消耗一部分制动力去克服发动机旋转质量的惯性力。因此,此时应脱开发动机与传动系的连接。

发动机的制动效果对汽车制动性的影响很大。使用发动机制动不仅能够在较长的时间内发挥制动作用,减轻车轮制动器的负担,而且由于传动系中差速器的作用,可将制动动力矩平均分配在左、右车轮上,以减少侧滑甩尾的可能性。在光滑的路面上,这种作用就显得更为重要。此外,由于发动机的制动作用,在行车中可显著地减少车轮制动器的使用次数,对改善驾驶条件颇为有利。同时,又能经常保持车轮制动器处于低温而能发挥最大制动效果的状态,以备紧急制动时使用。

有些适合山区使用的柴油车,为了加强发动机的制动效果,在排气歧管的末端安装有排气制动器。排气制动器中设有阀门,制动时将阀门关闭,以增大排气歧管中的反压力,从而产生制动作用。这种方法称为排气制动。这时发动机作为"耗功机"（压缩机）。特别是在下长坡时，用发动机进行辅助制动，更能发挥其特殊的优越性。采用此方法一般可使发动机制动时所吸收的功率达到发动机有效功率的50%以上。

第三节 汽车制动性能的检测

为保证汽车具有良好的制动性能，保障汽车较高的制动稳定性和操纵稳定性，车辆在使用过程中需要定期的进行检测与维护。制动性的检测范围、检测方法、参数限值等时保障车辆制动系的完好技术状态的技术基础，对制动性检测可按《机动车安全运行技术条件》（GB 7258—2012）标准执行。目前采用的制动性检测方法可分为道路试验检测法（路试检测法）和台架试验检测法（台试检测法）。路试检测只能在室外进行，台试检测在室内进行，二者的检测条件（检测的环境条件、检测工况、驾驶操作等）差异明显，两种检测方法检测的同一辆车的同一参数的数值可能有大、小之差，却无好、次之分，二者不具可比性。

一、行车制动性能道路试验检测

上述表述可以说明，汽车制动性能检测方法可根据《机动车安全运行技术条件》（GB 7258—2012）规定，道路试验主要通过检测制动距离、充分发出的平均减速度等参数来检测汽车行车制动和应急制动性能，用坡道试验检测汽车驻车制动性能。

1. 道路试验条件及设备要求

当对台架检验结果有质疑或被检车辆无法进行台架检验时，可采用路试检验并以路试检验结果进行评价（汽车列车制动时序和制动力分配除外）。行车制动路试检验制动距离和制动稳定性应符合表5-1的要求。

路试检验制动距离和制动稳定性   表5-1

车辆类型	制动初速（km/h）	空载制动距离（m）	满载制动距离（m）	试验通道宽度（m）
M1类乘用车	50	≤19.0	≤20.0	2.5
N1类货车	50	≤21.0	≤22.0	2.5
M2、M3类客车，N2、N3类货车（含半挂牵引车）	30	≤9.0	≤10.0	3.0
汽车列车	30	≤9.5	≤10.5	3.0

注：制动过程中车辆的任何部位（不计入车宽的部位除外）不超出规定宽度的试验通道的边缘线。

（1）行车制动性能和应急制动性能检验应在平坦、硬实、清洁、干燥且轮胎与地面间的附着系数不小于0.7的水泥或沥青路面上进行。检验时发动机应脱开挡位。

（2）驻车制动应能使车辆在任何装载条件和没有驾驶员的情况下保持原位。驾驶员应在座位上就可实现驻车制动。若挂车与牵引车脱离，3500kg以上的挂车应能产生驻车制动，挂车的驻车制动装置应能由站在地面上的人实施操纵。

(3)台架检验时,在空载状态下,乘坐一名驾驶员,驻车制动力的总和不应小于测取的整车质量的20%,总质量为整备质量的1.2倍以下的车辆应不小于15%,对于由牵引车和挂车组成的汽车列车也应符合此要求。

(4)路试检验时,在空载状态下,驻车制动装置应能保证车辆在坡度为20%(对总质量为整装备质量的1.2倍以下的车辆为15%)的坡道上行和下行两个方向保持静止不动,时间不应少于5mm。

② 路试检验行车制动的设施及设备要求

(1)平坦、坚实、干燥、无松散物质且轮胎与地面间的附着系数不小于0.7的水泥或沥青路面,长度不小于100m。

(2)试验通道应设置标线,标线的宽度:乘用车、总质量不大于3500kg的车辆为2.5m,汽车列车及其他车辆为3m。

(3)采用便携式制动性能检测仪、非接触式速度计或五轮仪检验。

③ 驻车制动要求

坡道坡度为20%和15%,轮胎与路面间的附着系数不小于0.7的水泥或沥青路面。在不具备试验坡道的情况下,可使用驻车制动检测设备检验驻车制动性能。

二、检验方法

(1)行车制动:被检车辆沿试验通道中线空挡滑行,以规定的初速度(速度允许偏差为规定值±2km/h),在试验通道内实施紧急制动。待车辆停止后,读取便携式制动性能检测仪、非接触式速度计或五轮仪测取的数据,制动过程中车辆的任何部位(不计入车宽的部位除外)不超出规定宽度试验通道的边缘线。

(2)驻车制动:被检车辆在坡度为20%(对总质量为整备质量的1.2倍以下的车辆为15%)的路试坡道上的上行和下行两个方向分别实施驻车制动,时间不应少于5min。

三、道路制动性能检测方法

在道路试验中检测车辆的制动性能时大多采用五轮仪、减速度计和压力传感器三种。一般要测定冷制动及高温工况下汽车的制动距离、制动减速度、制动时间等参数。另外,还需要检测车辆在转弯与变更车道时汽车制动方向稳定性。车辆检测试验的路段应为干净、平整、坡度不大于1%的硬路面。路面附着系数不宜小于0.72~0.75。试验时,风速应小于5m/s,气温在0.35℃左右。高温工况试验前,汽车应充分预热,以60~80km/h行驶1h以上。

分接触式和非接触式两种,接触式第五轮仪,应较多的是单片机采控的五轮仪,由第五轮仪、传感器、二次仪表(信号处理、记录、显示等)及安装机架等部分组成。非接触式第五轮仪以计算机为核心部件,配以相应的I/O接口及外设,不需要路面接触或设置任何测量标志,采用光电相关滤波技术,安装在车上的光电路面探测器(简称光电头)照射路面,把路面图像变换为频率信号,用于汽车动力性、制动性和燃油经济性能的测试。它主要由光电头、二次仪表(微处理器、键盘、LED 显示器、微型打印机及接口等)及安装机架等组成。

第五车轮采用电磁感应传感器或光电传感器与数字显示装置,能精确测出起始车速、制动距离和时间以及横向偏移,明显地提高了试验的准确性。

1 第五轮仪结构及原理

为了测量车辆的行驶里程和速度而进行道路检测试验时,虽然可以利用汽车的里程表和速度仪表,但是这种方法精度低且不准确。因受车辆驱动轮的驱动力矩、地面对轮胎的切向反作用力、车轴荷载、轮胎气压及磨损程度等因素直接影响车轮的滚动半径。造成车辆的仪表指示精度低,为了消除此因素对检测精度的影响,在车辆旁边附加一个测量用的轮子,称为第五轮仪,它由充气车轮、传感器总成、支架、减振器和连接装置组成,如图 5-9 所示。

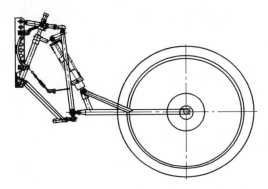

图 5-9　五轮仪传感器及脚踏板

五轮仪主要是传感器装置和记录仪部分,并附带一个测量用脚踏开关。传感器装置与记录仪部分由信号导线连接。脚踏开关带有触点的一端套在制动踏板上,另一端接在记录仪上。传感器装置的作用是把汽车行驶时车轮驶过的距离转变成电信号,输送至记录仪。五轮仪充气车轮安装在支架上,支架通过连接装置固定在汽车的侧面或尾部的车身上。在减振器压簧的作用下,充气车轮紧贴地面,随汽车的行驶同步滚动。当充气车轮在路面上滚动一周时,汽车行驶了充气车轮周长的距离。而在充气车轮中线处安装的传感器可以把轮子在路面上滚动的距离转变成电信号。

2 传感器

有光电式和磁电式等类型。光电式传感器是在轮子的中心一侧固定有圆形的光孔板,其上沿圆周均布有若干个小孔,在孔板两侧分别安装有光源和光敏管。光源和光敏管均安装固定在支架上,汽车行驶轮子转动时,光孔板随之转动。每转过一个小孔,光源的光线穿过小孔空隙照射光敏管一次,光敏管就会产生一个电脉冲信号,通过导线输出至记录仪。

磁电式传感器也是安装在轮子的中心,由永磁环、线圈、内齿环、外齿盘和车轴等组成,并形成闭合磁回路。内齿环沿圆周加工有内齿与充气车轮固定安装在一起。外齿盘沿圆周加工有外齿并与车轴固定安装在一起,车轴固装在车架上,工作时不转动。当车轮旋转滚动时,内齿环围绕外齿盘转动,其间隙发生变化,闭合磁路的磁阻发生变化,通过线圈的磁通量的变化线圈两端则输出类似正弦波的电信号。

③ 记录仪部分

记录部分的作用是把传感器装置传来的电信号和内部产生的时间信号,进行控制、计算,并计算出车速然后指示出来。接触式第五轮仪由电感式行程传感器发出汽车行程的信号,一般一个信号等于汽车行驶1cm行程。石英晶体振荡器发出时间信号,作为采样时标准控制门控,由计数译码器计数,用数码管显示一定时间间隔内汽车的行程,即该段时间中的平均速度。时间间隔一般为36ms。除可用数码管显示车速外,也能经过数模转换,将数字变量的模拟量(电压)输至磁带记录仪,在加速性能试验中,即可由数字显示读得加速时间的数值,也能用磁带记录仪记录整个加速过程。试验完毕后,X－Y记录仪可直接得到加速行程曲线。二次仪表以计算机为核心,第五轮仪的记录通过仪表中的单片机来实现。当选择完相应的功能键,并检查、设置传感器系数后按下开始键,在试验过程中即可打印试验过程,也可打印试验曲线。电子记录仪,如WYX－100型第五轮仪的记录仪,由测距、测时、测速、稳压等部分组成,如图5-10所示。

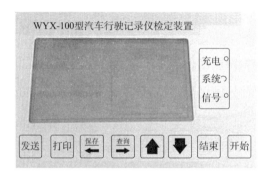

图5-10　WYX－100型第五轮仪的记录仪面板图

从传感器装置传输来的电信号,经整形电路整形成矩形脉冲后通过控制器,其中一路送入测距电路进行测距计数,再经数据选择器及译码器由荧光数码管直接显示汽车行驶的距离,另一路信号输入车速计数电路,通过时标电路以0.36s瞬时车速值通过寄存器、译码器,有另一组数码管直接显示汽车行驶速度。测时则是把从石英谐振器经分频电路取出的1kHz频率,通过控制器输送至测时计数器进行以毫秒为单位的测时计数,并通过数据选择器、译码器由荧光数码管直接显示汽车行驶的时间。制动系反应时间的检测时通过一个传感器(附有磁钢的摆锤完成的),当车辆制动时,驾驶员的脚踩上制动踏板时开始时间计数,到车辆刚出现减速度,摆锤因惯性作用向前摆动时,干簧管受摆锤磁钢影响闭合后输送出闭合信号,数码管立即停止时间显示,因而准确地测出制动系的反应时间。

套在制动踏板上的脚踏开关(图5-9脚踏板开关),当驾驶员踩制动踏板时闭合,通过信号导线将此信号输入记录仪作为测量制动距离、制动系反应时间和制动全过程时间等的开始信号。

④ 检测时车辆状态及条件

车辆在冷制动试验时,制动器温度不能超过100℃。汽车加速超过起始制动车速3~

5km/h,空挡滑行,待车速降至起始制动车速时,紧急制动直至停车,并用仪器记录各项评定指标。为了保证试验结果的可靠性,一般都应该进行200次的制动器的磨合制动试验,制动减速度为3.5m/s²。试验中,若汽车航向角变动大于8°,或超越试验路段宽度3.5m界限时,应重新调整被试汽车的制动系,再进行试验。

制动系高温工况试验包含两个阶段:加热制动器与测定制动性指标。连续制动是一种常用的加热方法,即令汽车加速到$0.8u_{amax}$时,以3m/s²减速度制动减速到$0.4u_{amax}$;再加速,再制动减速。每次制动的时间间隔根据不同类型的车辆为45~60s,共制动15~20次。最后轿车制动器温度可升至250~270℃,中型货车达140~150℃,重型货车达170~200℃。也可令汽车维持40km/h的车速驶下1.7km、7%的坡道来加热制动器。加热前后及中间应进行数次制动性指标测定,以评定制动系的热衰退性能。

另一种高温工况是下长坡连续制动。如令汽车由坡度为6%~10%、长7~10km的坡道上以车速30kn/h制动下坡,最后检查制动性指标。

汽车转弯制动试验在平坦的干路面上进行。试验时汽车沿一定半径作圆周行驶,达到下述开始制动前的稳定状态:转弯半径为40m或50m,侧向加速度为(5 ± 0.5)m/s²,相应车速为51km/h或57km/h,或者转弯半径为100m,侧向加速度为(4 ± 0.4)m/s²,相应车速为72km/h;保持转向盘转角不变动,关节气门,迅速踩下制动踏板,离合器可以脱开也可以不脱开,使汽车以不同的等制动减速度制动。记录制动减速度、汽车横摆角速度、汽车航向角的变动量、制动时侧向路径偏离量参数。根据试验结果绘制最大横摆角速度、汽车航向角变动量、制动时侧向路径偏离量等参数与制动减速度的关系曲线。利用这些曲线来评价汽车转弯制动方向稳定性。

因为湿路面附着系数降低很多,转弯制动试验也常在湿路面上进行。

对于采用制动防抱死装置的轿车,试验时应测量附着系数利用率。附着系数利用率定义为防抱装置工作时的最大制动强度z和附着系数ϕ之比,即:

$$E = \frac{z}{\phi} \tag{5-14}$$

附着系数利用率E应在附着系数等于或小于0.3和大约为0.8的两种路面上测量,并且应满足$E \geq 0.75$的条件。

同时还应保证在对接路面(从高附着系数到低附着系数或者反过来和左、右车轮分别位于两种不同附着系数的对开路面上),以50km/h起始制动车速制动,车轮不得抱死。还要求在对开路面上,用转向来修正方向时,在最初2s,转向盘转角不得超过120°,总转角不得超过240°。

路上试验虽能全面地反映汽车的制动性,但试验需要有特定的场地,且浪费时间。因此,在一般车辆检测单位,常用室内试验装置测试汽车制动器的摩擦力矩来检查汽车的制动性。

⚙ 5 检测使用方法

(1)第五轮仪使用时应按说明书要求准备电源或提前充电至设备规定电压,汽车应提前预热至正常温度状态。

（2）将第五轮仪充气轮胎气压调整到合适状态，并将固定支架安装固定在汽车侧面或尾部的车身上，传感器装置及脚踏板等信号线应连接稳定，以不影响充气车轮正常滚动工作为准。第五轮仪记录仪可放置在驾驶室内部或车厢内，保持水平放置，正面朝上，其前端要对准汽车前进方向，并紧靠固定部位不可摆动，以防止制动时碰撞损坏。

（3）把第五轮仪传车轮的传感器、脚踏开关信号线与记录仪连接起来，并把脚踏开关另一端套装在制动踏板上。按电源使用要求接好电源线，打开记录仪电源开关，通电后按使用说明书要求进行检查和校准。调整好预热规定所需的时间。

（4）记录仪按要求预热后，按检查项目的需要将各控制开关或按键打到检测规定位置，并预选（按下对应功能键或输入检测选择的数值）试验车速或制动性试验。

（5）在制动性能检测时，按《机动车安全运行技术条件》（GB 7258—2012）有关规定，应在符合要求的道路条件和气候条件下，车辆空载或满载时加速行驶，驾驶员根据记录仪上的指示的瞬时车速或记录仪语音的提示，车速至预选车速时用力踩下制动踏板直至车辆停止。制动时的踏板力（可安装踏板力计）或制动压力应符合检测规定要求。

（6）所有项目检测后读取并打印检测结果，如制动初速度、制动全过程时间、制动距离、制动减速度和制动系反应时间等，具有打印功能的记录仪可以打印出"速度—时间"曲线和"减速度—时间"曲线等。检测结束后其结果是实际试验结果，实际试验结果中的制动初速度与预选车速会出现较小的差值，大于或小于预选车速。而电脑式第五轮仪可以将实际试验结果修正到预选车速下的试验结果，以便直接与诊断标准相对照。

（7）检测结束后按记录仪"重试"或"复位"功能键，仪器可复原初始状态，可根据需要进行重新制动试验。电脑式第五轮仪在打印结束后可自动回到初始化程序。

（8）制动性能检测时应在同一路段正反两个方向进行，制动距离、制动时间及其他各参数应取平均值，若汽车倒车时，应将传感器装置的车轮提离地面或旋转180°。

（9）道路检测结束后，关闭记录仪电源，拆卸电源线、传感器信号线和脚踏开关及线束，并将传感器装置及车轮固定支架从车身上拆下。按要求收回记录仪。

用第五轮仪检测汽车的制动性能，可以测得从开始踩着制动踏板到车辆完全停止所行使过的制动距离和制动时间，数据值比较准确。比使用拖、压制动印痕长度决定制动性能的原始方法更加先进准确，但检测时所用时间较长。

四、制动性能的台架试验检测方法

道路制动性能检测能够真实地反映汽车实际行驶过程中汽车动态的制动性能，如制动过程轴荷转移的影响，能综合反映汽车其他系统的结构、性能对汽车制动的影响。但是道路制动性能检测只能判定制动系的总体状况，无法判断出故障发生的具体部位，除受道路条件、气候条件等的限制，而且还有发生交通事故的危险。制动性能试验时需要消耗燃油，还磨损轮胎。在汽车制动性能的年检、年审量大、检测面广，要求检测作业准确快速，因此，在用车辆制动性年检都是采用台试检测法，路试检测只是在必要时才用来验证台试结果的可靠性。

根据《机动车运行安全技术条件》（GB 7258—2012）的规定，台试检测法主要通过检测制动力、汽车的制动协调时间、汽车各车轮阻滞力和制动完全释放时间等参数来检测汽车行车制动和应急制动性能,用驻车制动力检测汽车驻车制动性能。

① 平板式制动试验台

室内试验装置主要有平板式及滚筒式两种。图 5-11 是平板式制动试验台简图。平板式试验台由四块可活动的平板组成,左、右平板中心的间隔距离等于轮距的宽度,前、后平板中心的间距等于轴距,每块平板的长度都大于一个车轮的直径,大约为 1m。试验时,车辆用低速驶上平板并踩制动踏板。由于四个平板的纵向运动受到测力传感器的约束,于是每块平板所测出的力等于轮胎和平板之间的制动力。平板式试验台的好处是可以反映制动时载荷的转移,测试方便、时间短。

图 5-11 平板式制动试验台

平板式试验台容易模拟道路的附着情况,而滚筒式制动试验台为了增加筒面与轮胎胎面的附着力,筒面应涂敷粗糙材料,以保持附着系数在 0.65 以上。有时还应使用一定加载装置,以增加附着重量。平板式试验台的缺点是不容易测量制动鼓的失圆度,测量制动力随踏板力的变化不如滚筒式试验台方便。

1)采用平板式制动检验台时应符合的要求

(1)单车应采用至少是 4 个制动平板的平板制动检验台检验;

(2)汽车列车应采用适用于多辆车辆的汽车列车制动性能检验台检验;

(3)每一制动平板的制动力及轮质量的采样周期不大于 5ms;

(4)平板式制动检验台应能称取被检验车辆各车轮质量,单位为千克(kg);

(5)制动干板测试表面附着系数不低于 0.75;

(6)制动平板应保持水平,各制动平板间的高度差应不超过 5mm。

被检验控制系统应具有数据及曲线的储存、屏显及打印功能,配置制动踏板开关。

2)平板制动检验台检验方法

(1)检验前仪器及车辆准备:检验设备表面清洁,无异物和油污,仪表清零校准。车辆轮胎气压、花纹深度等应符合标准规定,并将制动踏板力计安装到制动踏板上面。

(2)被检车辆以 5~10km/h 的速度滑行,置变速器于空挡后(对于自动变速器车辆可位于"D 挡"),正直平稳驶上平板。

(3)当所有车轮均驶上制动平板时,急踩制动使车辆停止,测取各车轮的最大制动力、制动全过程的数据及静态轮荷;重新起动车辆,当驻车制动轴驶上制动平板时实施驻车制动,测取各驻车轴制动力。

注:车辆停止时,如被测车轮离开制动平板,制动检测无效,应重新检测。

(4)按以下规定的方法计算静(动)态轮荷及静(动)态轴荷、整车制动率、轴制动率、制动不平衡率、驻车制动率以及汽车列车制动的序、制动协调时间和制动力分配:

①静(动)态轮荷及静(动)态轴荷的计算:静态轮荷及静态轴荷的计算同滚筒反力式制动检验台的计算方法。动态轮荷取同轴左、右轮制动力最大时刻分别对应的轮荷,动态轴荷为同轴左、右轮动态轮荷之和。

②整车制动率的计算:测取的各车轮最大制动力之和与静态整车重量的百分比。当牵引车与半挂车相连时,牵引车整车制动率、半挂车整车制动率的计算同滚筒反力式制动检验台的计算方法。

③轴制动率、制动不平衡率和驻车制动率的计算:同滚筒反力式制动检验台的计算方法。计算轴制动率时,乘用车轴荷取动态轴荷,其他车辆的轴荷取静态轴荷。

④汽车列车制动时序的计算:以制动踏板开关的触发时刻为起始时刻 T_b,以制动全过程中,各轴所有车轮同时刻的制动力之和达到整车制动率规定值75%时刻为终止时刻 T_e,$T_e - T_b$ 的时间差即为制动协调时间。当整车制动率不能达到规定值时,制动协调时间不做计算和评价。

⑤汽车列车制动力分配的计算方法如下:计算汽车列车整车制动率、牵引车整车制动率和挂车整车制动率;分别计算牵引车整车制动率、挂车整车制动率与汽车列车整车制动率的百分比。

❷ 反力式滚筒制动试验台

工作原理图如图 5-12 所示。左、右车轮分别置于两对滚筒 4 上,每对滚筒都有链条相连,同步转动。电动机 1 经过减速箱驱动滚筒。车轮制动时,增加滚筒的旋转阻力,减速箱体发生转动,通过压力传感器 2 即可测出制动器的摩擦力矩。第三滚筒 5 贴在车轮上,当车轮的制动力达到最大值时,通过第三滚筒 5 与滚筒 4 的转速差信号即可使滚筒 4 停止转动。通过台试可测出左右车轮制动力和制动协调时间。

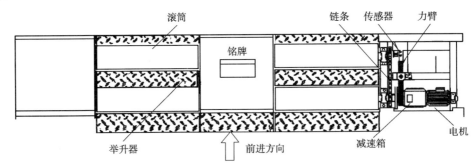

图 5-12 反力制动试验台工作原理图

采用滚筒反力式制动检验台或平板式制动检验台检验,制动力的单位为 10N(daN)。

1)采用滚筒反力式制动检验台时应符合的要求

(1)单边滚筒驱动电机的额定功率按式(5-15)计算:

$$P_d \geq \frac{0.3 \times m_e \times g \times v}{1.9 \times 3600} \tag{5-15}$$

式中：P_d——单边滚筒驱动电机额定功率，kW；

m_e——制动台额定承载轴质量，kg；

g——重力加速度，取 9.81m/s²；

v——滚筒线速度，km/h。

（2）用于检验多轴及并装轴车辆的制动台应符合：当滚筒直径为 245mm，中心距为 460mm，主、副滚筒高差为 30mm 时，副滚筒上母线与地面水平的高度差为 40～45mm；当滚筒中心距增大或减小 10mm，副滚筒上母线与地面水平面的高度差相应增大或减小 2mm；当主、副滚筒高差减少 10mm，副滚筒上母线与地面水平面的高度相应增大 4mm。

（3）各滚筒上母线应保持水平，同轴滚筒上母线两端点间的高度差不大于 ±3mm（每滚筒两个测量端点）。

（4）多轴及并装轴车辆的轮（轴）质量应分别采用独立式轮重仪和复合式轴重仪测取，轮（轴）重仪的示值为质量，单位为千克（kg）。

注：两轴车辆指非并装轴的两轴单车，包括全挂车注：多轴及并装轴车辆指三轴及三周以上的单车、汽车列车和并装轴挂车，以下同。

（5）采集左、右车轮的制动全过程数据时，采样周期为 10ms。在非停机保护状态下，采样时间不少于 3s。

（6）左、右滚筒的停机保护应能保证测取到被检车轮最大制动力。由第三滚筒控制时，轮胎线速度相对于滚筒设计线速度降低 25%～35% 时应停机保护。

（7）滚筒表面附着系数不低于 0.75，台架前、后地面应做提高附着系数的处理。

（8）左、右滚筒的驱动电机应分时启动，时间间隔不小于 1s。

（9）对于全时四驱的车辆，采用滚筒反力式制动检验台检验时，可在台架前、后加装自由滚筒。滚筒应经过提高表面附着系数处理，宜具有自定锁止和释放功能，以适用于非全时四驱车辆的检测。

2）反力滚筒制动检测准备

（1）空载检验时，气压表指示气压不大于 600kPa，液压制动踏板力：乘用车不大于 400N，其他机动车不大于 450N。满载检验时，气压表指示气压不大于额定工作气压，液压制动踏板：乘用车不大于 500N，其他机动车不大于 700N。

（2）驻车制动检验时的允许操纵力，手操纵时，乘用车不大于 400N，客车、货车不大于 600N；脚操纵时，乘用车不大于 500N，客车、货车不大于 700N。

（3）被检车辆轮胎表面干燥，清洁无油污，胎冠花纹中及并装轮胎间无异物嵌入，驱动轴轮胎的花纹深度不小于 1.6mm，气压符合规定。

（4）对于气压制动的车辆，采用滚筒反力式制动检验台检验时，储气筒应有足够的压力，并能保证制动性能检测完毕时，气压符合规定。

（5）检测汽车列车制动时序和制动协调时间，应安放制动踏板开关。

（6）采用滚筒反力式制动检验台检验行车制动和驻车制动时，可在非测试车轮后殿三角块防止车轮后移。

（7）并装双驱动轴采用滚筒反力式制动检验台检验时，应使桥间差速器起作用。

（8）检验台架旋转部件及电气系统应预热。

3）反力滚筒式制动检验台检验方法

（1）测取被检车辆各轴的静态轮质量。

（2）将被测车轮置于制动台两滚筒之间，变速器为空挡。此时，对于多轴及并装轴车辆还应采用复合式轴重仪测取被检轴的静态轴质量。

（3）分别起动制动台左、右滚筒的驱动电机，3s后按提示将制动踏板缓踩到底（液压制动车应保持规定的制动踏板力），测取左、右车轮最大制动力以及制动全过程的数据；对驻车制动轴实施驻车制动，测取驻车最大制动力。

（4）依次检测各轴。

（5）按以下规定的方法计算静态轮荷及静态轴荷、整车制动率、轴制动率、制动不平衡和驻车制动率。

①静态轮荷及静态轴荷的计算：计算静态轮荷时，将轮质量换算为轮荷。计算静态轴荷时，为同轴左、右轮的静态轮荷之和；复合式轴重仪的静态轴荷为其测取的静态轴质量换算的轴荷；静态轴（轮）荷的单位为10N（daN），换算轴（轮）荷时的重力加速度取$9.81m/s^2$。

②整车制动率的计算：测取的所有车轮最大制动力之和与整车重力（各轴静态轴荷之和，以下同）的百分比。当牵引车与半挂车相连时，牵引车整车制动率为牵引状态下，牵引车所有车轮的最大制动力之和与牵引车整车重力的百分比，半挂车整车制动率为牵引状态下，挂车所有车轮的最大制动力之和与半挂车整车重力的百分比。

③轴制动率的计算：在制动全过程中，测取左、右车轮的最大制动力，并计算左、右车轮最大制动力之和与该轴静态轴荷的百分比。

④制动不平衡率的计算：以同轴左、右任一车轮产生抱死滑移时为取值终点，如左、右轮无法达到抱死滑移，则以较后出现车轮最大制动力时刻作为取值终点。在取值终点前的制动全过程中，计算同时刻左、右车轮制动力差的最大值与该轴左、右车轮最大制动力中较大者的百分比。除前轴外，当轴制动率小于60%时，用该值除以该轴静态轴荷的百分比。

⑤驻车制动率的计算：测取的各驻车轴最大驻车制动力之和与整车重力百分比。

注：对于多轴及并装车辆，计算轴制动率和制动不平衡时，静态轴荷按复合式轴重仪测取的轴荷计算，其他车辆按独立式轮重仪测取的静态轴荷计算。计算整车制动率、驻车制动率时，整车重力按独立式轮重仪测取的空载静态轮荷计算。

学习测试

1．汽车的制动性有哪些？其评价指标是什么？

2．制动跑偏与制动侧滑定义分别是什么？两者的区别有哪些？

3．制动防抱死系统的作用是什么？

4．反力式滚筒制动试验台与平板式制动试验台的测试原理及测试方法是什么？

5．制动性路试检验的项目有哪些？制动性台试检验的项目有哪些？其技术要求是什么？

第六章 汽车车速表及前照灯的检测

学习目标

1. 掌握汽车车速表及前照灯的评价指标；
2. 了解汽车车速表的检测方法；
3. 了解汽车前照灯的检测方法。

学习时间

6学时。

为了提高汽车运输效率、保证汽车行驶的安全性的情况下充分发挥汽车动力性，驾驶员正确掌握车辆行驶速度是非常重要的。若行车速度超过了汽车性能所允许的界限，通常会使汽车失去操纵稳定性并会使制动距离过长，从而影响车辆行驶安全。"十次事故九次快"，说明大多交通事故是因车速过快、偶发紧急情况来不及处理而引发的，因此在一些路况较差的路段或在市区道路内，要限制车速严禁超速行驶。此外，随着我国的高速公路网络不断的新建与完善，国家对高速公路都进行了限速，为了减少交通事故的发生和确保车辆的行驶安全，在驾驶汽车时合理运用、准确掌握车速表控制车速有着重要意义。车速表应具备一定的精度，能够准确及时地反映车辆的实际速度。可根据《机动车运行安全技术条件》(GB 7258—2012)标准对车速表进行定期的检测。

第一节 汽车车速表的检测

一、汽车车速表误差形成的原因

汽车车速表的误差通常会随着汽车使用时间的延长而逐渐增大。造成车速表失准的原因主要有两个方面：一是车速表自身的问题，精度变差；二是与轮状况有关。

1 汽车车速表自身的故障

较早车型安装的大多是磁电式或电子式车速表，其主轴都是由于变速器相连的软轴驱动的。磁电式车速表(车速表与里程表坐在一起),当车辆行驶时主轴旋转,与主轴固定连接的永久磁铁也一起旋转。其磁场会在铝罩上面感应涡流,产生的涡流力矩引起铝罩偏转并带动游丝和仪表指针偏转,最后达到涡流力矩与游丝的弹性反力矩相平衡。车速越高,涡流力矩越大,指针偏转的角度也越大。对于电子式车速表来说,主轴的转动会引起传感器产生与主轴转速成正比的脉冲信号,经电子电路放大后传输到仪表引起指针偏转或显示出数字指示。

随着车辆行驶的里程的增加,车速表内带指针的活动转盘、带永久磁铁的转轴以及轴承、齿轮、游丝等机械零件和磁性元件在工作过程中不可避免地要产生磨损,永磁元件可能退磁老化,这些因素都会造成车速表指示值误差增大。因此,目前新上市的车辆大多选用电子或数字仪表指示。

② 轮胎方面的影响

据车速表的工作原理可知,车速表的指示值仅仅与车轮的转速成正比,而汽车行驶的速度相当于驱动轮的线速度,显然线速度不仅与转动速度有关,还与车轮的半径有关。

从理论上若驱动轮半径为 r,其发动机转速为 n,则可以算出汽车行驶的线速度为:

$$v = 0.377 \times \frac{rn}{i_g \cdot i_o} \tag{6-1}$$

式中:v——汽车行驶速度,km/h;
r——车轮滚动半径,mm;
n——发动机转速,r/min;
i_g——变速器传动比;
i_o——主减速器传动比。

由于轮胎使一个充气的弹性体,因此汽车在实际行驶时,轮胎在受到车轮驱动力、地面阻力和垂直载荷等作用下会发生弹性变形,另外由于轮胎磨损、气压不符合标准等原因也会影响车轮半径的变化,因此即使在驱动轮转速不变的情况下,上述原因也会引起实际车速与车速表指示值不一致的现象。为了行车安全,车辆需要定期校准检验车速表。

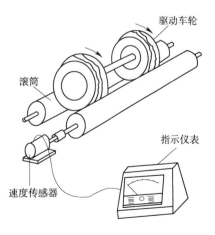

图 6-1 车速表误差测量原理

二、车速表误差的测量

车速表误差的测量原理是以车速表试验台的滚筒作为连续移动的路面,把被检测车轮置于滚筒上旋转,来模拟汽车在路面上行驶时的实际状态,进行车速表误差的检测,如图 6-1 所示。

检测时,将汽车驱动轮置于滚筒上,起动汽车由发动机传动系统驱动车轮旋转,车轮借助于车轮的摩擦力带动滚筒转动。滚筒端部装有测速传感器(测速发电机)。测速发电机的转速随滚筒转速的增高而增加,而滚筒的转速与车速成正比,因此测速发电机发出的电压也与车速成正比。滚筒的线速度、圆周长与转速之间的关系可用式(6-2)表达：

$$v = 60Ln \times 10^{-6} \tag{6-2}$$

式中：v——滚筒的线速度，km/h；
　　L——滚筒的圆周长，mm；
　　n——滚筒的转速，r/min。

由于车轮的线速度与滚筒的线速度相等，故上述的计算值为汽车的实际车速值，该值在试验时由试验台上的速度指示仪表显示。车轮在滚筒上转动的同时，车速表的软轴也由变速器输出轴带动旋转，并在车速表上显示车速值，即车速表指示值。将上述试验台上速度指示仪表上显示的实际车速值与车速表上显示的车速指示值相比较，即可得出车速表的误差值。

三、车速表检测标准

《机动车运行安全技术条件》(GB 7258—2012)中规定：车速表指示误差(最高设计车速不大于 40 km/h 的机动车除外)，车速表指示车速 v_1 与实际车速 v_2 之间应符合下列关系式：

$$0 \leqslant v_1 - v_2 \leqslant \left(\frac{v_2}{10}\right) + 4 \tag{6-3}$$

即将被测机动车的车轮驶上车速表检测台的滚筒上使之旋转，当该机动车车速表指示值 v_1 为 40 km/h 时，车速表检测台速度指示仪表的指示值 v_2 为 32.8～40km/h 范围内为合格。或车速表检测台速度指示仪表的指示值(v_2)为40km/h 时，读取该机动车车速表指示值 v_1 在 40～48km/h 范围内为合格。

四、车速表试验台的结构

车速表试验台有三种类型：一是有驱动装置的驱动类型，它由电动机驱动滚筒旋转；二是无驱动装置的标准类型，它依靠被测车轮带动滚筒旋转；三是把车速表试验台和制动试验台或底盘测功试验台组合在一起的综合型检测仪。

1 标准型车速表试验台

该试验台由速度测量装置、速度指示装置和速度报警装置等组成，如图 6-2 所示。

(1)速度测量装置

速度测量装置主要由滚筒、速度传感器、举升器、框架等组成。滚筒一般为四个，直径为 185mm 或更大，通过滚筒轴承安装在框架上。试验时，为防止汽车驱动轴差速器行星齿轮自转，试验台的两个前滚筒用联轴器连在一起。

速度传感器有测速发电机式、差动变压器式、磁电式和光电式等多种形式，它装在滚筒的一端，将对应于滚筒转速所发出的电压信号送到速度指示装置。

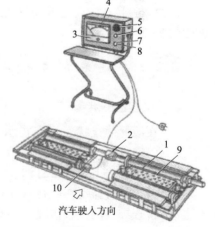

图6-2　标准型车速表试验台
1-滚筒；2-联轴器；3-零点调整螺钉；4-速度指示仪表；5-蜂鸣器；6-报警器；7-电源灯；8-电源开关；9-举升器；10-速度传感器(测速发电机)

在前、后该筒之间设有举升器,以便汽车进出试验台。举升器与滚筒制动装置联动,举升器升起时,滚筒不会转动。

(2)速度指示装置

速度指示装置是根据速度传感器传来的电信号进行工作的。根据滚筒圆周长与转速可算出其线速度,以 km/h 为单位在速度指示仪表上显示车速。

(3)速度报警装置

速度报警装置是为在测量时,便于判明车速表误差是否在合格范围之内而设置的。一般有下列三种形式:

①用试验台警报装置指示检测车速。当汽车实际车速达到某一规定值(如 40km/h)时,警报装置的警报灯发亮或蜂鸣器发响,提示驾驶员已达到检测车速,注意观察驾驶室车速表指示值是否在合格范围内。

②将试验台指示仪表上某一合格范围涂成绿色(如车速表指示值为 40km/h 内时,绿色区域应为 32.8~40km/h)。试验时车速表指示值达到某一检测车速(40km/h)时,同时观察试验台速度指示仪表的指示值是否在合格的绿色区域(32.8~40km/h)内。

③同时具备上述两种装置的报警装置。

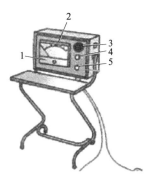

图 6-3　驱动型车速表试验台
1-滚筒;2-联轴器;3-离合器;
4-电动机;5-速度指示仪表

2 驱动型车速表试验台

多数汽车的车速表转速信号,取自变速器或分动器的输出轴,但对于后置发动机的汽车,转速信号取自前轮。驱动型车速表试验台就是为了适应后置发动机汽车的试验而制造的,它的结构(图 6-3)与标准型车速表试验台基本相同,不同的是在该筒的一端装有电动机,用以驱动滚筒,再带动汽车从动轮旋转。

这种试验台在滚筒与电动机之间装有离合器,若试验时将离合器分离,又可作为标准型试验台使用。

五 车速表误差检测

1 试验台的准备

(1)在滚筒静止状态检查指示仪表是否在零点位置上,若有偏差,可用零点调整旋钮(或零点调整电位计)调整。

(2)检查该筒上是否占有油、水、泥等杂物。若有,要清除干净。

(3)检查举升器动作是否自如和有无漏气部位。若有阻滞或漏气部位,应予修理。

(4)检查导线的接触情况。若有接触不良或断路,应予修理或更换。

经常使用的试验台,不一定每次使用前都要进行上述检查。

2 被测车辆的准备

(1)轮胎气压应符合汽车制造厂的规定。

(2)轮胎沾有水、油等或轮胎花纹沟槽内嵌有小石子时,应清除干净。

3 检测方法

(1) 接通试验台电源。
(2) 升起滚筒间的举升器。
(3) 将被测车输出车速信号的车轮尽可能与滚筒成垂直状态停放在试验台上。
(4) 降下滚筒间的举升器,至轮胎与举升器托板脱离为止。
(5) 用挡块抵住位于试验台滚筒之外的一对车轮,防止汽车在测试时滑出试验台。
(6) 使用标准型试验台时应作以下操作:

①起动汽车,待汽车的驱动轮稳定后,挂入最高挡,踩下加速踏板使驱动轮平稳地加速运转。

②当汽车车速表的指示值 v_1 达到规定检测车速(40km/h)时,读出试验台速度指示仪表的指示值 v_2。或当试验台速度指示仪表的指示值达到检测车速时,读取车速表的指示值。

(7) 使用驱动型试验台时应作以下操作:

①接合试验台离合器,使滚筒与电动机连在一起。
②将汽车的变速器挂入空挡,接通试验台电源,使电动机驱动滚筒旋转。
③当汽车车速表达到检测车速时,读取试验台速度指示仪表的指示值。或当试验台速度指示仪表达到检测车速时,读取汽车车速表的指示值。

(8) 测试结束后,轻轻踩下汽车制动踏板,使滚筒停止转动。对于驱动型试验台,必须先关断电源再踩制动踏板。

(9) 升起举升器,去掉挡块,汽车驶离试验台。
(10) 切断试验台电源。

第二节 汽车前照灯的检测

前照灯是汽车在夜间或在能见度较低的条件时为驾驶员提供行车道路照明的重要装置,而且也是驾驶员发出警示、进行联络的灯光信号装置。所以行车时前照灯必须有足够的发光强度和正确的照射方向与合理的高度。由于车辆在行车过程中,汽车受到外界影响而振动,可能会引起前照灯部件的安装位置发生变动,从而改变光束的正确照射方向,而且同时灯泡在长时间使用过程中会逐步老化,反射镜也会受到污染而使其聚光的性能变差,导致前照灯的亮度不足。这些变化会使驾驶员对前方道路情况辨认不清,或在对面来车交会时造成驾驶员短时间炫目等,影响驾驶员及时掌握路况可能会导致交通事故的发生。因此,前照灯发光强度和光束的照射方向被列为机动车运行安全检测的必检项目,前照灯发光强度和照射方向可根据《机动车运行安全技术条件》(GB 7258—2012)对前照灯进行定期的检测。

一 前照灯光学特性

用等照度曲线表示的明亮度分布特征称为配光特性,也称为光形分布特性。前照灯特性有对称配光和非对称配光两种。

1 SAE 配光方式

SAE 配光方式也称为美国配光方式,如图 6-4 所示。远光灯丝位于反射镜焦点处,所发出光线经反射沿光学轴线方向射向远方。近光灯丝位于焦点之上,所发出的光线经反射后,大部分向下倾斜,从而下部较亮而上部较暗,所形成的光形分布是水平方向宽,垂直方向窄。好的配光特性要求等照度曲线的左右对称,不偏向一边,上下扩展也不太宽,这种也叫对称式配光特性。SAE 配光方式的近光照射在屏幕上的光斑没有明显的明暗截止线。

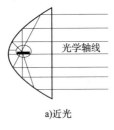
a)近光

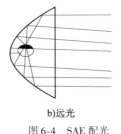
b)远光

c)近光照在屏幕上的光斑

图 6-4 SAE 配光

2 ECE 配光方式

ECE 配光方式也称为欧洲配光方式。其配光方式与 SAE 配光方式相同,但近光灯丝位于反射镜焦点之前,且在灯丝下设一遮光屏。近光光线只落在反射镜上半部分而向下倾斜反射,照到屏幕上时,可看见明显的明暗截止线和明暗截止线转角点的光斑,如图 6-5 所示。

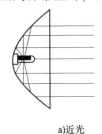
a)近光

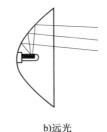
b)远光

c)近光照在屏幕上的光斑

图 6-5 ECE 配光

此配光也叫非对称式配光,ECE 配光方式有两种:一种是在配光屏幕上,明暗截止线的水平部分在 $V-V$ 线的左半边,右半边为水平线向上呈 15°的斜线,如图 6-6a)所示;另一种是明暗截止线右半边为水平线向上呈 45°斜线至垂直距 25cm 转向水平的折线,由于明暗截止线呈 Z 形,也称 Z 形配光,如图 6-6b)所示。我国前照灯的近光灯已采用这种 Z 形配光形式。

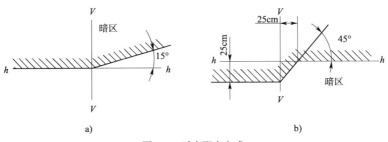

图 6-6 近光配光方式

③ 全光束

全光束是指前照灯照射物体后，物体上得到的总照度。它可以用明亮度分布纵断面的配光特性曲线来表示。光束与水平、垂直坐标轴交点的距离，就是光束照射的偏移量。

由于汽车前照灯不是一个理想的点光源，除透过前照灯散光玻璃各点的光线不均匀外，还有和主光轴相交的光线，因此前照灯的实际照射方向与上述点光源的照射方向有所差异。但是主光轴上的光线大部分都是穿过散光玻璃中心直射的，因此，在离开散光玻璃足够远的地方，可以近似地看成是由点光源发出来的散射光线，根据逆二次方法则，随着离开光源距离的增加，照度是递减的。

图6-7所示为前照灯主光轴照度随距离变化的曲线。可以看出，当距离超过5m时，实测值和理论计算值基本一致；当距离为3m时，约产生15%的误差。可见距离越远，越能得到准确的测量值。但由于受场地限制，在用前照灯检测仪测量时，通常采用在前照灯前方3m、1m、0.5m、0.3m的距离进行测量，并将该测量值当作前照灯前方10m处的照度，换算成发光强度进行指示。

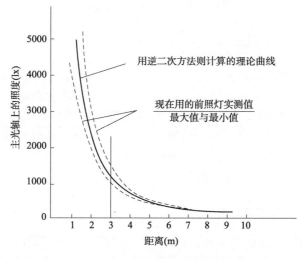

图6-7 前照灯主光束照度随距离的变化曲线

二、前照灯检测原理

① 前照灯检测仪的工作原理

前照灯检测仪是采用可以把吸收的光能变成电流的光电池作为传感器，按照前照灯光轴照射光电池产生的电流的大小和比例来测量发光强度和光轴偏斜量。

(1) 光电池工作原理

光电池是一种光电变换器件，当光线照射到光电池的受光面时，光电池就会产生电动势，光线越强，电动势就越大。如果将它接入回路就会产生相应的回路电流，回路电流的大小即可反映照射到光电池上的光的强弱。前照灯检验时，采用聚光透镜将前照灯灯光聚送到光电池上,经过适当的信号处理,达到对前照灯发光强度与光轴偏移量的检测目的。

(2)发光强度的检测原理

发光强度检测电路由光度计、光电池和可变电阻构成。如图6-8所示,当前照灯在规定距离处照射光电池时,光电池产生与强弱成正比的电流,使光度计的指针偏转,经标定后其指针偏转的大小便可反映前照灯的发光强度。

(3)光轴偏斜量的检验原理

光轴检测电路中有四块光电池,在$S_上$和$S_下$之间接有上下偏斜指示计,在$S_左$和$S_右$之间接有左右偏斜指示计。打开前照灯,四块光电池各自产生电流,根据$S_上$和$S_下$、$S_左$和$S_右$电流的差值,使上下偏斜指针计和左右偏斜指针计动作,如图6-9所示。

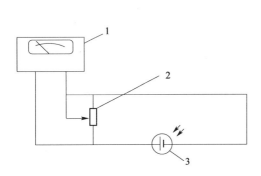

图6-8 发光强度的检测方法
1-光度计;2-可变电阻;3-光电池

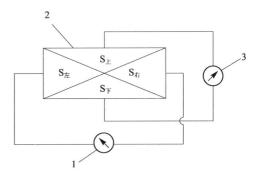

图6-9 光轴偏斜量测量方法
1-左右偏斜指针计;2-光电池;3-上下偏斜指针计

如果光电池属于无偏斜受光情况,则上下偏斜指示计和左右偏斜指示计的指针均垂直向下,处于零位。如果光轴偏离了中心位置,则偏斜指示计的指针偏离零位,其偏移量即是光轴的偏斜量。通过适当的调节机构,调整光线照射光电池的光照位置,可使偏斜指示计的指针指向零位,那么此调节量也就反映了光轴的偏斜量。

❷ 前照灯检测仪的结构与类型

用于检测汽车前照灯性能的设备,称为前照灯检测仪。用检测仪检测灯光性能时,一般距离前照灯1m或3m,检测时前照灯的光束通过检测仪的聚光透镜和光电元件等,将1m或3m处的光照度折算成10m的照度,并以发光强度值进行指示。检测前照灯时,距离越远,检测测量值越准确,但需要场地较大。一般在3m以内误差约为15%,可见使用前照灯检测仪检测的准确性不如屏幕法高。但通过对仪器误差进行修正,加之占用场地小、使用方便等优点,前照灯检测仪在检测线上得到了广泛的应用。

目前国内使用的前照灯检测仪按检测对象分有两种类型:一类是采用SAE标准(美国采用的标准)的前照灯检测仪,它可用来检测对称光的前照灯,如自动追踪光轴式前照灯检测仪等。另一类是采用ECE标准(联合国欧洲经济委员会标准)的前照灯检测仪,它可用于检测对称光和非对称光前照灯,这类检测仪主要有两种结构形式:一种是投影式前照灯检测仪,其屏幕采用特殊材料制作,易于识别被测前照灯光束投影的明暗截止线;另一种是采用CCD和光电技术的CCD前照灯检测仪。

前照灯检测仪按其结构特征和测量方法可分为聚光式、屏幕式、投影式和自动追踪光轴式等几种类型。这些不同类型的前照灯检测仪均由接受前照灯光束的受光器、使受光器与汽车前照灯对正的校准装置、前照灯发光强度指示装置、光轴偏斜方向和偏斜量指示装置以及支柱、底板、导轨、车辆摆正找准装置等组成。以下逐一介绍。

1) 聚光式前照灯检测仪

如图 6-10 所示,检测时将其放置于前照灯前方 1m 的距离处,将前照灯的散光光束用受光器的聚光透镜聚合起来,根据聚合光束用发光强度和光轴偏斜量。根据不同的检测方法,它又可以分成下列几种形式。

(1) 移动反射镜式

移动反射镜检测法如图 6-11 所示。前照灯的光束经聚光透镜聚合反射镜反射后,照射到光电池上。若转动光轴刻度盘,反射镜的安装角将发生变化,照射光电池的光束位置也将随之变化,从而使光轴偏斜指示计的指针产生偏转。检测时,转动光轴刻度盘使光轴偏斜指示计的指针指向零位,这时从光轴刻度即可读出光轴的偏斜量,同时光度计也指示出发光强度值。

(2) 移动光电池式

移动光电池检测法如图 6-12 所示。若转动上下或左右光轴刻度盘,则光电池就随之移动,光电池的受光面位置也将随之变化,从而使光轴偏斜指示针的指针产生偏转。检测时,转动光轴刻度盘使光轴偏斜指示计的指针偏向零位,这时从光轴刻度盘即可读出光轴的偏斜量,同时光度计也指示出发光强度值。

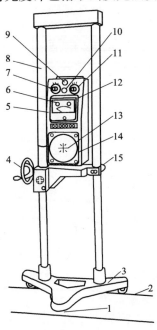

图 6-10 聚光式前照灯检测仪

1-车轮;2-导轨;3-底座;4-上下移动手轮;5-光度计;6-左右偏斜指示针;7-光轴刻度盘(左、右);8-支柱;9-汽车摆正找准器;10-光度光轴变换开关;11-光轴刻度盘(上、下);12-上下偏斜指示计;13-前照灯照准器;14-聚光透镜;15-角度调整螺钉

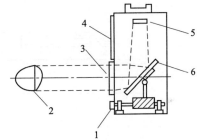

图 6-11 移动反射镜检测法

1-光刻度盘;2-前照灯;3-聚光透镜;4-光轴偏斜指示计;5-光电池;6-反射镜

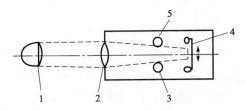

图 6-12 移动光电池式检测法

1-前照灯;2-聚光透镜;3、5-光轴刻度盘;4-光电池

(3) 移动透镜式

移动透镜检测法如图 6-13 所示。聚光透镜和光电池用特殊的连接连成一体,移动与其联动的光轴检测杠杆,光轴偏斜指示计的指针将产生偏转。检测时,移动光轴检测杠杆,使光轴偏斜指示计的指针指向零位,根据与杠杆联动的指针指示值,即可读出光轴的偏斜量,同时光度计也指示出发光强度值。

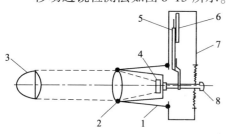

图 6-13 移动透镜式检测法
1-连接器;2-聚光透镜;3-前照灯;4-光电池;5-指针;6-光轴刻度盘;7-外壳;8-光轴检测杠杆

2) 屏幕式前照灯检测仪

将检测仪放在前照灯前方 3m 的检测距离处,把前照灯的光束照射到屏幕上来的检测光轴偏斜量和发光强度。其构造如图 6-14 所示。在固定屏幕上装有可以左右移动的活动屏幕,在活动屏幕上装有能上下移动的内部带光电池的受光器。检测时,移动受光器和活动屏幕,根据光度计指示值为最大时的位置找到主光轴的方向,然后由固定屏幕和活动屏幕上的光轴刻度尺即可读出光轴偏斜量,同时可从光度计的指示值得出发光强度。

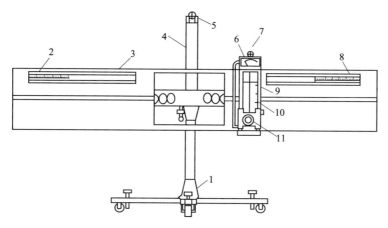

图 6-14 屏幕式前照灯检验仪
1-底座;2-光轴刻度尺(左、右);3-固定屏幕;4-支柱;5-车辆摆正照准器;6-光度计;7-对正前照灯照器;8-光轴刻度尺(左、右);9-活动屏幕;10-光轴刻度尺(上、下);11-受光器

3) 投影式前照灯检测仪

投影式前照灯检测仪是将前照灯光束的影像映射到投影屏上,从而检测出发光强度和光轴偏斜量。检测时,将检测仪放在前照灯前方 3m 的检测距离处。

投影式前照灯检测仪的构造如图 6-15 所示。在聚光透镜的上下和左右方向装有 4 个光电池。前照灯光束的影像通过聚光透镜、光度计的光电池和反射镜后,映射到投影屏上,如图 6-13 所示。在检测时,通过上下与左右光电池的受光量相等,从而找到被测前照灯主光轴的方向。然后根据投影屏上前照灯光束影像的位置,即可得出主光轴的偏斜量,同时可从光度计的指示值得出发光强度。

常用的光轴测量方法有以下两种:

(1) 投影屏刻度式检测主光轴偏斜量的方法。在投影屏上刻有表示光轴偏斜量的刻度线,根据前照灯影像中心在投影屏上所处的位置,就可以直接测出光轴偏斜量。

(2)光轴刻度盘式检测主光轴偏斜量的方法。转动光轴刻度盘,使前照灯影像中心与投影屏坐标原点重合,然后由光轴刻度盘上的刻度即可看出光轴的偏斜量。

4)自动追踪光轴式前照灯检测仪

自动追踪光轴式前照灯检测仪在受光器的面板上聚光透镜上下和左右装有4个光电池,受光器的内部也装有4个光电池,分别构成主、副受光器,如图6-16、图6-17所示。另外还有由两组光电池电流差所控制的能使受光器沿上下和水平方向移动的驱动和传动装置。

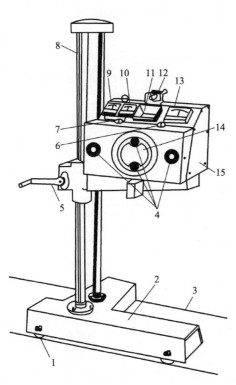

图6-15 投影式前照灯检验仪
1-车轮;2-底座;3-导轨;4-光电池;5-上下移动手柄;6-光轴刻度盘(上、下)7-光轴刻度盘(左、右);8-支柱;9-左右偏斜指示针;10-上下偏斜指示计;11-投影屏;12-车辆摆正找准器;13-光度计;14-聚光透镜;15-受光器

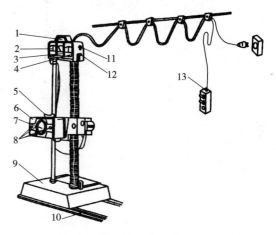

图6-16 自动追踪光轴式前照灯检验仪
1-在用显示器;2-左右偏斜指示针;3-光度计;4-上下偏斜指示;5-车辆摆正找准器;6-受光;7-聚光透镜;8-光电元件;9-控制箱;10-导轨;11-电源开关;12-保险丝;13-控制盒

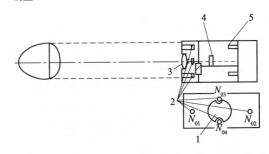

图6-17 自动追踪光轴式前照灯检验仪受光器构造
1、3-聚光透镜;2-主受光器光电池;4-中央光电池;5-副受光器光电池

检测时,将检测仪放在前照灯前方3m的检测距离处。当前照灯光束照射到受光器上时,若前照灯光束照射方向偏斜,则主副受光器上下或左右光电池的受光量不等,它们分别产生的电流失去平衡,由其电流的差值控制受光器上下移动的电动机或控制箱左右移动的电动运转,并通过钢丝绳牵动受光器上下移动或驱动控制在轨道上左右移动,直至受光器上

下、左右光电池受光量相等为止。这就是所谓的自动追踪光轴,追踪时受光器的位移由光轴偏斜指示计指示,发光强度由光度计指示。

5）FD-102 新型智能化前照灯检测仪

如图 6-18 所示,FD-102 前照灯检测仪与自动追踪光轴式检测仪的工作原理类似,它有 8 个竖向排列的光敏管。光敏管科检测前照灯的大体位置,以便仪器进行跟踪,检测箱用于接收被检前照灯的光束,正面装有两对共 4 片光电池,其输出作为仪器跟踪光轴的控制信号,显示板为 LED 数码显示器。

3 汽车前照灯检测的相关标准

前照灯的发光强度、光束照射位置在《机动车运行安全技术条件》(GB 7258—2012)中具有明确的规定;其前照灯配光特性在《汽车用灯丝灯泡前照灯》(GB 4599—2007)中也有明确要求。

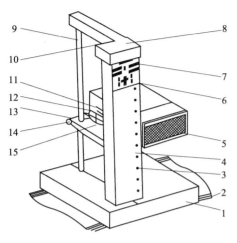

图 6-18　FD-102 前照灯检测仪
1-底箱;2-导轨;3-前方立柱;4-光敏管;5-检测箱;6-按键板;7-显示面板;8-上盖部分;9-中圆立柱;10-后园立柱;11-瞄准器;12-输出接口;13-箭标;14-聚光透镜;15-角度调整螺钉

1）前照灯远光光束发光强度要求

汽车每只前照灯的远光光束发光强度应达到表 6-1 的要求。测试时,其电源系统应处于充电状态。

前照灯远光光束发光强度要求　　　　表 6-1

机动车类型	检 查 项 目			
	新注册车(cd)		在用车(cd)	
	二灯制	四灯制	二灯制	四灯制
最高设计车速小于 70km/h 的汽车	10000	8000	8000	6000
其他汽车	18000	15000	15000	12000

注:四灯制是指前照灯具有 4 个远光光束;采用四灯制的机动车其中两只对称的灯达到两灯制的要求时视为合格。

2）前照灯光束照射位置要求

（1）前照灯近光光束照射位置:前照灯照射在距离 10m 的屏幕上时,乘用车前照灯近光光束明暗截止线转角或中点的高度应为 $0.7H \sim 0.9H$(H 为前照灯基准中心高度,下同),其他汽车应为 $0.6H \sim 0.8H$,汽车前照灯近光光束水平方向位置向左偏不允许超过 170mm,向右偏不允许超过 350mm。

（2）前照灯远光光束及远光单光束照射位置:前照灯照射在距离 10m 的屏幕上时,要求在屏幕光束中心离地高度,对乘用车为 $0.9H \sim 1.0H$,对其他汽车为 $0.8H \sim 0.95H$;汽车前照灯远光光束水平位置要求,左灯向左偏不允许超过 170mm,向右偏不允许超过 350mm,右灯向左或右偏均不允许超过 350mm。

3）前照灯配光性能要求

前照灯配光性能应在前照灯基准灯基准中心前 25m,过 H 点的垂直配光屏幕上测定,其配光屏幕的布置如图 6-19 所示。

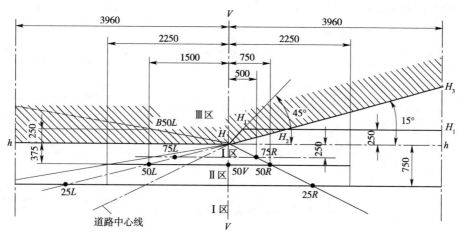

图 6-19 在配光屏幕上测定配光性能

(1) 近光的配光要求

①在配光屏幕上,近光应产生明显的明暗截止线,其水平线部分在 $V-V$ 线的左半边,右半边为与水平线向上呈 15°的斜线,或向上呈 45°斜线至水平线垂直距离 250mm 时转向水平的折线。明暗截止线上方为暗区、下方是明区。

②在配光屏幕上的照度值,应符合表 6-2 的规定。Ⅲ区尤其是 B50L 处应尽可能暗些,以防对方驾驶员炫目;Ⅳ区代表车前方 25~50m 处,是近光照明区,应有足够的照度;Ⅰ区代表前方 10~25m 处,是照得最亮的区域,为避免与其他区域产生过大的明暗对比,其最大照度有所限制。

前照灯近光照度要求　　　　　　　　　　　　　　　表 6-2

测试点或测试区域	白炽前照灯(lx)		卤钨前照灯(lx)	
	最大值	最小值	最大值	最小值
B50L	0.3	—	0.3,0.4[①]	—
75R	—	6	—	12
75L	—	—	12	—
50R	—	6	—	12
50L	—	—	15	—
50V	—	—	—	6
25L	—	1.5	—	2
25R	—	1.5	—	2
Ⅲ区任何点	0.7	—	0.7	—
Ⅳ区任何点	—	2	—	3
Ⅰ区任何点	20	—	$2E_{50R}$[②]	—

注:1. 单光束为 0.3,双光束为 0.4。
　　2. E_{50R} 为 50R 实测照度。
　　3. 在Ⅰ、Ⅱ、Ⅲ、Ⅳ区域内,其水平方向相邻间的照度应无明显的陡变,以不致影响良好的可见度。

(2) 远光的配光要求

① 光在配光屏幕上的照度值,应符合表 6-3 的规定。

前照灯远光照度要求　　　　　　　表 6-3

测试点或测试区域	白炽前照灯(lx)		卤钨前照灯(lx)	
	最大值	最小值	最大值	最小值
最大照度 E_{max}	—	32	240	48
H 点	—	$0.9E_{max}$	—	$0.8E_{max}$
H 点至 1125L 和 R	—	16	—	24
H 点至 2250L 和 R	—	4	—	6

② 光束卤钨前照灯,其远光最大照度应不大于近光在 75R 点测试照度的 16 倍。

三 前照灯检测方法

不同牌号、形式的检测仪,其使用方法有所不同,所以一定要先认真阅读检测仪的使用说明书。一般的使用方法如下。

1 检测前的准备

1) 检测仪准备

(1) 切断光轴光度转换开关(相当于不受光状态),检测各指示计的机械零点,若有偏差应加以调整。

(2) 检查各镜面有无污垢,若有则加以清除。

(3) 检查水准器有无气泡或气泡位置,若无或位置不准,则应进行修理或调整。

(4) 检查支柱、升降台和导轨,看动作是否自如或有无赃物,否则应进行修理或清除。

2) 检测车辆的准备

(1) 清除前照灯上的污垢。

(2) 检查并调整轮胎气压。

(3) 蓄电池应处于充足电状态。

2 检测方法

不同类型的检测仪其检测方法是有差异的。

1) 聚光式前照灯检测仪

(1) 被检汽车驶近规定距离,且与检测仪导轨垂直。

(2) 用车辆找准器使检测仪与汽车对正。

(3) 打开前照灯,用前照灯找准器使检测仪与前照灯对比。

(4) 将光度、光轴转换开关扳向光轴侧。

(5) 转动光轴刻度盘,使光轴偏斜指示针指 0,此时光轴刻度盘的指示值即为光轴偏斜量。

(6) 光轴刻度盘不动,将光度、光轴转换开关拨向光度侧,此时光度计的指示值即为前照灯的发光强度值。

2）屏幕式前照灯检测仪

（1）被检车辆驶近检测仪，距检测仪3m，方向垂直于检测仪导轨。

（2）用车辆找准器使检测仪与汽车对正。

（3）打开前照灯，用前照灯找准器使检测仪与前照灯对正（固定屏幕调整到和前照灯同样高度，受光器与前照灯中心重合）。

（4）使左右光轴刻度尺的零点与活动屏幕上的基准指针对正。

（5）将受光器上下左右移动，使光度计指示达到最大值，此时受光器上基准指针所指活动屏幕的上下刻度值和活动屏幕上基准指针所指固定屏幕左右刻度值即为光轴的偏斜量。

（6）光度计上的指示值即为前照灯发光强度值。

3）投影式前照灯检测仪

（1）将被检车尽可能与导轨保持垂直方向驶近检测仪，使前照灯与检测仪受光器相距3m。

（2）用汽车摆正找准器使检测仪与被检车对正。

（3）开亮前照灯，移动检测仪，使光束照射到受光器上，并使上下和左右光轴偏斜指示计指示值为0。此时，根据投影屏上前照灯光束影像位置，即可得出光轴的偏斜量。

（4）根据光度计上的指示值，即可得出前照灯的发光强度。

4）自动追踪光轴式前照灯检测仪

（1）将被检车尽可能与导轨保持垂直方向驶近检测仪，使前照灯与检测仪受光器相距3m。用汽车摆正找准器使检测仪与被检车对正。

（2）开亮前照灯，接通检测仪电源，用控制器上的上下、左右控制开关移动检测仪的位置，使前照灯光束照射到受光器上。

（3）按下控制器上的测量开关，受光器随即追踪前照灯光轴，根据光轴偏斜指示计和光度计的指示值，即可得出光轴偏斜量和发光强度。

5）非全自动前照灯检测仪

（1）将被检车辆沿垂直屏幕或导轨方向行驶近检测仪，并按规定要求的测量距离停好车辆。

（2）用车辆摆正找准器使检测仪与被检汽车对准。

（3）开亮前照灯进行检测。

（4）根据光轴刻度盘、指示计或屏幕刻度以及光度计即可得出光轴偏斜量和发光强度。

四 全自动追踪检测仪的安装及使用

1 SVW-5046全自动检测仪安装方法

1）导轨安装步骤

（1）地面预留（或挖掘）4600mm×130mm×60mm（长×宽×深）的混凝土结构安装坑。

（2）将导轨两件分组件用连接块及M6×12mm螺栓连接成一条长导轨。注意拼接处应对齐。必要时可在连接块处垫上小量垫片，以调整两条导轨分组件的相对位置。

（3）将 4 条横枕用 M6×12mm 螺栓安装在导轨上。校正两导轨的直线度后,将连接螺栓拧紧将水平调整螺钉 M8×400mm 8 根拧入横枕上的螺孔内。

（4）把导轨放入安装坑内,导轨应与行车方向垂直。导轨与行车中心线的垂直度误差应控制在千分之二范围内,导轨运行表面与地面等高。

（5）初步确定安装位置后,将拉爆螺栓的安装孔做好标记,取起导轨,并在上述标记处钻 $\phi 10$ 孔,装入 M8×100mm 拉爆螺栓。重新放入导轨,用水平调整螺钉调好导轨表面水平后,将拉爆螺栓的螺帽收紧,使导轨固定在坑内。导轨的运行平面的水平度误差应小于千分之三。

（6）填充水泥砂浆,并抹平至图纸要求(导轨边沿应留空)。

2）SVW-5046 全自动检测仪技术参数与安装

（1）主要技术性能和使用条件。

①环境温度:5～40℃。

②相对湿度:小于 95%。

③大气压力:70～106kPa。

④电源:瞄准器电源 2 个 7 号 DC1.5V 电池。

⑤主机电源:交流电源 AC220V×(1±10%),50Hz±1Hz 或 1 个 DC9V 电池外加 4 个 7 号 DC1.5V 电池(箱体激光器电源)。

⑥场地:仪器和车必须处于同一水平面上,场地水平误差不超过 1%。

（2）测量范围。

①发光强度:0～60000cd。

②近光、远光光轴偏移量。

③左右:左 2°30′～右 2°30′(左 40cm/10m～右 44cm/10m)。

④上下:上 1°30′～下 2°30′(上 26cm/10m～下 44cm/10m)。

⑤前照灯中心高:50～130cm。

（3）示值误差。

①远光发光强度示值误差:±12%。

②远光光轴偏移量示值误差:±15′。

③近光光轴偏移量示值误差:±15′。

④前照灯中心高示值误差:±1cm。

（4）测量距离:50cm。

（5）消耗功率:整机 0.2kW。

（6）质量:约 30kg。

3）仪器的安装及调整

（1）仪器的安装

①把立柱的下端插入底座相应的孔中,用仪器所配的平垫圈 24、2-六角薄螺母 M24 稍锁紧于底座上。

②把升降座从立柱上端装入立柱,并置于立柱适当高度,便于光接收箱的安装。

③用仪器所配的平垫圈 8、弹簧垫圈 8、内六角螺钉 M8×25 将光接收箱装在升降座上,

稍锁紧螺钉。

④取下顶盖,把激光对准器装入立柱上,用平垫圈8、弹簧垫圈8、盖型螺母M8适当锁紧于立柱上(不宜过紧,使激光器和横杆不同时旋转即可),盖好顶盖。

⑤打开激光对准器上盖,装入2节7号电池,上紧螺钉。打开箱体侧面激光器电池盒盖板,装入4节7号电池,盖好盖板,上紧螺钉。

(2)仪器的调整

①立柱的调整:调整六角薄螺母M24的松紧度,当松开脚踏机构时,在横梁上稍用力则可旋转立柱,锁紧脚踏机构时则立柱不能旋转。六角薄螺母M24的松紧度应适宜,不宜过紧和过松。

注:对于使用了导轨附件的用户,安装时应将立柱旋:底座;旋转指示标。

②光接收箱水平的调整:在3个内六角螺钉M8×25未锁紧的前提下,调整光接收箱的水平,箱体可绕螺钉1旋转,旋转箱体,当箱体上盖中间的水准泡处于中间位置时,此时箱体处于水平状态,锁紧3个螺钉,光接收箱的水平调整完毕。

注:正常情况下,光接收箱水平的调整不需要调节左右方向,如果水准泡内的水泡左右方向相差太远。打开底座上的盖板,用两把扳手调节胶轮的偏心轴使水泡处于中间位置。

4)控制按键功能说明

操作面板说明:

"开机"键——启动仪器电源开始工作。

"退出/关机"键——双功能键:轻按退出或取消当前操作;长按关机。"确认"键——双功能键:轻按下翻菜单;长按功能执行或结果确认。"光强"键——双功能键:轻按上翻菜单;长按执行光强测量操作。

❷ SVW-5046全自动检测仪检测与调整操作步骤

1)仪器与被检车辆的对准

将被检车辆垂直对准仪器的光接收箱。一般在检测场地上划出行驶标志线(安装时已保证仪器的光接收箱正面与行驶标志垂直),如车辆停放时其纵向中心线与行驶标志线平行,则可认为已对准,否则应进行以下对准工作:

(1)被检车的纵向中心线(或其平行线)上设定前后距离不少于1m的两个标志点(物);

(2)通过仪器的瞄准器进行瞄准和调整。

2)检测距离的确认

此检测距离指光接收箱正面与被检前照灯基准中心之间的距离。利用光接收箱下部附装的钢卷尺检查此距离是否符合要求。

3)被检前照灯校准

把仪器移动到被检前照灯前方,按下光接收箱后面的激光器按钮,仪器的镜面两侧会射出两束激光,观察被检前照灯灯壳玻璃上的两个光斑,当两个光斑间的距离小于3cm且两个光斑之间的中点落在灯壳玻璃的中心时,就表示仪器对准了被检前照灯,且坚持距离为在505cm的范围内。如果光斑间的距离太大,必须调整仪器与被检车轮的距离并重复调整操作直至达到标准范围内即可。在校准完成后,再次按下激光器开关,关闭激光,以节约激光器寿命和电池寿命。

(1)灯高测量:仪器对准被检前照灯后,应踩紧制动踏板,拉驻车制动器,保持仪器相对稳定。

(2)开机确认仪器接通电源或安装好电池,持续按下"开机"键(此时听到蜂鸣器长鸣一声),蜂鸣声停止后,仪器上电复位,显示开机画面后,进入待机状态。同时如果使用电池供电,仪器会对电池电量检测,假如电量不足,仪器会自动提示,并关机。

(3)液晶界面显示状态如下:操作功能选择

①在待机状态下,长按一次"光强"键约3s(此时听到蜂鸣器长鸣一声),执行一次光强测量操作,液晶屏显示出当前的光强值,并实时刷新;此时轻按一次"确认"键约1s后(此时听到蜂鸣器短鸣一次)返回待机状态,否则动态显示光强测量值约15s后,自动返回待机状态。

液晶界面显示信息说明:光强值的显示位数为5位完毕后,保持仪器和被调灯光不动,进行测量,此时仪器测的光强值为被调灯光有效的光强值。

②在待机状态下,每轻按一次"确认"键或"光强"键约1s(此时听到蜂鸣器短鸣一次),显示界面刷新一次,顺时针或逆时针循环滚动显示操作菜单。

③在待机状态下,连续按下"确认"键约3s(此时听到蜂鸣器长鸣一声),执行当前界面显示的操作功能,并进入相应的操作流程。

④在待机状态下,连续按下"退出/关机"键约5s(此时听到蜂鸣器短鸣一声),液晶界面显示关机画面。此时若按下"确认"键(此时听到蜂鸣器长鸣一声),仪器关机。

⑤在待机状态下,轻按下"退出/关机"键约1s,液晶界面显示功能选择状态页面。

4)远/近光检测与调整操作

(1)从待机状态执行远/近光调整操作后,液晶界面分别显示:偏移量显示值格式同远/近光测量时一样,但此时代表前照灯远/近光偏移量预设值,即调灯完毕后,前照灯的光轴偏移量。

(2)在此状态下,可以通过调节调节旋钮移动受光屏,改变光轴偏移量预设值,此时偏移量预设值会随调节旋钮旋转改变;接下来或轻按一次"退出/关机"键约1s后(此时听到蜂鸣器短鸣一次),进入下一步操作界面,或无人干预1min后自动进入下一步操作界面,或轻按一次"确认"键约1s后(此时听到蜂鸣器短鸣一次),液晶界面提示偏移量设定完成后,进入下一步操作界面。偏移量设定完成的液晶界面(保持约1s)提示。

注意:如果在调灯的过程中,触动了仪器的上下旋钮或其他原因改变了光轴偏移量设定值(从观察窗可以看到),应重新设定偏移量,并重新调整灯光。

(3)液晶界面刷新显示为"说明:提示内容为前照灯光轴的调整方向,格式与远/近光测量时调整受光屏的方向提示相同"。

操作人员应根据提示方向,调节前照灯,随着受光屏与前照灯远/近光光轴的对正,XX或YY会消失。当XX和YY均消失后,表明前照灯远/近光光轴的对正已经完成,即调灯完毕。

(4)当方向提示XX和YY均消失,保持约5s后,蜂鸣器长鸣一声,同时液晶界面刷新显示为:保持约1s后,返回待机状态。

(5)在提示调整前照灯的界面下,连续按下"退出/关机"键约5s(此时听到蜂鸣器短鸣一声),液晶界面显示关机画面,进入退出/关机选择操作;若轻按一次确认"键(此时听到蜂鸣器长鸣一声),仪器自动切断电源关机;若轻按一次"退出/关机"键约1s则等同f操作。

(6)在提示调整前照灯的界面下,若轻按一次"退出/关机"键约1s(此时听到蜂鸣器短鸣一次)液晶界面显示调灯未完成信息后,返回待机状态。

注:为提高调灯效率,推荐使用者在调整远/近光偏移量特别是近光偏移量时,按如下方式调节:首先根据从观察窗所看到屏幕板上的前照灯配光特性,尽快调节旋钮将前照灯的光斑调整到屏幕中心附近(远光以光斑最亮部分基本对正屏幕中心为准,近光则以看到的明暗截止线与屏幕上印刷的截止线基本重合或拐点与屏幕中心重合为准)。然后,根据屏幕提示,按照先上下后左右的原则调节前照灯。当上下方向调整提示消失或出现与上一次提示方向反向的提示时,就调节前照灯左右方向直到左右方向调整提示消失或出现与上一次提示方向反向的提示时,再调节前照灯上下方向,如此循环,直到上下和左右方向提示符均消失,就完成了调灯操作。

五 前照灯检测结果分析

汽车前照灯的配光性能和法规有两个:一个是欧洲经济共同体ECE法规配光性能标准;另一个是美国FVMSS(联邦汽车安全标准)108号标准,它相当于ECE的法规76/756,也就是SAE法规配光性能标准。我国采用了类似ECE前照灯配光性能标准,《机动车运行安全技术条件》(GB 7258—2012)中,对前照灯的发光强度及光束照射位置有如下规定。

1 前照灯光束照射位置的检验标准

根据《机动车运行安全技术条件》(GB 7258—2012)的规定,汽车前照灯的检验指标为光束照射位置的偏移值和发光强度(cd)。前照灯光束照射位置应符合以下要求:

(1)检验前照灯近光光束照射位置时,前照灯照射在距离10mm的屏幕上,乘用车前照灯近光光束明暗截止线转角或中点的高度应为$0.7H \sim 0.9H$(H为前照灯基准中心高度,下同),其他机动车(拖拉机运输机组除外)应为$0.6H \sim 0.8H$。机动车(装用一只前照灯的机动车除外)前照灯近光光束水平方向位置向左偏应小于或等于170mm,向右偏应小于或等于350mm。

(2)检验前照灯远光照射位置时。对于能单独调整远光光束的前照灯,前照灯照射在距离10m的屏幕上时,要求在屏幕光束中心离地高度,对乘用车为$0.85H \sim 0.95H$(但不得低于前照灯近光光束明暗截止线转角或中心高度),对其他机动车为$0.8H \sim 0.95H$;机动车(装用一只前照灯的机动车除外)前照灯远光光束水平位置要求,左灯向左偏应小于等于170mm,向右偏应小于或等于350mm,右灯向左或向右偏均应小于或等于350mm。检验前照灯远光光束及远光单光束灯照射位置时,在距离屏幕10m处,要求在屏幕上光束中心离地高度,对乘用车为$0.9H \sim 1.0H$,其他机动车为$0.8H \sim 0.95H$;机动车前照灯远光光束水平位置的要求,左灯向左不允许超过170mm,向右不允许超过350mm;右灯向左或向右偏均不不允许超过350mm。

❷ 前照灯发光强度的检验标准

《机动车运行检验技术条件》(GB 7258—2012)规定,机动车每只前照灯的远光光束发光强度应达到要求。测试时,其电源系统应处于充足电状态。

前照灯检验不合格有两种情况:一是前照灯发光强度偏低,二是前照灯照射位置偏斜。

❸ 前照灯发光强度偏低

前照灯发光强度偏低又有下列几种情况。

(1)右前照灯发光强度均偏低。

①查前照灯反光镜的光泽是否明亮,如昏暗、镀层剥落或发黑应予更换。

②查灯泡是否老化,质量是否符合要求,如老化或质量不符合要求,光度偏低者应更换。

③检查蓄电池端电压是否偏低,如端电压偏低,应先充足电再检测。送检汽车普遍存在蓄电池电量不足,端电压偏低的现象。如由蓄电池供电,前照灯发光强度一般很难达到标准的规定;如由发电机供电则大部分汽车前照灯发光强度增加,多数可达到标准规定。

(2)左右前照灯发光强度不一致。检查发光强度偏低的前照灯的反射镜光泽是否灰暗,灯泡是否老化,质量是否符合要求。一般多为搭铁线路接触不良或变光开关接触不良。

(3)所有灯都不亮。蓄电池至总开关之间的火线断路;灯总开关损坏;电源总保险丝熔断;电子自动变光器损坏(对于电子控制前照灯);远光或近光灯的导线都断路或接触不良;前照灯搭铁不良。

(4)远光或近光不亮。变光开关或自动变光器损坏;远光或近光灯导线有一根断路;双丝灯泡的远光或近光灯丝有一根烧断;灯光继电器损坏;传感器损坏。

(5)前照灯灯光暗淡。保险丝松动;导线接头松动;前照灯开关或继电器触点接触不良;发动机输出电压低,用电设备漏电;负荷过大。

(6)灯泡经常烧坏。发电机输出电压过高。

(7)前照灯光束安装位置不当或因强烈振动而错位致使光束照射位置偏斜超标时,应予以调整。前照灯光束照射位置偏斜的调整可在前照灯检验仪上进行。先将左右及上下光轴刻度盘旋钮置于所需要调整的方位上,然后调整被检前照灯的安装螺钉,直至左右指示表及上下指示表指针均指向零点即可。

学习测试

1. 前照灯检测的目的是什么?
2. 对前照灯灯光的检测有哪些要求?四灯制与两灯制的要求有什么不同?
3. 前照灯的光学特性有哪些?
4. 前照灯检测仪有哪些类型?
5. 全自动追踪光轴式前照灯检测仪的检测方法与步骤是什么?

第七章　汽车操纵稳定性的检测

学习目标

1. 掌握汽车操纵稳定性的评价指标；
2. 了解汽车轮胎的侧偏特性；
3. 了解汽车的转向特性；
4. 掌握汽车转向系检测及四轮定位检测。

学习时间

6 学时。

第一节　汽车操纵稳定性的评价指标

一、汽车操纵稳定性定义

汽车在行驶时发生道路交通事故的很大一部分原因是与驾驶员的错误操作和特殊道路情况有关，高速行驶的车辆在遇到外部意外情况时，施加在汽车上的横向加速度作用力对驾驶员的操作提出了更高的要求，此时汽车能够抵抗干扰而保持较高的稳定行驶的能力。

汽车的操纵稳定性有两个互相关联的部分：一是操纵性，操纵性是指汽车能够准确地响应驾驶员转向指令的能力；二是稳定性，稳定性是指汽车行驶时收到外界干扰时保持稳定行驶的能力。两者紧密关联故统称操纵稳定性。

二、操纵稳定性的电子控制系统

防抱死制动系统（ABS）与驱动力控制系统（TCS）都是提高操纵稳定性的电子控制系统。过去一直只限于改进轮胎、悬架、转向与传动系来（被动地）提高汽车固有的操纵稳定性，随着支持控制系统的计算机与传感器、执行机构的迅速发展，出现了多种显著改善操纵稳定性的电子控制系统。

① 四轮转向系统(Four Wheel Steering System,缩写为4WS)

电控4WS汽车转弯行驶时,后两轮也随着前两轮有相应的转向运动。而一般两轮转向(2WS)汽车在中、高速做圆周行驶时,车身后部甩出一点,车身以稍稍横着一点的姿态做曲线运动,增加了驾驶员在判断与操作上的困难。电控4WS汽车的质心侧偏角总接近于零,车厢与行驶轨迹方向一致,汽车自然流畅地做曲线运动,驾驶员能方便地判断与操作,显著地改善了操纵稳定性。图7-1比较了2WS与电控4WS汽车在移线行驶时的路径与车厢姿态。

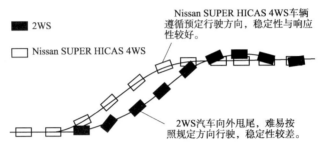

图7-1　2WS与4WS汽车移线行驶的路径与车厢姿态

4WS的有效工作范围是侧向力、纵向力较小的轮胎特性线性区域;TCS的有效工作区是大驱动力附近的极限区域;ABS在大制动力附近的极限区域;VSC在大侧偏力的极限区域。

② 四轮转向汽车的转向特性

1)4WS汽车与2WS汽车转向过程分析

普通两轮转向汽车(2WS汽车)的前轮既可绕自身的轮轴自转又可绕注销相对于车身偏转,而后轮只能自转而不能偏转。当驾驶员转动转向盘后,前轮转向,改变了行驶方向。地面对前轮胎产生一个横向力,通过前轮作用于车身,使车身横摆,产生离心力,使后轮产生侧偏。改变前进方向,参与汽车的转向运动。而4WS汽车的后轮与前轮一样,既可自转也能偏转。当驾驶员转动转向盘后,前、后轮几乎同时转向,使汽车改变行进方向,实现转向运动。2WS汽车在转向时,前轮做主动转向,后轮只是做被动转向。显然,2WS汽车在转向过程中,从转向盘转动到后轮参与转向运动之间存在一定的滞后时间。2WS汽车的这种相位滞后特性使汽车转向的随动性变差,并使汽车的转向半径增大。另外,2WS汽车在高速行驶时,相对于一定的转向盘转角增量,车身的横摆角速度和横向加速度的增量增大,使汽车在高速行驶时的操纵性和稳定性变差。而4WS汽车在转向时,前后轮都做主动转向,在转向过程中,灵敏度高、响应快,有效地克服了上述缺点。

2)4WS车的转向方式

根据理论分析研究和大量路试表明,四轮转向能够提高汽车转向的机动灵活性和高速行驶时的操作稳定性。现代4WS汽车就是根据这一指导思想研制的。

一般来说,4WS汽车在转向过程中,根据不同的行驶条件,前、后轮转向角之间应遵循一定的规律。目前,典型4WS汽车前,后轮的偏转规律一般有逆相位和同相位转向两种,如图7-2所示。

(1) 逆相位转向。如图 7-2a) 所示，在低速行驶或者方向盘转角较大时，前、后轮实现逆相位转向，即后轮的偏转方向与前轮的偏转方向相反，且偏转角度随方向盘转角增大而在一定范围内增大（后轮最大转向角一般为 5°）。这种转向方式可改善汽车低速时的操纵轻便性，减小汽车的转向半径，提高汽车的机动灵活性，便于汽车掉头转弯、避障行驶、进出车库和停车场。对轿车而言，若后轮逆相位转向 5°，则最小转向半径可减少约 0.5m。

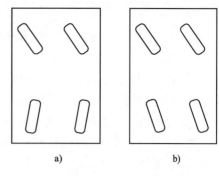

图 7-2　四轮转向汽车的、前后轮偏转规律

(2) 同相位转向。如图 7-2b) 所示，在中、高速行驶或转向盘转角较小时，前、后轮实现同相位转向，即后轮的偏转方向与前轮的偏转方向相同（后轮最大转角一般为 1°）。使汽车车身的横摆角速度大大减小，可减小汽车车身发生动态侧偏的倾向，保证汽车在高速超车、进出高速公路、高架引桥及立交桥时，处于不足转向状态。

3　四轮转向汽车的基本组成及工作原理

4WS 汽车是在前轮转向系统的基础上，在汽车的后悬架上安装一套后轮转向系统，两者之间通过一定的方式联系，使得汽车在前轮转向的同时，后轮也参与转向，从而提高汽车低速行驶的机动性和高速行驶的稳定性。典型的电控 4WS 系统主要由前轮转向系统、传感器、ECU、后轮转向执行机构和后轮转向机构等构成。目前，以电控液压式 4WS 系统应用最多。如图 7-3 所示，转向时，传感器将前轮转向的信号和汽车运动的信号送入 ECU，ECU 进行分析计算，向后轮转向执行机构输出驱动信号，后轮转向执行机构动作，通过后轮转向传动机构，驱动后轮偏转。同时，ECU 进行实时监控汽车运行状况，计算目标转向角与后轮实时转向角之间的差值，实时调整后轮的转角。这样，可以根据汽车的实际运动状态，实现汽车的四轮转向。

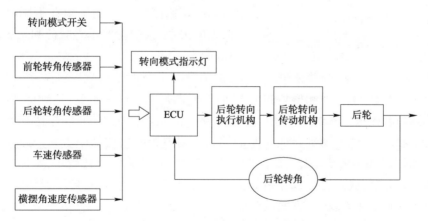

图 7-3　4WS 控制系统工作原理图

现在，有许多 4WS 汽车把改善汽车操纵性能的重点放在提高汽车高速行驶的操纵稳定性上，而不过分要求汽车在低速行驶的转向机动灵活性。其工作特点是低速时汽车只采用前轮转向，只在汽车行驶速度达到一定数值（如 50km/h）后，后轮才参与转向，进行同相位四

轮转向。

与普通的前轮转向汽车(2WS)相比4WS汽车具有以下特点。

1）优点

(1) 转向操作的响应加快,准确性提高;

(2) 转向操作的机动灵活性和行驶稳定性提高;

(3) 抗侧向干扰的稳定性效果好;

(4) 超车时,变换车道更容易,减小了汽车产生摆尾和侧滑的可能性。

2）不足性

(1) 低速转向时,汽车尾部部容易碰到障碍物;

(2) 实现理想控制的技术难度大;

(3) 转向系统结构复杂、成本高。

④ 车辆动力学控制系统

车辆动力学控制(Vehicle Dynamics Control)的缩写是VDC(在美国、日本等国称为VDC,而在欧洲国家称为ESP,Electronic Stability Program,即电子稳定程序),该系统用于在轮胎与路面间达到附着极限的临界工况下,控制车辆和车轮的稳定性。

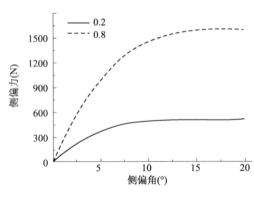

图7-4 轮胎侧向力与侧偏角的关系

汽车在路面上行驶,其附着力要受路面条件的影响,当附着力达到极限时,车辆的动力学性能将发生改变。附着力包括纵向力和侧向力。当纵向力达到附着极限时,将影响车辆的驱动性能或制动性能;当侧向力达到附着极限时,将影响车辆的侧向性能,也就会影响车辆的动力学稳定性能。从轮胎特性方面来说,随着侧偏角的增大,它与侧向力的关系也将发生变化。图7-4所示为某车辆侧向力与侧偏角在不同附着系数路面上的关系,其中轮胎垂直载荷和轮胎的滑转率相同。

从图7-4中可以看出,当侧偏角较小时,侧偏力基本与侧偏角呈线性关系,但当侧偏角达到一定值时,侧偏力不再随侧偏角的增大而增加,而是基本保持不变,达到饱和状态,也就是侧向力达到附着极限。从图7-4还可以看出路面的附着情况不同,汽车达到饱和状态时的侧偏角也不相同,高附着系数路面轮胎的侧向力附着极限要比低附着系数路面高。汽车在路面行驶,时常要做曲线运动,当侧向加速度比较小时,侧偏角也比较小,与侧偏力基本上呈线性关系,但当进行高速转弯或在滑路上转弯时,侧向力接近附着极限或达到饱和状态,车辆的转弯特性将发生改变,一方面汽车处于失控状态,出现转向半径迅速减少或迅速增大的过多转向或不足转向的危险局面,从而导致侧滑、激转、侧翻或转向反应迟钝等丧失稳定性或方向性的危险局面;另一方面使驾驶员不能准确地操纵而引起事故。一般来说,只有当汽车的响应(如横摆角速度等)与转向盘转角满足一种线性关系时,驾驶员才能正确地操纵汽车,而在极限行驶工况时,这种关系已变成一种非线性关系,驾驶员想适应这种关系是很困难的,因此容易引起事故。

车辆在大侧向加速度下,汽车的 $R/R_0 - a_y$ 曲线已发生显著变化,该车的 R/R_0 值在大侧向加速度下迅速地增大,而有些车型的 $R/R_0 - a_y$ 曲线可能向下弯曲,迅速地减小,这时就会出现转向半径迅速增大或减小的危险情况,使车辆丧失稳定性,如图 7-5 所示。

当轮胎特性达到饱和时,轮胎力已接近路面的附着极限,还会引起转向的困难,使车辆不能按驾驶员的操纵行驶。图 7-6 为在某一路面,当车速一定时,转向盘斜坡输入时得到的前轮侧偏角的关系曲线。

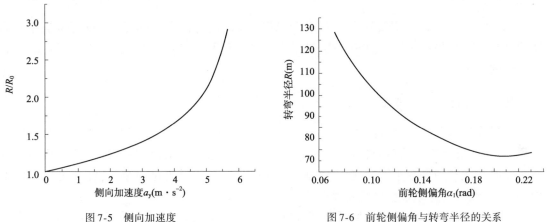

图 7-5　侧向加速度　　　　　　图 7-6　前轮侧偏角与转弯半径的关系

从图 7-6 中可以看出,在开始阶段,随着转向盘角度的不断增加,车辆行驶的转弯半径也不断地减小,但当达到一定值时,轮胎达到饱和特性,其转弯半径不再随转向角的增大而减小,而且还有所增加。这也是比较危险的一种情况:当车辆出现危险情况需转弯躲让时,要求车辆有较快的响应,但当出现这种情况时,尽管驾驶员猛打转向盘,由于已达到附着极限,车辆将不能够按照驾驶员的操纵行驶,也容易造成交通事故。

通过以上分析可以看出,轮胎的非线性特性是使车辆操作性发生变化的根本原因,特别是在高速转弯和地附着系数路面上转向行驶,常常会使车辆失去控制。有关资料表明,有 42% 的交通事故都是由于车辆丧失动力学稳定性造成的。车辆动力学控制系统就是为了避免汽车响应的急剧变化而产生的一直主动安全系统,它还会尽可能减小各种因素对汽车操纵稳定性产生不良影响,如在地附着系数路面上,汽车与预定轨迹的偏移量应尽可能小;汽车载荷、道路状况及侧风等变化都不应该对汽车产生过多的影响等。VDC 系统利用优化控制理论,使驾驶员的操作及转向和制动始终处于最佳的组合状态,并能调节各车轮上的驱动或制动力矩、转向盘转角,从而对已经出现的不稳定状态进行修正,该系统还能防止驾驶员的误操作对行驶稳定性产生的不利影响。

作为车辆的主动安全控制技术,VDC、ABS、ASR 有各自的应用范围和控制方法,但也存在一定的联系。

与 ABS、ASR 相比,VDC 具有以下特点:

(1) ABS/ASR 只把车轮作为控制系统,而 VDC 把整个车辆作为一个控制系统来调节各个车轮的纵向力大小及匹配。

(2) 在汽车处于侧向临界状态时,能够主动辅助驾驶员操纵车辆。

(3)汽车在任何行驶状态下,如紧急制动、部分制动、滑行、加速和轴荷转移等均可使汽车的稳定性及按预定轨迹行驶的能力提高。

(4)当驾驶员由于惊慌而过度转向或过多制动时,该系统能有效地阻止汽车急转。

(5)汽车轮胎与地面附着系数得到更有效的利用。

(6)由于汽车在极限行驶状态时易于操作,驾驶员可将注意力集中到处理可能出现的交通事故上。

(7)车辆的动态特性一般在较高速度下才发生变化,所以 VDC 一般在较高速度下才能启动。

(8)以上是 VDC 的主要特点。VDC 与 ABS/ASR 也有许多共同点,它们之间是相互联系的,VDC 有些功能需要由 ABS/ASR 来完成,所以有很多 VDC 系统是在 ABS/ASR 的基础上开发的。

5 可变动力转向系统

在现代汽车上,转向系统是必不可少的基本系统之一,它也是决定汽车主动安全性的关键总成,如何设计汽车的转向特性,使汽车具有良好的操作性能,是各汽车厂家和科研机构的重要课题。特别是在车辆高速化、驾驶员非职业化、车流密集化的今天,针对更多不同的驾驶人群,汽车的操纵性设计显得尤为重要。

虽然传统的转向特性工作最可靠,但也存在很多固有的缺点,传统转向系统由于转向盘和转向车轮之间的机械连接而产生一些自身无法避免的缺陷:

①汽车的转向特性受驾驶员驾驶技术的影响严重。

②转向传动比固定,使汽车转向响应特性随车速、侧向加速度等变化而变化,驾驶员必须提前针对汽车转向特性幅值和相位的变化进行一定的操作补偿,从而控制汽车按其意愿行驶。这就变相地增加了驾驶员的操纵负担,使汽车转向行驶存在很大的安全隐患。

③液压助力转向经济性差。一般轿车每行驶一百公里要多消耗 0.3~0.4L 的燃料。另外,液压油泄露对环境造成污染。在环保性能被日益强调的今天,这无疑是一个明显的劣势。

1)转向盘力特性

转向盘力是驾驶员输入转向盘用以操纵汽车的力。转向系凭借转向盘(反作用)力。将整车及轮胎的运动、受力状况反馈给驾驶员,不少文献中称这种反馈为驾驶员感受到的路感。驾驶员可以通过手(握住转向盘)、眼睛(观察到的汽车的运动)、身体(承受到的惯性力)及耳朵(听到轮胎在地面滚动时的声音)等来感觉、检查汽车的运动状态,但最重要的信息是来自转向盘反馈给驾驶员的路感。驾驶员在驾驶时,只有及时、方便、准确地掌握汽车的行驶状况,才能有把握地操纵汽车,因此,良好的路感是优良的操纵稳定性中不可缺少的部分,转向盘力在操纵汽车中起到重要的作用。

2)行驶工况对转向盘的要求

转向盘力随汽车运动状态而变化的规律称为转向盘力特性。汽车转向系应具有良好的转向盘力特性才能完美地完成控制汽车。转向盘力特性决定于下列因素:转向器传动比及其变化规律、转向器效率、动力转向器的转向盘操作力特性、转向杆系传动比、转向杆系效率、主销位置、轮胎、地面附着条件、转向盘转动惯量、转向柱摩擦阻力以及汽车整体动力学特性等。

在不同工况下,对操纵稳定性要求的侧重面是不一样的。在低车速、低侧向加速度行驶工控下,汽车因具有适度的转向盘力与转向盘转角,还应具有良好的回正性能考虑到高速行驶时汽车应具有较大的转向灵敏度,转向系总传动比不宜过大。但总传动比不够大,会带来低速行驶转向盘力过于沉重的问题,这可以通过选装合适的动力转向器来解决。在高速、转向盘小转角和低侧向加速度范围内,汽车应具有良好的横摆角速度频率特性、直线行驶能力与回正性能。

转向盘力的大小要适度。特别是随着车的提高,转向盘力不宜过轻而要保持一定的数值;采用随行驶车速而改变转向盘操作力特性的动力转向器,可以显著地改善高速行驶时的转向盘力的品质。图 7-7 所示就是电子控制的油压反馈动力转向器的一组转盘操作力特性曲线。

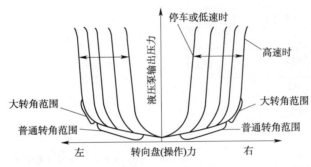

图 7-7　行驶工况对转向盘的要求

3) 电磁助力式转向器

为了提高汽车的操纵稳定性,可在动力转向系统中采用可变转向动力控制机构。车速感应动力转向系统,是依靠车速控制所对应的转向力,通过驾驶员的操作,使车辆操纵性获得提高的系统。驾驶员希望车辆在低速行驶区实现敏捷运行和轻便的操纵力,而在高速行驶区能获得稳定性好的适当略重的操纵力。

下面以磁力动力转向系统为例。电磁助力式动力转向器将普通的转阀与一个双向电磁旋转助力器(微动电机)集合在一起,构成一个有机整体。

如图 7-8 和图 7-9 所示,电磁助力式动力转向器由静止和旋转两个部分构成。静止部分包括外部磁路(壳体 1 等)和励磁线圈 2,励磁线圈 2 紧固在转向器壳体 1 上。旋转部分包括永磁体[图 7-8b)]和齿型组件[图 7-8c)]。永磁体由 30 个磁极构成的永久磁环和塑料保持架 6 组成,并通过注塑连接在阀芯轴上。齿型组件由一个比较大的内齿环 3 和一个较小的齿轮组成。内齿环 3 和内齿环 4 各有 15 个齿轮,齿轮 4 套在内齿环 3 的中心部位,二者齿顶相对,但错开半个齿轮,并且齿顶之间留有一定的间隙[图 7-9a)],内齿环 3 和内齿环 4 用金属板 7 固定结合成一体(齿型磁回路),并固定在阀套上。永磁体插入齿型组件的齿顶间的间隙中,而励磁线圈 2 位于齿型组件的下方。

当驾驶员转动转向盘时,因扭杆产生角位移,使永磁体与齿型组件之间既产生相对转动,又随转向盘一起旋转。当电子控制器感受车速信号并发出适合这一车速的电流指令时,电磁助力器的励磁线圈 2 接受这一电流后,根据电流的大小和方向,产生相应的磁通量,在磁力线通过齿型组件时,齿顶端部出现了磁极[图 7-9b)、c)],这些磁极与永久齿环 5 的磁极相互作用,使永磁体和齿型组件之间的作用力增加(加大扭杆刚性)或减小(减小扭杆刚性),从而改变了操作转向盘的转向力(增大或减小)。图 7-9b)所示为永久磁环 5 和齿形组件的展示示意图。若励磁线圈 2 为右旋绕组,则当通过正向电流时,按右手定则磁力线应是自下而上由中心向外环流,将齿轮 4 的齿顶端部磁化成 N 极,内齿环 3 的齿顶端部磁化为 S 极,这两种磁极分别与永久磁环 5 的磁极发生磁力作用(同性相斥,异性相吸),其结果使永久磁环 5 处于稳定状态。若想使永久磁环离开此平衡位置(即与齿型组件产生相对转移),需要克服电磁力的作用才能实现,故增加了转向阻力,使车辆高速运行更加稳定。与此相反,当励磁线圈 2 通过负相电流时[图 7-9c)],使永久磁环 5 处于不稳定的中间状态,略有外力作用便产生相对运动,故起到转向助力作用,使低速或停车转向时更加轻便和机动。

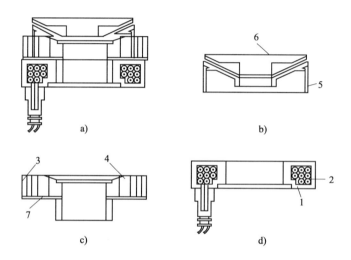

图 7-8 电磁助力式动力转向器

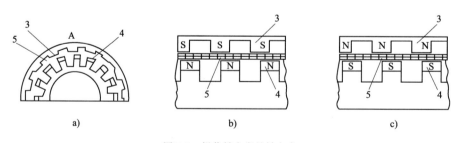

图 7-9 操作转向盘的转向力

第二节 汽车侧滑的检测

侧滑一般是指车轮在前进的过程中的横向滑移现象。造成侧滑的原因,既可能是由车轮定位(即车轮各个角度参数)不适合所引起的,也可能是由于紧急制动时车轮"抱死"所造成的。对于后一种情况,在有关制动检测的章节中已作过介绍,这里仅讨论由于前轮定位不当导致的侧滑问题。

为了保证汽车具有良好的操纵稳定性,前轮所在平面以及主销轴线总是设计成与汽车的纵向或横向铅垂面呈一定角度。这些角度参数包括主销内倾角、主销后倾角、前轮外倾角和前轮前束,合称前轮定位参数。

前轮外倾角如图7-10所示。其作用一方面是为了避免汽车承重后,前梁变形引起前轮出现内倾,从而加速轮胎的磨损和加大轮毂外侧轴承负荷。同时,有了外倾角也可以适应拱形路面。

车轮有了外倾角以后,在滚动时,就会类似于圆锥的滚动,出现两个车轮企图向各自的外侧滚开的趋势。由于受到横直拉杆和车桥的约束不可能向外滚开,于是车轮将在地面上出现边滚边滑(向内)的现象,从而增加轮胎磨损。

为了消除前轮外倾带来的不良后果,在安装前轮时,人为地使两轮中心平面不平行。在沿前进方向上,两轮前端距离小于后端距离。如图7-11所示,B与A之差就称为前束值。

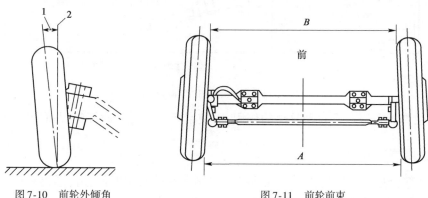

图7-10 前轮外倾角
1-前轮外倾角;2-地面垂线

图7-11 前轮前束

由于前束的作用,前轮在前进时,两轮力图向内侧滚动。同样,由于机械上的约束,车轮不可能向内侧滚动,这就又出现了车轮边滚动边向外滑的现象(或存在这种倾向)。

为保证汽车转向轮无横向滑移的直线滚动,要求车轮外倾角和车轮前束有适当配合。当车轮前束值与车轮外倾角匹配不当时,车轮就可能在直线行驶过程中不做纯滚动,产生侧向滑移现象。侧滑量过大,会引起汽车行驶方向不稳、转向沉重,增加轮胎磨损,加大燃油消耗,甚至会导致交通事故。因此,在对汽车的定期检验中,侧滑检验是必不可少的检验项目之一。

一、双板联动式侧滑试验台的结构

侧滑实验台是使汽车在滑动板上驶过时,用测量滑动板左右移动量的方法来测量前轮侧滑量的大小和方向,并判断是否合格的一种检测设备。目前,在国内实用的侧滑检验台有单板侧滑试验台和双板联动式侧滑试验台,这里以双板联动式侧滑试验台为例进行介绍。

侧滑试验台主要包括机械和电气两大部分。机械部分主要有滑板、联动机构以及滚轮、弹簧等,电气部分主要有传感器、信号放大处理电路以及指示仪表等。侧滑试验台种类较多,不过其机械部分大同小异,主要差别在于电气部分。

① 机械部分

机械部分的结构原理见图7-12。两块滑板分别支承在各自4个滚轮上,每块滑板通过与其连接的导向轴承在导轨内滚动,从而保证滑板能够沿左右方向滑动而限制了其纵向的运动。左右滑板通过中间的三连杆机构连接,从而保证两块滑板做同时向内或纵向的运动。相应的位移量通过位移传感器转换成电信号,经放大处理后送到指示仪表。

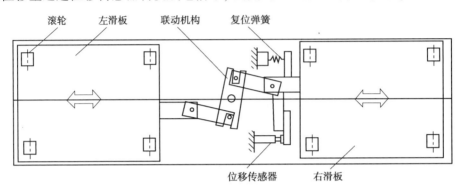

图7-12 双滑板式侧滑实验台结构示意图

复位弹簧可以起到自动复位的作用,以使滑板在不受力时能够保持中间位置(零位)。

② 电气部分

电气部分按传感器的种类不同而有所区别。目前常用的位移传感器有电位计式和差动变压式两种。早期的侧滑台也有用自整角电机的,现已很少使用。

(1)电位计式测量装置。其原理非常简单,将一个可调电阻安装在侧滑检验台底座上,其活动触电通过传动机构与滑板相连,电位计两端输入一个固定电压(如5V),中间触电随着滑板的内外移动也发生变化,输出电压也随之在0~5V变化,把2.5V左右的位置作为侧滑台的零点。如果滑板向外移动,输出电压大于2.5V,达到外侧极限位置输出电压为5V;滑板向内移动,输出电压小于2.5V,达到内侧极限输出电压为0。这样仪表就可以通过A/D转换将侧滑传感器电压转换成数字量,并送入单片机处理,得到侧滑量的大小。

(2)差动变压器式测量装置。其原理与电位计式类似,只是电位计式输出一个正电压信号,而差动变压器式输出的是正负两种信号。把电压为0时的位置作为零点。滑板向外移动输出一个大于0的正电压,向内移动输出一个小于0的负电压。同样,仪表就可以通过A/D转换将侧滑传感器电压转换成数字量,并送入单片机处理,得出侧滑量的大小。

③ 指示仪表

指示仪表可大致分为指针式和数字式两类。前面提到的自整角机式测量装置一般连接指针式仪表,而差动变压器式则多连接数字式仪表。目前,检测站普遍使用的是数字式仪表。数字式仪表多为智能化仪表,实际上它往往就是一个单片机系统,因而具有较强的功能。不过指针式仪表也有结构简单、维修方便且很直观等优点。

④ 释放板的作用

《机动车安全检验项目和方法》(GB 21861—2014)要求侧滑台具有车轮应力阻碍滑板移动,从而使滑板位移量小于实际值。

因此,近来陆续出现了前后带应力释放板的侧滑台,以保证车轮通过中间滑板(带侧滑量检测传感器)时能得以准确测量。因进车时的应力释放对侧滑量造成的影响比出车时大得多,考虑到成本因素,目前在进车方向带释放板的侧滑台较多。

二、双板联动式侧滑检验台的测量原理

为了分析方便,我们首先分别分析前轮前束和前轮外倾对侧滑的影响,再看二者共同作用的综合效果。

① 由前束引起的侧滑作用

如图 7-13 所示,让带有前束的前轮驶过只能横向移动的滑板。由于前束的存在,每个车轮都将一边滚动、一边向外侧推动的距离应该既与前束的大小有关,又与车轮走过的距离有关。若在车轮滚过一段距离 D 之后,两块滑板外侧之间的距离由 L_1 变为 L_2,那么滑板总的滑移量是 $L_2 - L_1$,其中 $L_2 > L_1$。平均每个车轮的滑移量就是 $(L_2 - L_1)/2$。

应当指出,滑移量的出现是左右两个车轮共同作用的结果。不论两轮的偏斜情况是否对称,都不会影响以上的分析。

由于滑移量的大小与车轮驶过的距离有关,因此定义侧滑量是每驶过单位距离引起的单轮横向滑移量,从而由前束引起的侧滑量为

$$S_1 = \frac{L_2 - L_1}{2D} \quad (\text{mm/m}) \tag{7-1}$$

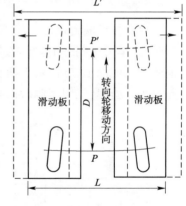

图 7-13 前束引起的侧滑作用

式中:S_1——每前进 1m 时横向滑移的距离,mm。

② 由前轮外倾引起的侧滑作用

如图 7-14 所示,若让仅有前轮外倾而无前束的车轮驶过滑板,由于前轮外倾力图使车轮边滚边散开的作用受到约束,前束只能边滚边向内侧滑移,从而推动滑板向内侧移动。

与前面的分析相似,若车轮驶过距离为 D,滑板外侧间的距离由 L_1 缩短为 L_2,那么滑板总的滑移量是 $L_2 - L_1$,注意其中 $L_2 < L_1$。平均单边的滑移量仍是 $(L_2 - L_1)/2$。则前轮外倾引起的侧滑量为:

$$S_2 = \frac{L_2 - L_1}{2D} \quad (\text{mm/m}) \tag{7-2}$$

其中,S_2 为负值。

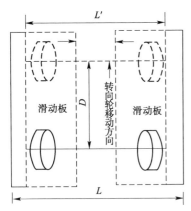

图 7-14　前轮外倾引起的侧滑作用

3 总的侧滑量

由前轮外倾和前束引起的侧滑作用相反,总的侧滑量为:

$$S = S_1 + S_2 = \frac{d}{D} \quad (\text{mm/m}) \quad (7-3)$$

式中:d——滑板单边滑移量,mm;

　　　D——滑板沿前进方向的宽度,m。

由于 S_1 为正而 S_2 为负,故总的滑移量为二者的代数和。这里请注意:

(1) 侧滑现象是左右两个车轮共同造成的,侧滑量规定为每个轮侧滑量的平均值。

(2) 侧滑量是有符号的,滑板向外滑时为正,表示前束的影响较大;反之滑板向内滑为负,表示前轮外倾的影响较大。

三 单滑板侧滑试验台的工作原理

单滑板试验台仅用一块滑板,检验时仅有一侧车轮从滑板上驶过,另一侧车轮则从地面上驶过,单滑板侧滑试验台的测量原理如图 7-15 所示。假设汽车左前轮从滑板上驶过,右前轮则从地面上驶过,由于两轮在试验中所处的地位不同,我们分两种极端情况进行分析,并且为了简单,先假定侧滑仅由前束造成。

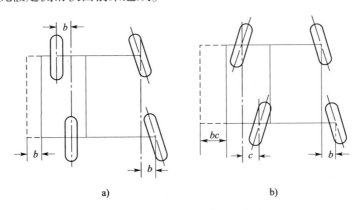

图 7-15　单滑板侧滑试验台的工作原理

1 左轮正直,右轮有偏斜

如图 7-15a) 所示,假设左轮与汽车纵向平面完全平行,右轮调前束时有偏斜。这是一种不对称的前束。因右轮行驶时有内侧滚动的趋势,而左轮走在滑板上,右轮的内滚趋势受不到什么约束(在此忽略一些次要因素,如其汽车行驶的惯性及滑板相对底座的摩擦力等),这样滑板在右侧车轮的侧向推力作用下会向左移动一段距离 b。事实上,在这种情况下,汽车的行驶方向也会向左偏斜。可以认为,此时滑板的滑移是右轮造成的。

② 右轮正直，左轮有偏斜

如图 7-15b)，由于右轮完全正直，又走在地面上，它与地面之间的附着力远远大于滑板与底座间的摩擦力。毫无疑问，汽车会按照直线行驶。而左轮走在滑板上的这段时间里，左轮向内侧滚动的趋势却受到约束，所以左轮只能边走边将滑板推向左侧，滑板便会形成滑移量 c。这和前面分析前束作用时的道理是一样的。所以在这种情况下滑板的滑移是由左侧车轮造成的。

③ 总的效果

在左、右车轮都有偏斜（也不论这种偏斜是由前轮外倾还是前束造成的）的情况下，据前面分析可知，滑板的总滑移量应是左右两轮共同作用的结果。具体侧滑量的计算方法与双滑板时类似，即有：

$$S = \frac{b+c}{2D} \quad (\text{mm/m}) \tag{7-4}$$

需要补充说明的是，由于双滑板与单滑板侧滑试验台的结构不同，测量机理也不同，难免造成实际测量时的误差（包括系统误差和随机误差）也常有不同。

理论分析可以证明，不论左、右两侧的车轮偏斜情况是否对称，也不论这种偏斜是由前轮外倾还是前束造成的，所测量的总滑移量都是左右两轮共同作用的结果。所以单滑板与双滑板的测量效果是一样的。具体侧滑量的计算方法与双滑板时也是类似的。

四、侧滑试验台的操作

① 使用前的准备

(1) 对于指针式仪表，要预先检查机械零点再接通电源；对于数字式仪表，要按照说明书要求进行通电预热。

(2) 接通电源后，将滑板左右推动几下，待滑板静止后，检查滑板是否完全复位，看仪表指示是否为零。

(3) 汽车轮胎保持标准气压。

(4) 检查汽车轴重，不要超过试验台的承载能力。

② 测量步骤

(1) 将对正试验台，并使转向盘处于正中位置。

(2) 使车辆沿试验台板上的指示线以 3~5km/h 车速平稳驶过试验台。在行进过程中，不得转动转向盘，也不得进行制动。

(3) 待车辆完全通过试验台后，读取仪表指示的最大值。注意侧滑量的正负号。进行记录时，应遵循如下约定：滑动板向外侧滑动，侧滑量记为负值，表示车轮向内侧滑动（即 IN）；滑动板向内侧滑动，侧滑量记为正值，表示车轮向外侧滑动（即 OUT）。

3 使用维护注意事项

(1)车辆通过侧滑试验台式,不得转动转向盘。
(2)不得在侧滑台上制动或停车。
(3)勿使轴荷超过检验台允许载荷的汽车驶到检验台上,以防压坏机件或压弯滑动板。
(4)不要再检验台上进行车辆维修维护工作。
(5)清洁时,不要让水或泥土带入试验台。应保持侧滑台滑板下部的清洁,防止锈蚀或阻滞。

侧滑试验台长期使用后,由于零件磨损等原因会造成精度下降。为保持测量精度,必须对试验台进行定期检定调整。检定调整工作按有关国家标准进行。

五 侧滑试验台的维护和调整

1 侧滑试验台的维护

(1)使用前清除试验台盖板及滑板上的油、水、泥、砂等杂物,检查活动滑板运动是否灵活。
(2)每月检查连杆机构的工作状态,各接触部位不得有移动和窜动等不良现象。
(3)当不检测时,应将滑板锁止,待测试时再打开。
(4)每三个月检查测量机构的杠杆及回位情况,如果杠杆动作不够灵活,需进行清洁与润滑,并调整复位弹簧拉力。
(5)每六个月检查滑动板下面的滚轮。轨道并清洁泥垢,紧固润滑。维护方法为拆下滑板,用溶剂清除滚轮。轨道等处的旧油,再涂上新润滑油。对磨损严重的滚轮。导向轴轨道等可据情更换。

2 侧滑试验台的调整

在对侧滑试验台进行检定时,往往会发现示值超差。造成超差的原因主要有两个方面:一是机械方面的原因,主要是滑动板及联动机构等机械构件在制造过程中存在隐藏缺陷,以及长期使用后机件磨损,间隙增大所致;二是电气方面的原因,测试仪表内的电子器件日久老化,或作用过程中的操作不慎而造成零点漂移或阻值变化,或部分元件损坏所致。出现超差后的调整方法如下。

1)调整仪表零点
侧滑台显示仪表依据仪表类型可分为两种调整零点形式:
(1)电零位调整。利用仪表上的零点调整电位器,改变电阻值的大小进行调整。
(2)机械零位调整。当电零位调整仍无法将仪表指针调零时,可通过机械的方法调整。如改变传感器的安装位置,改变滑臂转动角度(对于旋转电位器)或调整复位弹簧预紧力(对机械指针式显示仪表)等。

2)调整示值超差
当侧滑台左右滑动板的示值偏大或偏小时,可通过仪表板上增益电位器进行调整。有些侧滑台的仪表板上设有两只调整增益用的电位器,对滑动板的向外(IN)和向内(OUT)可分别进行调整。在检定中常发现,由于联动机构间隙过大或轴承松旷,会造成仪表示值超差。在此情况下,应注意恢复机构配合间隙。如适当增加调整垫片或对轴承底圈进行镀铬修复等,以及改变调整螺母的松紧度以消除间隙,必要时也可更换磨损严重的轴承等易损件。

3) 调整报警判定点超差

由于报警点规定在 5m/km 点,因此报警判定点超差必然是 5m/km 点示值误差超差所致。有些仪表上有电位器调整点,通过它可以方便地进行调整。当无此电位器调整点时,可用机械调整方法来解决。对于数字式仪表无须调整,可由示值精度予以保证。

4) 调整动作力超差

滑动板动作力超差时,可以通过调整复位弹簧预紧力或更换复位弹簧解决。在测定滑动板动作力时,常可发现在滑动板移动过程中,动作力不均匀,当滑动板移到某一点时,动作突然增加,造成动作力超差。其主要原因是滑动板卡滞。

六、汽车转向盘自由行程和转向力的检测

转向盘自由转动量,是指汽车转向轮保持直线行驶位置静止不动时,轻轻左右晃动转向盘测得的游动角度。转向盘的转向力,是指在一定行驶条件下,作用在转向盘外缘的圆周力。这两个诊断参数主要用来诊断转向轴和转向系中各零件的配合状况。该配合状况直接影响到汽车的操纵稳定性和行车安全性,因此对于在用车辆应对上述两项参数进行检测。

1. 用转向参数测量仪检测转向盘自由转动量和转向力

国产 ZC-2 型转向参数测量仪是以微机为核心的智能仪器,可测得转向盘自由转动量和转向力。该仪器由操纵盘、主机箱、连接叉和定位杆四部分组成,如图 7-16 所示。操纵盘由螺钉固定在三爪底板上,底板经力矩传感器与三个连接叉相连,每个连接叉上都有一只可伸缩长度的活动卡爪,以便与被测转向盘相连接。主机箱为一圆形结构,固定在底板中央,其内装有接口板、微机板、转角编码器、打印机、力矩传感器和电池等。定位杆从底板下伸出,经磁力座吸附在驾驶室内的仪表板上。定位杆的内端连接有光电装置,光电装置装在主机箱内的下部。测量时,把转向参数测量仪对准被测转向盘中心,调整好三个连接叉上伸卡爪的长度,与转向盘连接并固定好。转动操纵盘,转向力通过底板、力矩传感器、连接叉传递到被测转向盘上,使转向盘转动以实现汽车转向。

力矩传感器将转向力矩转变成电信号,而

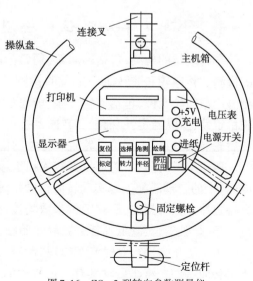

图 7-16 ZC-2 型转向参数测量仪

定位杆内端连接的光电装置则将转角的变化转变成电信号。这两种电信号由微机自动完成数据采集、转角编码、运算、分析、存储、显示和打印。因此,使用该测量仪既可测得转向盘的转向力,又可测得转向盘的自由转动量。

② 转向盘自由转动量和转向力检测方法

(1)测量时,应使汽车的两转向轮处于回正状态,将车停稳,固定转向参数测量仪。
(2)调整转向参数测量仪的角度和扭矩的零点。
(3)轻轻向左(或向右)转动转向参数测量仪的操纵盘至某一侧的极限位置(刚克服完自由间隙时的位置),记录角度值,然后再旋转至另一侧的极限位置,记录角度值,两个角度值的绝对值之和就是转向盘的自由转动量。

③ 转向力检测方法

(1)汽车转向轮置于转角盘上,安装、固定好转向参数测量仪。
(2)调整转向参数测量仪的角度和转矩的零点。
(3)转动转向参数测量仪的操作盘使转向轮达到原厂规定的最大转角,记录全过程中转向力矩的最大值。然后再除以转向盘的直径就得到了最大转向力。

检测时,注意车轮能否转动到极限位置或是否与其他部件发生干涉现象。

第三节　汽车纵向稳定性及四轮定位的检测

随着道路条件的改善,现代轿车的行驶的速度愈来愈高,有许多高档轿车都设置了四轮定位。对于前轮驱动汽车和独立后悬挂汽车,如果后轮定位不当,即使前轮定位良好,仍然会有不良的操纵性和轮胎早期磨损,因此对转向系有着特别重要的意义。

一、汽车车轮定位的检测

车轮定位的检测,包括转向轮(通常为前轮)定位的检测和非转向轮(通常为后轮)定位的检测。转向轮和非转向轮定位的检测,即前轮和后轮定位的检测,统称为四轮定位的检测。汽车前轮定位,包括前轮外倾、前轮前束、主销后倾、主销内倾,是评价汽车前轮直线行驶稳定性、操纵稳定性、前轴和转向系技术状况的重要诊断参数。后轮定位主要有后轮外倾和后轮前束,可用于评价后轮直线行驶的稳定性和后轴的技术状况。

四轮定位的前、后轮定位参数依赖于悬架机构有关部件的相互位置在一个统一基准(线或面)上的合理匹配。以实现转向行驶系统的稳定效应,使汽车具有良好的行驶平顺性和操纵稳定性。只有当前、后轮定位参数均按照标准值调整得当时,才能保证汽车转向精确、运行平稳、行驶安全、降低油耗并减轻轮胎磨损。

为了防止高速行驶时汽车出现"激转"及自动转向现象,在结构设计上应确保汽车具有不足转向特性。汽车后轮具有一定程度的外倾角和前束可以使后轮获得合适的侧偏角,从而提高高速行驶的操纵稳定性。如果能对汽车四轮定位参数进行检测,不仅能确定所有车轮定位正确与否,还能确定前轴、后轴、悬架、车架等技术状况,为底盘不解体诊断提供可靠依据,所有四轮定位的检测非常重要。

① 静态检测法

所谓车轮定位的静态检测法,是指汽车在静止的状态下,根据车轮旋转平面与各车轮定位间存在的直接或间接的几何关系,用专用检测设备对车轮定位进行几何角度的测量。使用的检测设备一般有气泡水准式、光学式、激光式、电子式和微机式等前轮定位仪或四轮定位仪(统称车轮定位仪)。

气泡水准车轮定位仪一般由转盘、支架、水准仪等组成由于结构简单、价格低廉、便于携带等优点,在国内汽车维修行业获得了广泛的应用。但是,它也存在安装、测试费时费力和只能检测前轮定位不能检测后轮定位等不足。

光学式车轮定位仪一般由转盘、支架车轮镜和投光装置等组成。投光装置(由投光器和投影屏组成)也像水准仪一样安装在支架上,而支架固定在轮辋上。该定位仪利用光学投影原理,将车轮纵向旋转平面—车轮定位的关系投影到带有指示刻度的投影屏上,从而测得车轮定位值。

激光式车辆定位仪的检测原理与光学式相同,只不过采用的是激光投影系统,因而在强烈的阳光下也能清楚地从投影屏读出数据。

电子式车辆定位仪则是在光学式和激光式的基础上,由投影屏刻度显示变为显示屏数字显示而已。

微机式车轮定位仪比以上几种车轮定位仪先进,目前国内外生产的四轮定位仪多以这种类型为主,它可同时检查前、后轮的车轮定位参数。微机式车轮定位仪采用微电脑技术和精密传感测量技术,并备有完整齐全的配套附件,具有测量准确和操作简便等优点。它一般由微机主机、彩色显示器、操作键盘、传感器、转盘、自中式支架、打印机和遥控器等组成,往往制成可移动台式。它由安装在车轮的传感器把车轮定位角的几何关系转变成电信号,送入微机处理、分析和判断,然后由显示屏显示和打印机打印输出。在测试过程中,可通过操作全功能红外线遥控器,在汽车的任何位置实现远距离地测试控制。

② 动态检测法

所谓车轮定位的动态检测法,是指在汽车以一定的车速行驶的状态下,用检测设备检测车轮定位产生的侧向力或由此引起的车轮侧滑量。为了确知前轮前束和前轮外倾配合是否恰当,可使用动态检测法检测前轮的侧滑量。使用的检测设备有滑动板式侧滑试验台和滚筒式车轮定位试验台两种。目前,国内几乎全部采用滑板式侧滑试验台进行动态检测。滑板式侧滑试验台简称为侧滑试验台。令汽车在滑板上驶过,通过测量滑板左、右方向移动量,来检测前轮侧滑量,并判断是否符合要求。后轮带有外倾和前束的汽车,也可以通过侧滑试验台测得后轮前束与后轮外倾的配合是否符合要求。

二、四轮定位仪的结构和工作原理

下面以天津澳利 E-7000 型四轮定位仪为例说明四轮定位仪的结构与工作原理。

1 四轮定位仪的结构

四轮定位仪整体配置包括:四轮定位仪主机和机箱、传感器、外置接受卡、传感器卡具、传感器充电线、传感器变压器、前轮转角仪、转向盘固定器、制动器、地线杆等。

(1)主机和机箱配置见表7-1。

主机和机箱配置   表7-1

部 件 名 称	规格及标准	部 件 名 称	规格及标准
中央处理器 CPU	赛扬 1.8G	音箱	EW X2
内存	128MHz	显示器	17″纯平 1772ED
硬盘	40GB	键盘	标准
显示卡	4MB	鼠标	3D 机械
声效卡	AC′97	打印机	惠普 DeskJet3538
调制解调器	56KB 内置		

(2)计算机键盘如图7-17所示。

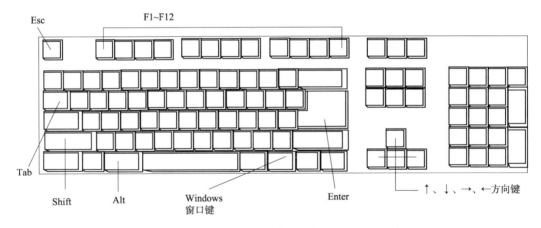

图7-17 计算机键盘

F1-测定调试;F2-客户资料;F3-系统设置;F6-返回初始界面;F12-弹出帮助界面,随时可以使用;Esc-可在初始界面关机;Enter-确定;↑、↓、←、→－方向键,可让光标上、下、左、右移动;F1~F5-测试最常用的键

(3)传感器卡具配置如图7-18所示。

(4)卡具主要部件如图7-19所示。

(5)其他附件还有行车制动器固定器,转向盘固定器,前轮转角仪等。

①行车制动器固定器(图7-20):用于固定整个车,使车辆在测试的时候保持稳定,避免测量数值不准。此附件安装在车辆的行车制动器和座子之间。

②转向盘固定器(图7-21):在检测出数据后把转向盘调正,用此设备将转向盘固定再进行底盘调试。此附件安装在转向盘和座子之间。

③前轮转角仪(图7-22):减轻转动转向盘时的阻力。将车辆的两个前轮分别放在连个转角仪的中心线上,并且与中心线平行。

第七章　汽车操纵稳定性的检测

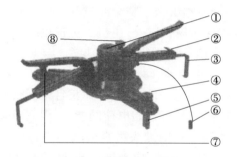

图7-18　传感器卡具配置

①-与传感器接口,将传感器由此口连接在卡具上;②-固定传感器手扭,将传感器用此扭固定在卡具上防止传感器左右转动;③-轮胎卡爪,主要加力部分,左右两个铁钩将抱住轮胎,使卡具牢牢固定在整个轮胎上;④-固定卡具手扭,将卡具调好位置后定住;⑤-卡具爪,整个卡具有三个这样的卡具爪,卡具卡在车轮上时只有这三个爪顶住钢圈;⑥-保险绳,卡好卡具后将保险绳的前端固定在轮胎的气嘴上,防止卡具不慎脱落掉在地上;⑦-右侧调整手扭,松开手扭后可以根据所测车辆的钢圈直径调节相应的尺寸,此动作在卡具卡在轮胎上之前;⑧-左侧调整手扭,功能与右侧调整手扭相同

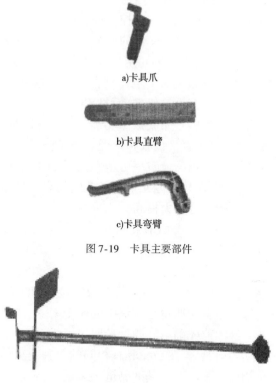

a)卡具爪

b)卡具直臂

c)卡具弯臂

图7-19　卡具主要部件

图7-20　行车制动器固定器

图7-21　转向盘固定器

图7-22　前轮转角仪

❷ 四轮定位仪的工作原理

(1)主机。主机是整个四轮定位仪的核心部件,它负责收集各个传感器传递来的信号,将这些信号整理成数据(即测量数据)并在显示器上显示出来,然后根据测量人员所输入的车型资料从内存中调取相应的规定数据,也在显示器上显示出来,把测量数据与规定数据相比较,即可得出结论;判断哪些定位参数合格,哪些定位参数不合格,并在显示器以表格的形式显示出来;按照内存的方案进行适当的定位调整,调整后再次进行测量,将调整后所得到

的测量数据与调整前所得测量数据连同规定数据一同显示出来。整个测量和调整过程步骤都是在主机的提示和监控下进行的,除了正常的检测操作规程以外,主机还可提供各种附加功能的测试和自身元件的检测、车型资料的编辑、客户档案管理等一系列功能。

(2)传感器。四轮定位仪共有四个CCD电荷耦合传感器,每个传感器上都安装有两个CCD红外测量镜头。电荷耦合传感器具有尺寸大小、工作电压低,使用寿命长且坚固耐冲击及电子自动扫描等优点,而且CCD是一种无增益器件,它具有存储电荷的能力,因而可利用光作为输入信号完成摄像功能。CCD图像传感器的数字式摄像头可直接输出图像的数字量,由计算机直接接收和处理。由于传感器采样是按像元一一对应来进行的,因而在水平和垂直方向的最高分辨率可基本接近CCD芯片的水平和垂直像元数,能充分利用CCD芯片的分辨能力,而且各像元素信号之间的相关性也降低到最低程度,使数字图像在空间频率的高频段的响应也大大提高。

由于数字式CCD摄像头采用数字化模式,因而能够由输出的数字图像直接计算出所需空间的绝对尺寸,其误差是确定且已知的,再加上线性好的优点,输出的数字图像可以达到很高的精确度。

数字式CCD传感器具有数字接口,可以方便地与存储器、计算机或数字处理器(DSP)等连接。电脑化四轮定位仪中的4个CCD传感器就是通过专用的导线与主机相连的。

检测前先确定好测量参照位置,该位置称为"正前打直位置",即根据电脑显示屏的提示转动转向盘,当两前轮具有相同的单独前束值时的车轮位置即为正前打直位置,该位置是以车辆的对称轴线为基准测量出来的。确定基准参照位置后,就开始测量两后轮的前束值与外倾角等定位参数,其测量是由CCD传感器自动完成的。测量数据通过导线传输到主机。

(3)转向10°角时的测量。转向时,内侧车轮与外侧车轮之间存在着角度差,而且这个角度差随着角度的变化而变化,CCD传感器则可测量到为负值的前轮总前束,其测量目的在于检查转向梯形臂的几何关系是否正确。如果转向时的负前束正确,则左右方向的最大转向角相同。在四轮定位仪中,转向时负前束是在内侧车轮转过10°时进行测量的,在其左、右各一次的测量过程中,包括了对前轮前束、注销内倾角、注销后倾角等定位参数的测量。注销内倾角在前束为零或中心位置个别前束相等时进行修正。

(4)前轮外倾角的测量。在四轮定位仪中,前轮外倾角是在两前束值等或每个单独前束为零时进行测量的,CCD传感器将对于基准位置不同的角度成像并传递给主机,主机计算出各自的外倾角的实际值。

三 四轮定位的操作方法

1 上车前的准备

(1)检查车辆:保证汽车空载的状态,去掉不计在整备质量内的物品;注意有的汽车对行李箱、工具箱或油箱油量作出限量要求。

(2)检查轮胎:同轴的轮胎型号、气压、磨损程度是否一致;做车轮动平衡及径向跳动检查;检查胎压;磨损情况;左右胎纹磨损是否接近;轮胎新旧和花纹最好一致。

(3)检查悬架高度:检查地面高度到车设底部的距离,若有问题则可能是减振器或弹簧损坏,查明原因并修复或更换;扭力干式的悬架,其高度可以调整。

(4)检查减振器与滑柱:减振器是否漏油(用眼观察或进行弹跳实验);滑柱上支座轴承间隙是否过大;螺栓是否松动;橡胶衬套或缓冲块是否破损。

(5)检查轴承:是否有由轴承造成的车轮转动异响(判断轴承失效);轴承间隙检查(车轮是否有水平移动量),如有问题必须进行清洁、更换或调整。

(6)检查臂、衬套和球头:摆臂是否弯曲变形;摆臂衬套是否磨损松旷,发现问题必须更换。(注意:检查这一项必须把车辆支起。)

(7)检查转向传动装置及转向拉杆球头:转向传动装置是否弯曲变形,转向拉杆球头是否松旷,发现问题必须更换;转向机构的检查还可以用方向盘的间隙检查。

(8)检查转向稳定杆及衬套:检查横向稳定杆是否变形;稳定杆固定螺栓、隔振垫以及铰链是否磨损,发现问题必须更换(损坏的稳定杆造成的车身过度侧摆,在不平路面会发出咔嗒响)。

❷ 安装卡具和传感器

(1)根据钢圈直径调整好卡具左右两个调整手扭;
(2)调整好卡具的卡爪左右的孔数;
(3)将三个卡具爪与钢圈完全接触;
(4)用手将卡具弯把向轮胎方向推,同时将卡爪左右抱紧轮胎的同一层花纹槽;
(5)把保险绳连接到轮胎的打气嘴上;
(6)将传感器连接到卡具传感器的接口上,固定传感器手扭。

❸ 测量前的准备工作

(1)打开机箱总电源开关。在确保计算机的显示器、音响、主机都已经接好信号线和电源线后,将传感器正确连接到车轮上时,再打开计算机主机的开关。几分钟后,可以在显示器上看到四轮定位仪测试软件的初始界面。

(2)输入登记表格。包括各项客户信息,如姓名、车牌号、委托书号等,以便日后可以调档查询;还有车辆信息,如车轮的尺寸、轮胎气压、花纹深度等。填完表格后,按 F1 键进入"选择制造厂家"界面。

几乎在每个画面都可以看到屏幕下方会有 F1~F5 的按钮,并且有相应的按钮名称,可以通过这些按钮直接实现某些功能。

(3)再按 F1 键,进入"选择车型"界面。从中选择车辆的品牌、生产年份、底盘型号等相应资料。

(4)轮圈偏位补偿。选择好车型资料后,就进入此界面。因为定位仪检测定位参数是以车轮为基准的,如果轮圈或轮胎变形,检测出的数据的额外误差是不可估量的,所以需进行偏位补偿,已将误差控制到最小的范围之内。

(5)再按 F1 键进入"车辆数据"界面。

(6)再按 F1 键进入"车辆下落"界面。

此界面为所选测试车辆准备工作的最后一步。请一定要按照画面提示逐步完成准备工作,否则测试结果会受到影响。

④ 调整前检测

按 F1 进入"主销后倾测定"界面(与按"M"键的功能一样)。

到此步,传感器正式开始传输信号,请不要阻挡传感器之间的信号,否则无法进行测试。

在此界面十几秒钟后,画面和语音都会提示将车轮先右转 10°,打满后画面会自动转动左转 10°,同样打满后系统会提示将车轮回正(回到 0°),车轮偏转的度数可以随时从左右度数框里看到。

动作完成后会自动进入"观察测定值"界面。

此界面标志测量工作已经结束,接下来的就是调整了。通过此界面可以大体上了解所测车辆的底盘状况,让调试人员对测试车辆有一个简单的认识。

⑤ 车轮定位调整

做定位调整前,先用方向盘锁将转向盘固定成水平状,再升起举升机到合适调整的高度,将举升机锁止在水平安全位置。将四个传感器调整为水平状态,再操作定位仪进入定位调整操作。可参照屏幕上显示的数据进行调整,屏幕显示的数据会随时显示当前调整后的参数数据。

双击某个方框中的数据即可对该数字进行放大,方便稍远距离观察。

不同类型的悬架,可调整的参数不一样,调整手段也各不相同,在此不做详细的介绍。

⑥ 新车登录

新车登录是将此设备上没有收集到或者新出的车型添加到设备数据库当中的。当客户要立即使用而且知道所要测试车辆的数据时,就可以使用此项功能把车型的数据添加到车型数据库中。

车型数据添加方法如下:在"选择车型"界面,按 F2 进入"新车登录"界面,这时画面中的所有内容都可以由客户自行修改,修改完毕后按 F1 存盘,然后在"选择车型"界面就可以看到刚刚添加进去的新车型了。注意,输入的数据一定要规范,否则无法存盘。

⑦ 客户资料的存储

在每次测试和调试完毕后,系统都会提示客户是否要将测试的车辆数据进行保存。

如果要保存客户资料,按 F1,否则按 F5。

⑧ 四轮定位仪的使用注意事项和维护

1)汽车车轮定位仪的使用注意事项

因四轮定位仪是一种较精密的检测设备,要求操作人员在使用前需经过专业培训,并且在使用定位仪前应仔细阅读四轮定位仪的产品说明书,以便更好地了解四轮定位仪的操作过程。一般注意事项有:

(1)使用前,检查四轮定位仪所配附件是否与说明书上列出的清单相符。

(2)在安装设备时一定要按照产品说明书上的要求去做。

(3)对于光学式四轮定位仪中的投影仪(或投光器),需要细心维护,并经常进行调整。

(4)传感器是电脑式四轮定位仪的重要元件,使用前要进行校正,以保证测试精度。

(5)传感器在卡盘轴上安装要妥当,在不用时应妥善保存,避免受到损害,电测类传感器在通电前应该将接线安装完毕,不要带电接线,以避免电子振荡,冲击损害器件。

(6)四轮定位仪需移动时,注意不要使其受到振动,否则可能损坏传感器及计算机等部件。

(7)四轮定位仪应按期检验标定,标定工作应在专用标定器具上进行(在购买四轮定位仪时应带专用标定器具和标定程序)。

(8)在用四轮定位仪检测车轮定位角之前,一定要进行车轮传感器安装夹具偏摆补偿操作,否则会引起相当大的测量误差。

(9)在四轮定位仪的安装地点,应在墙上或其他的地方安装一个带熔断器的开关盒,同时要求开关盒内配有四轮定位仪的过载保护装置。

2)汽车车轮定位仪的维护

(1)定期检查主机的开关和外接供电导线的插头是否绝缘良好。

(2)定期检查传感器插座是否锈蚀,其安装轴亦需定期进行润滑,这样可以减少该轴的磨损,以减小测量偏差,忌使用润滑脂。

(3)定期进行传感器标定工作。

(4)定期润滑举升机的导轨和拉索,以减少磨损。

(5)定期检查液压缸的油位和管路密封情况。

(6)定期清洁举升机平台、转角盘和后滑板的表面。

四 检测标准及检测结果分析

1 四轮定位参数检测标准及检测结果分析

1)检测标准

常见车型的前轮定位值见表7-2。

常见车型的前轮定位值   表7-2

车　　型	前轮前束(mm)	前轮外倾	主销后倾	主销内倾
上海桑塔纳	0~2	-10°~30°	30°±30°	5°~12°
BJ2020A	6~10	1°~30°	2°~30°	11°~30°
日产蓝鸟轿车	1~3	0°~15°	0.5°~5°	13°~15°
奥迪A6L轿车	0~2	0°~30°	0°~5°	5°~15°
红旗CA770A	5~7	1°~30°	1°~30°	7°~30°
宝马X5轿车	0~2	0°~30°	0°~8°	5°~10°
奔驰200L	0~2	0°~30°	0°~10°	5°~15°

2）检测结果分析

（1）主销后倾角的故障和调整。主销后倾角失准后，将出现两种类型的故障：一是转向沉重，其原因是主销后倾角过大所致；二是汽车行驶不稳定，路面稍有冲击就会使汽车向一侧倾斜，驾驶员必须要时刻用转向盘校正方向，才能维持直线行驶，这主要是由于主销后倾角过小，车轮自动回正力矩不足所致。主销后倾角的调整，需通过改变悬架系统来实现。因为对于非独立悬架结构而言，车轴左右两端的转向节主销孔并不存在后倾角度，而主销后倾角是在悬架安装后由结构尺寸所保证的。因此，当主销后倾角不符合规定时，在钢板弹簧下部与主轴的接触面之间垫以不同厚度的楔形铁片来调整。当楔形铁片由后向前插入式，车轴整体将向后转动一定角度，使车轴左右两端的转向节主销后倾角加大。当楔形铁片由前向后插入时，与上述情况相反，主销后倾角将减小。

（2）主销内倾角的故障和调整。主销内倾角失准后，如主销内倾角过小，会使汽车行驶稳定性变差，不易保持直线行驶，转向盘操纵频繁，而且转向沉重。

主销内倾角的保证，对于不同的悬架，其方式不同，非独立悬架的车轴左右两端的转向节主销孔有固定的内倾角度值。因此，内倾角不符合规定时，须对前轴进行校正。对于独立悬架的汽车，主销内倾角与车轮外倾角可通过调整摆臂长度来实现。调整主销后倾角，可通过转动上摆臂轴来实现；而车轮外倾角则通过调节加在上摆臂轴与固定支架之间的垫片来调整。独立悬架的主销内倾角和车轮外角是由转向节的结构确定的，因此，调整过车轮外倾角后，主销内倾角也就随之确定下来，无须另作调整。

（3）车轮外倾角的故障和调整。车轮外倾角过大或过小，都会加剧轮胎的偏磨损。外倾角过大，轮胎外侧偏磨损严重；外倾角过小，轮胎内侧偏磨损增加。另外，车轮外倾角过小，还会引起转向沉重。

当车轮外倾角不符合规定时，须检查轮毂轴承是否松旷，转向节铜套是否磨损和转向节轴是否变形等，根据故障情况可予修复或更换。

（4）前束的故障与调整。车轮前束失准时，过大或过小都将引起轮胎偏磨损，影响轮胎使用寿命。前束过大，车轮外侧磨损严重；前束过小，车轮内侧磨损加快。

车轮前束值的大小可通过改变转向梯形机构的槽拉杆长度来实现。调整时，须先松开横拉杆长度锁紧螺母，然后用管钳转动调整螺母套管。该套管左右两端螺旋线方向相反，转动时可使横拉杆向两端伸长或缩短，以此来调节横拉杆的长度。

❷ 侧滑检测标准及检测结果分析

1）检测标准

《机动车运行安全技术条件》（GB 7258—2012）规定：汽车的车轮定位应符合该车有关技术条件。车轮定位值应在产品使用说明书中标明。对前轴采用非独立悬架的汽车，其转向轮的横向滑移量，用侧滑台检测时侧滑量值应在±5m/km之间。规定侧滑量方向为外正内负。

2）检测结果分析

车轮侧滑检测的是车轮前束和车轮外倾的综合作用，与轮胎的异常磨损、车辆行驶的稳定性和安全性有密切的关系。在检测中，如果向外滑超标，表明前束过大；如果向内滑超标，表明前束过小。需要强调的是，侧滑检测的是车轮前束和车轮外倾的综合作用，绝大多数情况下侧滑不合格都可以通过调整前束来解决,但侧滑合格并不一定说明车轮定位符合设计要求。为了保障行车安全,建议通过系统定位调整来解决侧滑不合格问题。

3 转向盘的最大自由转动量和转向力检测标准及检测结果分析

1)检测标准

转向盘的最大自由转动量。最大设计车速大于或等于100km/h的汽车为10°~15°;三轮汽车为45°;其他机动车为30°。

2)转向力

①路试检测:汽车空载在平坦、干燥、清洁的硬路面上以10km/h的速度在5s之内沿螺旋线从直线行驶过渡到直径为25m的圆周行驶,施加于转向盘外缘的最大切向力不得大于150N(GB 7258—2012规定为245N)。

②原地检测:汽车转向轮置于转向盘上,转动转向盘使转向轮达到原厂规定的最大转角,在全过程中用转向力测试仪测得的转动转向盘的操纵力不得大于120N。

3)检测结果分析

转向盘的转动阻力是评价转向盘转动是否灵活、轻便的量化指标。转动阻力大,即转向沉重,会增加驾驶员的劳动强度,影响行车安全。转向盘转动阻力一般用弹簧秤拉动转向盘的轮缘检测。转向盘自由转动量是评价转向是否灵敏。操纵是否稳定的指标。如转向盘自由转动量超过《机动车运行安全技术条件》(GB 7258—2012)规定的要求,在行驶中,要用较大幅度转动转向盘,才能控制车辆的行驶方向,且在直线行驶时感到行驶不稳定,严重影响行车安全。

转向盘自由转动量、最大转向力超标主要有以下几个方面的原因:

(1)轮胎气压过低;

(2)前轮定位不正确、前轮轴承磨损;

(3)转向系万向节磨损、悬架臂球头磨损、转向柱卡滞、滑叉磨损;

(4)转向系机械结构间隙过大。

学习测试

1. 轮胎的侧偏特性定义?侧偏的因素有哪些?
2. 汽车的稳定转向特性有哪几种?各自特点是什么?影响汽车稳态转向特性的主要因素有哪些?
3. 典型4WS汽车前、后轮的偏转规律是什么?
4. 四轮定位仪能检测哪些项目?
5. 四轮定位的检测方法和检测、调整步骤是什么?
6. 车轮的侧滑因素是什么?
7. 侧滑试验台有几种结构形式?单板式侧滑台检验步骤是什么?

第八章 汽车舒适性的检测

学习目标
1. 能正确叙述汽车行驶平顺性以及改善途径；
2. 能够正确叙述汽车空气调节性能要求以及汽车居住性要求；
3. 能够用车轮动平衡仪检测车轮的动平衡。

学习时间
4学时。

汽车的舒适性是指行驶中的汽车对其乘员身心影响程度的评价。舒适性的好坏，主要取决于行驶平顺性、噪声、空调调节和居住性等因素。

长期以来，各汽车制造厂家都在积极采取改进措施，以提高汽车的舒适性。对轮胎、悬架进行改进，以减少路面不平对乘员和货物的冲击；降低发动机噪声、采取隔声技术等以减小车内噪声；改善车内换气及温度调节，以使车内保持清新的空气，适宜的温度；尽可能将座椅、转向盘、仪表、操纵杆等合理布置在有限的空间内，以适应各种人体特征的要求。

第一节 汽车行驶平顺性

汽车行驶平顺性，是指汽车在一般行驶速度范围内行驶时，能保证乘员不会因车身振动而引起不舒服和疲劳的感觉，以及保持所运货物完整无损的性能。因此，平顺性主要根据主观感觉的舒适性来评价。

一、汽车振动及传递

行驶中的汽车是个复杂的"振动系统"，振动主要是由行驶路面的凹凸不平、高速旋转的轮胎和传动轴以及发动机的扭矩变化而激发的。这些因素引起的振动大多与车速有关，尤其是路面凹凸不平引起的振动，随着车速的变化，振动的频率和强度也会产生相应的变化。

因路面、轮胎产生的振动，先传到悬架，受悬架自身的振动特性影响后再传给车身，通过车身传到乘客的脚部，同时通过座椅传给乘客的臀部和背部，还通过转向系，以转向盘抖动的形式传到驾驶员手部。

因发动机、传动系产生的振动,通过支承发动机、变速器和传动轴的缓冲橡胶块,经衰减后传给车身,再经上述途径传到人体各个部位。

二 人体对振动的反应

机械振动对人体的影响,取决于振动的频率、强度、作用方向和持续时间,而且每个人的心理与身体素质不同,对振动的敏感程度有很大差异。人体对上、下振动忍耐性最强,其次是前、后振动,对左、右振动最敏感。人体上、下振动的共振点为 4~81Hz,水平振动的共振点为 1~2Hz。如果在共振点上加振,人的抗振能力会严重下降。

研究汽车平顺性实际上要解决两方面的问题:一是如何避免汽车这个"振动系统"的共振现象;二是使"振动系统"输出的振动频率避开人体敏感的范围,振动加速度不超过人体所能承受的强度。

三 汽车行驶平顺性的评价指标

汽车行驶平顺性的评价方法,通常是根据人体对振动的生理反应及对保持货物完整性的影响来制订的,并用振动的物理量,如频率、振幅、加速度、加速度变化率等作为行驶平顺性的评价指标。

目前,常用汽车车身振动的固有频率和振动加速度评价汽车的行驶平顺性。试验表明,为了保持汽车具有良好的行驶平顺性,车身振动的固有频率应为人体所习惯的步行时,身体上、下运动的频率。它为 60~85 次/min(1~1.6Hz),振动加速度极限值为 0.2~0.3g。为了保证所运输货物的完整性,车身振动加速度也不宜过大。如果车身加速度达到1g,未经固定的货物就有可能离开车厢底板。所以,车身振动加速度的极限值应低于 0.6~0.7Hz。

① 平顺性评价指标

在综合大量资料基础上,国际标准化组织 ISO 提出了《人体受全身振动影响的评估》(ISO 2631—1997)。该标准用加速度均方根值给出了在中心频率 1~80Hz 振动频率范围内人体对振动反应的三种不同的感觉界限。

ANSI/ISO 2631 用加速度均方根值给出了人体在 1~80Hz 振动频率范围内对振动反应的三个不同感觉界限:舒适—降低界限 T_{CD}、疲劳—工效降低界限 T_{FD} 和暴露极限。

舒适—降低界限 T_{CD} 与保持舒适有关。在此极限内人体对所暴露的振动环境主观感觉良好,并能顺利完成吃、读、写等动作。

疲劳—工效降低界 T_{FD} 与保持工作效率有关。当驾驶员承受振动在此极限内时,能正常地进行驾驶。

暴露极限通常作为人体可以承受振动量的上限。当人体承受的振动强度在这个极限之内,将保持健康或安全。

三个界限只是振动加速度容许值不同。暴露极限值为疲劳—工效降低界限值的 2 倍(增加 6BD)。舒适—降低界限为疲劳—工效降低界限的 1/3.15(降低 10dB);而各个界限容许加速度值随频率的变化趋势完全相同。一般可以用疲劳—工效降低界 T_{FD} 和降低舒适界限 T_{CD} 为人体承受振动能力的主要评价指标；以 T_{FD} 与 T_{CD} 与车速的关系曲线—车速特性来评价汽车的平顺性。其中轿车和客车用"降低舒适界限"车速特性 $T_{CD}-v$ 来评价，货车用疲劳—工效降低界限车速特性来评价。

图 8-1 所示为在双对数坐标下的垂直和水平方向振动对人体影响的疲劳—工效降低界限。在一定的频率下，随着暴露（承受振动）时间加长感觉界限容许的加速度数值下降。所以可用达到某一界限允许暴露时间来衡量人体感觉到的振动强度的大小。

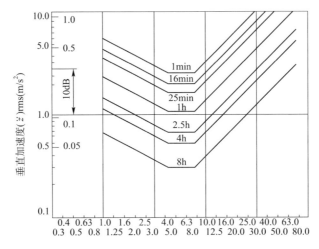

a) 垂直方向

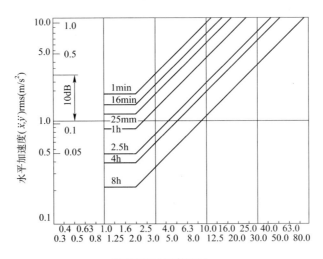

b) 水平方向（x-纵向，y-横向）

图 8-1 ISO 2631 人体对振动反应的疲劳—工效降低界限

由图 8-1 的曲线可知，人体最敏感的频率范围，对于垂直振动为 4～8Hz；对于水平振动为 1～2Hz，在 2.8Hz 以下，同样的暴露时间，水平振动加速度容许值低于垂直振动。频率在 2.81 以上则相反。

② 国家标准对行驶平顺性的评价方法

《汽车平顺性试验方法》(GB/T 4970—2009)规定,用平顺性随机输入行驶试验测定汽车在随机不平的路面上行驶时振动对乘员及货物的影响来评价汽车的平顺性。因为随机输入是汽车行驶中遇到的最基本情况,所以这种试验是评定汽车平顺性最主要的试验。

该标准以加权加速度均方根值a_w作为人体振动评价指标。加权加速度均方根值是按振动方向,根据人体对振动频率的敏感程度而进行加权计算的。用a_{zx},a_{yw},a_{zx}分别表示垂直方向、左右方向和前后方向振动的加权加速度均方根值,或用三轴向加权加速度均方根的矢量和,即总加权加速度均方根值a_w表示。

汽车平顺性可以用评价指标与车速的关系曲线——"车速特性"评价。对试验条件及车速范围做了相应的规定。"车速特性"可以在整个使用车速范围内全面地评价汽车的平顺性。

汽车行驶时偶尔会遇到凸块或凹坑,尽管遇到的概率不多,但过大的冲击会严重地影响平顺性,甚至会损害人体健康,会使运输的货物损坏。《汽车平顺性试验方法》(GB/T 4970—2009)规定,采用单凸块作为脉冲输入,让汽车驶过规定尺寸单凸块,对乘员(或驾驶员)人体及脚步地板处的振动用加权加速度均方根测定坐垫上和座椅底部地板加速度的最大值作为评价指标。

《客车平顺性评价指标及限值》(QC/T 474—2011)用测点位置垂直振动的等效均值L_{eq}来评价客车平顺性。

$$L_{eq} = 20\log\frac{\sigma_w}{10^{-6}} \tag{8-1}$$

式中:L_{eq}——等效均值,dB;

σ_ω——一定测量时间内的加权加速度均方根,m/s²。

城市客车平顺性限值(车速30km/h):

空气悬架$L_{eq} \leqslant 106$dB;其他悬架$L_{eq} \leqslant 115$dB。

其他客车平顺性限值:

车速60km/h:空气悬架$L_{eq} \leqslant 110$dB;其他悬架$L_{eq} \leqslant 112.5$dB。

车速90km/h:空气悬架$L_{eq} \leqslant 113$dB;其他悬架$L_{eq} \leqslant 115$dB。

四 平顺性的影响因素

悬架结构、轮胎、悬挂质量和非悬挂质量是影响汽车平顺性的重要因素。

① 悬架结构

悬架结构主要指弹性元件、导向装置与减振装置,其中弹性元件与悬架系统的阻尼对平顺性影响较大。

1)弹性元件

将汽车车身看成一个在弹性悬架上作单自由度振动的质量时,减少悬架刚度,可降低车身的固有频率,提高汽车行驶平顺性。为此,需要采用软弹簧及低的轮胎气压。但是悬架刚度也不宜过小,否则会引起悬架非悬挂质量高频振动幅值加大,影响操纵稳定性;还会引起紧急制动时汽车"点头"现象,转弯时车身产生较大的侧倾角现象。

对于载荷变化较大的公共汽车和载货汽车,为满足不同载荷对悬架刚度的不同需要,常采用非线性悬架,即变刚度悬架。载荷较小时,悬架刚度小,以避免振动频率过高、平顺性变差;当载荷较大时,刚度急剧增大,使汽车的侧倾和纵向角振动减轻。

为避免出现"共振",前后悬架的固有频率应避开激振频率。另外,由于来自路面的激振先作用于前轮,然后才作用于后轮,为减轻由此引起的纵向角振动,前悬架的固有频率应略低于后悬架,前悬架刚度也应略低于后悬架。

2)阻尼系统的阻尼

为了衰减车身自由振动和抑制车身、车轮的共振以减小车身的垂直振动加速度和车轮的振幅(减小车轮对地面压力的变化,防止车轮跳离地面),悬架系统中应具有适当的阻尼。

在悬架系统中,引起振动衰减的阻尼来源很多。例如,在有相对运动的摩擦副中,轮胎变形时,橡胶分子间产生的摩擦,系统中的减振器、钢板弹簧之间的摩擦等。减振器的阻尼效果最好,可提高汽车行驶平顺性,改善车轮与道路的接触条件,防止车轮离开地面,因而可改善车的稳定性,提高汽车的行驶安全性。改进减振器的性能,对提高汽车在不平路面上的行驶速度有很大作用。

② 轮胎

轮胎对行驶平顺性的影响取决于轮胎的径向刚度、轮胎的展平能力以及轮胎内摩擦所引起的阻尼作用。为了提高汽车行驶平顺性,轮胎径向刚度应尽可能减小。在采用足够软的悬架的情况下,在相当大的行驶速度范围内,低频共振的可能性完全可以消除。但轮胎刚度过低,会增加车轮的侧向偏离影响稳定性,同时还使滚动阻力增加,轮胎寿命降低。

③ 座椅

座椅的布置对平顺性有较大的影响。接近车身中部的座位振幅较小,前、后两端的座位振幅较大,在相同频率下乘员感受到的振动加速度不一致,所以轿车的座位均布置在前、后轴轴距之内。载货汽车和公共汽车为了减小水平前、后方向的振幅,座椅在高度方向上应尽量缩小与重心间的距离。

④ 非悬挂质量

减小非悬挂质量可降低车身的振动频率,增高车轮的振动频率,这样就使低频共振与高频共振区域的振动减小,而将高频共振移向更高的行驶速度,对行驶平顺性有利。

其次减小非悬挂质量,还将引起高频振动的相对阻尼系数增加,因而减振器所吸收的能量减少,工作条件可以获得改善。非悬挂质量可因悬架导向装置形式而改变,采用独立悬架,可使非悬挂质量减小。

常用非悬挂质量与悬挂质量之比 M/m 来评价非悬挂质量对行驶平顺性的影响。比值越小,行驶平顺性越好。对于现代轿车,其值在 $10.5\% \sim 14.5\%$。

总之,影响行驶平顺性的结构参数很多,且其关系错综复杂,必须对这些参数进行综合分析,以便正确选择参数,提高汽车行驶的平顺性。

第二节　汽车悬架装置的检测

悬架装置是汽车的一个重要总成。它是将车身和车轴弹性连接的部件。汽车悬架装置通常由弹性元件、导向装置和减振器三部分组成,其主要功能是:缓和由路面不平引起的振动和冲击,以保证汽车具有良好的平顺性;迅速衰减车身和车桥的振动;传递作用在车轮和车身之间的各种力和力矩;保证汽车行驶时的必要的安全性和操纵稳定性。

汽车悬架装置是保证汽车平顺性的重要总成。同时,汽车悬架对汽车的安全性、操纵稳定性、通过性、汽车燃油经济性等诸多性能都有影响。因此,汽车悬架装置的各元件品质和匹配后的性能,对于汽车行驶性能都有着重要影响。

汽车悬架装置最易发生故障的元件是减振器,而减振器对汽车行驶平顺性和操纵稳定性影响都很大。有研究表明,有 1/4 左右的汽车上至少有一个减振器工作不正常。而有故障的减振器在行驶中会使车轮轮胎有 30% 的路程接地力减少,甚至不与地面接触。其不良后果是:汽车方向发飘,特别是曲线行程难以控制;制动易跑偏或侧滑;车身长时间的余振影响乘坐舒适性;影响车轮轴承、轴接头、转向拉杆、稳定器等部件过载等。

随着道路条件的改善,尤其是高速公路的发展,不仅是轿车,货车和大客车以 100km/h 车速行驶的情况也很常见。现代轿车设计的最高车速都已超过 150km/h,高级轿车超过 200km/h 也不少见。为保证汽车安全行驶,汽车操作稳定性能日益受到重视,是现代汽车倍受重视的使用性能之一。影响汽车操纵稳定性的直接因素固然是轮胎特性,但轮胎与车身相连的部件是悬架装置,其性能和品质的好坏直接影响操作稳定性、平顺性和行驶安全性。所以检测悬架装置的性能,尤其是减振器的工作性能,对于保证汽车乘坐舒适性、操作稳定性和行驶安全性是十分重要的。

在用汽车悬架装置的检测主要是测试减振器性能,因为减振器和与之相连的弹性元件等构成了复杂的系统,在评价减振器性能的同时,也就对悬架装置的性能作出了综合的评价。检测汽车悬架装置主要使用的是悬架装置检测台。

一、汽车悬架装置检测台的结构和工作原理

悬架装置检测台能快速检测、诊断悬架装置工作性能,并能进行定量分析。根据激振方式不同,悬架装置检测台可分为跌落式(图 8-2)和共振式(图 8-3)两种类型。其中,共振式悬架装置检测台根据检测参数的不同,又可分为测力式和测位移式两种类型。我国交通部已发布交通行业标准《汽车悬架装置检测台》(JT/T 448—2001),自 2001 年 12 月 1 日起实施。

1 跌落式悬架装置检测台

测试中,先通过举升装置将汽车升起一定高度,然后突然松开支撑机构,车辆落下产生自由振动。用测量装置测

图 8-2　跌落式汽车悬架装置检测台
1-举升装置;2-测量装置

量车体振幅或者用压力传感器测量车轮对台面的冲击压力,对振幅或压力分析处理后,评价汽车悬架装置的工作性能。

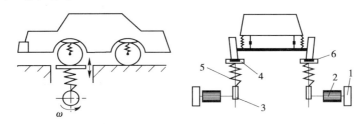

图8-3 共振式悬架装置检测台
1-蓄能飞轮;2-电动机;3-偏心轮;4-激振弹簧;5-台面;6-测量装置

2 共振式悬架装置测试台

通过试验台的电动机、偏心轮、蓄能飞轮和弹簧组成的激振器,迫使试验台台面及其上被检汽车悬架装置产生振动。在开机数秒后断开电机电源,从而由蓄能飞轮产生扫频激振。由于电机的频率比车轮固有频率高,因此蓄能飞轮逐渐降速的扫频激振过程总可以扫到车轮固有振动频率处,从而使汽车—台面系统产生共振。通过检测激振后振动衰减过程中力或位移的振动曲线,求出频率和衰减特性,便可判断悬架装置减振器的工作性能。测力式悬架装置检测台和测位移式悬架装置检测台,一个是测振动衰减过程中的力,另一个是测振动衰减过程中的位移量,它们的结构如图8-4所示。由于共振式悬架装置检测台性能稳定、数据可靠,因此应用广泛。

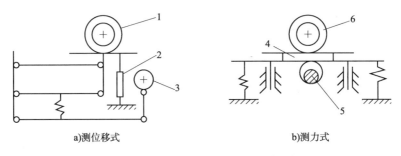

a)测位移式　　　　　　　　　　b)测力式

图8-4 测力式和测位移式悬架检测台结构
1、6-车轮;2-位移传感器;3-偏心轮;4-力传感器;5-偏心轴

二、共振式悬架装置检测台的结构与工作原理

共振式悬架装置检测台一般由机械和电子电气控制两部分组成。

1 机械部分

共振式悬架装置检测台的机械部分由箱体和左右两套相同的振动系统构成,其结构如图8-5所示。图8-5所示为检测台单轮支撑结构。这是因为一套振动系统左右对称,故另一侧省略。每套振动系统由上摆臂、中摆臂、下摆臂、支撑台面、激振弹簧、驱动电机、蓄能飞轮传感器等构成。传感器一端固定在箱体上,另一端固定在台面上。

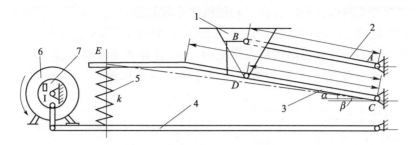

图 8-5　共振式悬架检测台单轮支撑结构简图
1-支撑台面;2-上摆臂;3-中摆臂;4-下摆臂;5-激振弹簧;6-驱动电机;7-偏心惯性结构

上摆臂、中摆臂和下摆臂通过三个摆臂轴和六个轴承安装在箱体上。上摆臂和中摆臂与支撑台面连接,并构成平行四边形的四连杆机构,以保证上下运动时能平行移动,以及台面受载是始终保持水平。中摆臂和下摆臂端部之间装有弹簧。

驱动电机的一端装有蓄能飞轮,另一端装有凸缘。凸缘上有偏心轴。连接杆一端通过轴承和偏心轴连接,另一端和下摆臂端部连接。

检测时,将汽车驶上支撑平台,启动测试程序,驱动电机带动偏心机构使整个汽车—台面系统振动。激振数秒钟达到角频率为 ω_0 的稳定强迫振动后,断开驱动电机电源,接着由蓄能飞轮以起始频率为 ω_0 的角频率进行扫频激振。由于停在台面上车轮的固有频率处于 ω_0 与 0 之间,因此蓄能飞轮的扫频激振总能使共振式悬架装置检测台面系统产生谐振。断开驱动电机电源的同时,启动采样测试装置,记录数据和波形,然后进行分析。处理和评价。

② 电子电气控制部分

共振式悬架装置检测台电子电气控制部分主要由微机、传感器、A/D 转换器。电磁继电器及控制软件等组成。通过传感器测量汽车的振动参数(振动幅值、振动频率、相位差),将采集的数据通过信号放大,低通滤波等前期处理后,将采集信号输入计算机,进行信号处理和分析。控制软件是悬架装置检测台电子电气控制部分与机械部分联系的桥梁。软件不仅实现对悬架装置检测台测试过程的控制,同时也对悬架装置检测台所采集的数据进行分析和处理。分析系统在接到采样信号后,对采样信号进行快速傅里叶分析,获得汽车在衰减振动过程中不同频率是的振幅等参数,并将检测结果显示并打印出来。

三　汽车悬架装置的评价方法

汽车悬架装置在使用中出现结构元件故障和损坏,会影响汽车行驶性能。由汽车理论可知,汽车悬架装置的弹性元件或减振器损坏,使悬架装置角刚度减少,增加了高频非悬架质量的振动位移,使车轮和道路的接触状态变坏。车轮作用在地面的接地力减少,大振幅的车轮振动甚至会使车轮跳离地面。因而,不仅影响汽车行驶平顺性,而且也使汽车行驶操纵稳定性恶化,汽车行驶安全性变坏。

从上述分析来看,我们引用了车轮和道路接触状态的新概念。汽车车轮和道路的接触状态可用车轮作用在地面上的接地力来表征。依靠汽车行驶中车轮作用在道路上的接地力的变化可评价汽车悬架装置的品质和性能。

目前出现的悬架减振器检测台都是利用检测车轮和道路接地力的原理来快速评价悬架装置的品质和性能的。欧洲减振器制造商协会(ECSAMA)推荐的测量标准如下:汽车车轮稳态是的载荷定义为车轮和道路的静态接地力,在受外界激励振动下,汽车车轮在检测台上的变化载荷定义为动态载荷,将动态载荷的最小值与静态载荷之比值作为评价汽车悬架装置的指标。

上述比值分为4级:
(1)80～100 表示很好;
(2)60～79 表示好;
(3)40～59 表示足够;
(4)0～39 表示弱、不够。

评价汽车悬架装置一直采用的是平顺性的评价指标,是以人体所能承受的加速度均方根值来评价的。这种评价方法不适宜在用车的快速检测分析上。另外,悬架装置的性能也影响到操纵稳定性,直接影响到汽车安全行驶。EUSAMA推荐的测量标准,不仅考虑了悬架装置对汽车平顺性的影响,更重要的是考虑了对汽车操纵稳定性和行驶安全性的影响,它考查的是汽车在工作条件最差的情况下,即地面激振使悬架达到共振时,车轮与地面的接触状态。这是一个比较直观的评价指标,既能够快速检测,又能够综合评价汽车悬架装置的弹簧与减振器的匹配性能及品质。当然,这个评价方法也有其不足之处,有待修订和完善。

四 悬架装置工作性能的诊断标准

根据《营运车辆综合性能要求和检验方法》(GB 18565—2016)中规定对悬架装置工作性能进行诊断。

EUSAMA推荐的评价车轮接地性指数的参考标准见表8-1,可供检测悬架装置工作性能时参考。

车轮接地性指数参考标准　　　　　　　　　　　　　　　　　表8-1

车轮接地性指数(%)	车轮接地状态	车轮接地性指数(%)	车轮接地状态
60～100	优	20～30	差
45～60	良	1～20	很差
30～45	一般	0	车轮与路面脱离

第三节　汽车乘坐环境

空气调节性能与居住性是影响汽车舒适性的重要因素。如果空气调节性能不好,会引起乘员胸闷、晕车等不适感觉,造成驾驶员反应迟钝,影响行车安全;而如果居住性不好,会使乘员感到难以保持舒适的坐姿,使驾驶员感到操作不便、易疲劳等。

一 空气调节性能

汽车空气调节是指对车内空气质量进行调节,即不管车外的天气情况如何,将车内的温度、湿度和清洁度都保持在一定的舒适范围内。

① 人体对温度的感觉

人体不断地产生和散发热量,当两者取得平衡而维持体温36℃时人就会感到舒适,若散热过多,人会感觉"冷";多余的热量不能及时散发,人会感到"热"。试验表明,人体对温度的感觉主要受环境温度、湿度和风速三方面因素的影响。

当环境温度一定时,若降低空气湿度,会使皮肤表面的汗加快蒸发,人便感觉到凉快。增大风速也有同样的效果。在1m/s的风速下,人会感觉比无风状态温度下降约1℃,若风速达到3m/s,会觉得温度下降约3℃。

② 舒适度的温度范围

人体感到舒适的环境温度随其工作内容、体质状况、性别、年龄和衣着等因素变化,还要受季节、昼夜等自然环境变化的影响。综合这些因素,冬季人体感到舒适的温度范围为16～20℃,湿度为55%～70%;夏季人体感到舒适的温度范围为19～23℃,湿度60%～75%。

③ 对空气清洁度的要求

车厢内空气的洁净程度对舒适性也产生重要影响。由于车厢内乘员所拥有的空间有限,人所吸入氧气的80%变成二氧化碳排出,另外人体散发出的气味、燃油蒸汽、汽车废气、道路尘埃等,都会导致车内空气质量恶化,影响乘员健康。车内空气清洁度的指标是按照车厢内二氧化碳的浓度来评定的,一般允许车内的二氧化碳浓度为0.5%,最好控制在0.1%以下。

④ 空气调节

汽车空气调节系统主要实现三大功能:一是换气,将车外的新鲜空气引入车内,将车内气体排到车外,以保持车内二氧化碳浓度不超过规定值;二是调节温度和湿度,包括冬季的加温除湿,夏季的降温除湿,使车内保持适宜的温度和湿度;三是净化空气,除去车内存在的灰尘和难闻的气味,使空气得到净化。汽车空气调节系统由四大装置构成,即通风装置、暖气装置、冷气装置、空气净化装置。

换气是空气调节的最基本的功能。要保持每个乘员应有0.3～0.5 m^3/min的换气量,使车内二氧化碳浓度在正常的范围内。要合理布置空气的出入口,提高换气质量和效率。

汽车外部的空气入口设置在正压力大的部位,车内气体的出口设置在负压大的部位。轿车的进气口一般开在前风窗玻璃下的机罩上,排气口开在后排座位的车侧。在使用中应注意 对空气进出口及通道进行清洁维护,以免堵塞而影响换气质量。

除了适宜的温度外,温度的分布情况对人体是否感到舒适也有很大的影响。冬季要求脚下左右部位的温差尽可能小;头部的温度比足部低2～5℃,即所谓"头寒足热";前后座位温差要小,特别是后排座位足部,应有充足的热风流通。夏季制冷时则要求尽可能保持上下身相同的温度。

车内空气质量评价须符合《乘用车内空气质量评价指南》(GB/T 27630—2011)的要求,车内空气中有机物浓度要求见表8-2,空调客车其空调功能见表8-3。

车内空气中有机物浓度要求(单位:mg/m³)　　　　　　　　　　　　　表8-2

序号	项目	浓度要求
1	苯	≤0.11
2	甲苯	≤1.10
3	二甲苯	≤1.50
4	乙苯	≤1.50
5	苯乙烯	≤0.26
6	甲醛	≤0.10
7	乙醛	≤0.05
8	丙烯醛	≤0.055

各类空调客车应具备的空调功能　　　　　　　　　　　　　　　　　表8-3

功能＼车型	高档空调客车	标准空调客车	单空调客车	
			冷气客车	暖气客车
制冷	√	√	√	
采暖	√	√		√
通风换气	√	√	√	√
除霜	√	√		√
温度调节	√			
空气净化	√			
自动温控	√			
故障自动诊断	√			
安全警告(有害气体)	√	√		√

客车空调系统的性能可分为四级:A级、B级、C级和D级。其中,A级要求最高,B级、C级和D级要求依次降低。

《客车空调系统技术条件》(JT/T 216—2006)对各种客车空调系统的技术条件作出具体规定,见表8-4~表8-7。

冷气系统的工作性能要求　　　　　　　　　　　　　　　　　　　　表8-4

项目	基本条件	性能要求			
		A级	B级	C级	D级
额定乘务人均装机制冷(kJ/h)	设备额定制冷量,不小于	2000	1900		1800
额定乘务人均送风量(m³/h)	设备额定送风量,不小于		80	60	40

续上表

项　目	基本条件	性能要求 A级	B级	C级	D级
车内外气温(℃)	外界温度35℃,车速50kg/h,行驶30min,不小于	9	8	7	
供乘员使用的出风口风向,风速/(m/s)		可自由调节风向;出风口最大风速差不大于1;出风口最大风速不大于5			
车厢内温度分布(℃)	前、中、后部走道上方1m高处最大温差,不大于	1	3		
	乘员头部、足部温差	头部低于足部2~5			
噪音冷气装置和换气设备满足负荷工作(dB)	停车状态 车内辅助发动机或汽车发动机和压缩机处,不大于	68	70	72	74
	车顶回风口或换气设备处,不大于				
	车外辅助发动机或汽车发动机和压缩机处,不大于	84			
	50kg/h行驶车内噪声,不大于	70	72	74	75

采暖系统的工作性能要求　　　　表8-5

项　目	基本条件	性能要求 A级	B级	C级	D级
额定乘务人均装机采暖量(kJ/h)	设备标称放热量,不小于	2000	1900	1800	
额定乘务人均送风量(m³/h)	设备标称放热量,不小于	20		15	
独立式暖风装置供乘务员使用的出口分量、风速(m/s)	所有出口风	风量均匀,风速不大于4			
车内温度(℃)	外界温度-10(℃),车速50kg/h,距地板高度400mm处,30min内到达,不小于	18	15	12	
车厢内温度分布(℃)	前、中、后部走道上方1m高处温差,不大于	1	3	5	
	乘员头部、足部温差	头部低于足部2~5			
车内噪声(dB)	车辆停驶,仅保暖系统和通风装置工作,不大于	65	70	72	

通风换气装置工作性能和车内空气中有害气体与粉尘含量要求　　　　表8-6

项　　目	基　本　条　件	性能要求			
		A级	B级	C级	D级
额定乘员人均通风换气量（m^3/h）	最大装机通风换气量，不小于	25			
车内风速（m/s）	通风换气设备满负荷工作，不大于	0.5			
通风换气装置处的车内噪声（dB）	车辆停驶，仅通风换气设备满负荷工作，不大于	65			
CO（mg/m^3）	空调工作，不大于	10			
CO_2（%）	空调工作，不大于	0.1		0.15	
粉尘（mg/m^3）	空调工作，不大于	2.0		3.0	

除雾（霜）系统性能要求　　　　表8-7

项　　目	基　本　条　件	刮水器刮水片运动覆盖区域性要求	
		驾驶员一侧	非驾驶员一侧
除霜面积（%）	实验开始后20min时，不小于	80	
	实验开始后25min时，不小于		80
	实验开始后40min时，不小于	95	
除霜口风速（m/s）	除霜装置（保暖系统）满负荷工作	5～8	
除霜装置工作噪声（dB）	车辆停驶，仅除霜装置（保暖系统）满负荷工作，驾驶员头部位置，不小于	65	

二　居住性

汽车的居住性主要是指合理分配车内空间，使其适应各种人体特征的要求，使驾驶员和乘员经过长时间行驶而不感到疲劳。

1　乘员的居住性

要使乘员长时间乘坐而不感到疲劳，就必须给乘员提供能够随意选择乘坐姿势的宽敞车内空间和舒适可靠的座椅。

由于汽车的外形尺寸有限，要给乘员提供宽敞的车内空间，一方面要在有限的外形尺寸内，制造出也要的居住空间；另一方面是要合理安排居住空间的形状，以更有效地发挥有限居住空间的功效。

车室内容积的确定，应考虑人体尺寸的差异。以被测对象的尾椎点为基准，首先考虑适于各种情况下的坐姿以及供身体转动的足够空间,还要考虑不致因振动而令乘客触及车内装备件而受伤等,由这些因素决定车室空间的长、宽、高度尺寸。在汽车横截面积不变的情况下,采用发动机前置前轮驱动以及减少轮胎装置空间等可以扩大室内有效空间;采用曲面玻璃可以扩大乘员肩部空间。

要使座椅舒适可靠,首先是座椅的长、宽、高基本尺寸与人体相适应,能按照乘员的体型进行尺寸调整。对于大量生产的汽车,一般能做到的是座椅靠背的倾角可在一定范围内调整(一般3°~8°)。长途客车的座椅靠背要求可以倾斜到25°以上,以便乘客休息。座椅背的结构采用头枕式,可以提高其舒适性。要进一步提高座椅的舒适性,还需对座椅的振动特性进行测试,使其共振频率避开人体和悬架的共振频率。

另外,座椅蒙皮的触感、室内装饰的色彩、乘员的视野等也影响其居住性。

❷ 驾驶员的居住性

要使驾驶员长时间驾驶而不感到过分疲劳,除上述因素之外,还应满足下列条件:

(1) 各类操纵机构布置应合理,便于操作。
(2) 各类操纵机构的操作力要适度。
(3) 驾驶员座椅高度、前后位置能适度调整,以便驾驶员能获得与各操纵机构相协调的位置和舒适的坐姿。
(4) 良好的视野,以便于获取道路状况、各种信号标志和周围汽车情况等必需的外部信息。
(5) 易于辨认的仪表和警示灯等,以便及时获取汽车各装置工作状况和行驶状况的信息等。

第四节　车轮动平衡的检测

随着高速公路和城市立交系统的发展,过去被道路因素所制约的汽车高速能力得到了充分的发挥,但在运输效率和交通秩序得到相应改善的同时,长期掩盖在低速行驶工况下的一些机构装置的隐患也逐渐暴露出来。车轮不平衡就是其中之一。不平衡的车轮不仅加剧轮胎的磨损,而且也必然影响转向系、行驶系和传动系,同时也是全车振动的激振源。车轮的平衡与否和汽车的平顺性、操纵性、安全性紧密相关。

一、车轮的不平衡

汽车车轮是高速旋转的元件,如其质心与旋转中心不重合,则会产生静不平衡。静不平衡时,不平衡质量会在车轮旋转时产生离心力,因此静不平衡时会导致动不平衡。离心力的大小与不平衡质量、不平衡点与车轮旋转中心之间的距离和车轮转速有关。其大小可用式(8-2)表示:

$$F = mr\omega^2 = mr(2\pi n)^2 \tag{8-2}$$

式中:F——离心力;

m——车轮质量；

r——车轮质心离旋转中心的距离；

ω——车轮旋转角速度；

n——车轮转速。

从式(8-2)可以看出，离心力厂的大小与车轮转速的平方成正比，因此车轮在高速旋转时产生的离心力是很危险的，如图8-6a)所示。

由于车轮具有一定的宽度，当车轮质量分布相对于车轮纵向中心面不对称时，会造成车轮的动不平衡，如图8-6b)所示。车轮动不平衡时，虽然不平衡质量产生的离心力可以相互抵消，但力矩不为零，造成附加载荷。

车轮不平衡的影响因素：

(1) 质心分布不均匀，如轮胎产品质量欠佳、翻新胎、补胎、胎面磨损不均以及在内外胎之间垫带位置不对等。

(2) 轮辋、制动鼓变形。

(3) 轮毂与轮辋加工质量不佳，如中心不准、轮胎螺栓孔分布不均、螺栓质量不佳。

(4) 安装位置不正确，如内胎充气嘴位置不符合安装要求等。

二 车轮动不平衡的危害

不平衡质量在高速旋转时所形成的离心力在水平方向的分力将牵动转向轮左右摆动，影响汽车操纵的稳定性，甚至诱发汽车摇头或转向盘抖动，如图8-7所示。

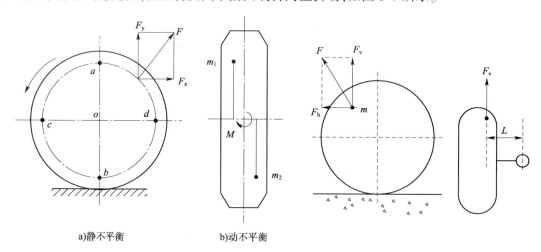

图8-6 车轮的不平衡

图8-7 车轮不平衡的危害

不平衡质量在高速旋转时所形成的离心力厂在垂直方向的分力 F 是激发车身角振动的主要干扰力，不仅会激发强烈振动和噪声，而且由于车轮的跳振而加剧轮胎的不均匀磨损。

综上所述，车轮的不平衡，在汽车高速行驶时引起车轮的上下振动和左右摆动，不仅影响汽车的行驶平顺性，还使驾驶员难以控制汽车行驶方向，并降低零部件的使用寿命，甚至酿成重大交通事故。对汽车行驶平顺性、操纵稳定性和安全舒适性要求越高，车轮的不平衡对其影响也就越大。

三、车轮动平衡仪

1. 车轮动平衡仪的工作原理

由于车轮不平衡对汽车的危害很大，因此必须对车轮动平衡进行检验和矫正。这项工作在车轮动平衡仪上进行。车轮平衡仪按检验方法可分为离车式平衡仪和就车式平衡仪。就车式平衡仪（图8-8），它只能检测车轮的静平衡，而离车式平衡仪能检测车轮的动平衡。由于动平衡的车轮一定处于静平衡状态，因此，只要检测了动平衡，就没有必要检测静平衡。目前应用最广泛的是离车式平衡仪（图8-9），其转轴由刚性元件支承，检验时通过直接测量车轮不平衡重点所产生的离心力来确定车轮左右两侧的不平衡重点的质量和相位，故又可称为两面测定式平衡仪。离车式平衡仪的检验原理如图8-10所示。

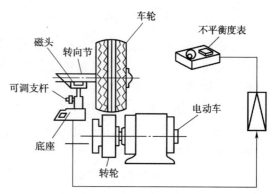

图8-8 就车式车轮平衡仪

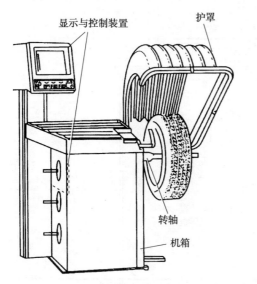

图8-9 离车式车轮平衡仪

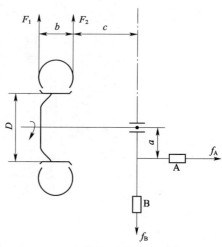

图8-10 动平衡检验原理图

将轮胎视为一个有限宽度 b 的回转体，并假设不平衡质量分别为 m_1 和 m_2 两部分，集中在轮辋边缘处，该两平面称为校正面，旋转时形成两个离心力，图中 F_1 和 F_2 为这两个离心力在传感器平面的投影。当 $F_1 \neq F_2$ 或 $F_1 = F_2$，但两者相位不同时，不仅形成不平衡力，还要形成不平衡力矩。因而动平衡仪必须设置两个相互垂直的传感器 A 和 B。以采集支力 f_A 和 f_B，建立系统的动静力学平衡方程式，以求取 F_1 和 F_2，从而计算不平衡质量 m_1 和 m_2。

$$f_B = F_1 + F_2 \tag{8-3}$$

$$f_A = F_1 \cdot (b + c) + F_2 \cdot a \tag{8-4}$$

从式(8-3),式(8-4)可以求出 F_1 和 F_2。式中支反力 f_A 和 f_B 由传感器 A 和 B 测得,a 为平衡仪的结构参数。使用者只要将被检测车轮的轮辋宽度和直径以及在平衡仪上安装尺寸(由平衡仪制造厂家随机提供的专用工具测得)键入解算电路,平衡仪运算出离心力 F_1 和 F_2,再依据 $F = (r = D/2)$ 计算出不平衡质量 m_1 和 m_2。

② 车轮动平衡仪的结构

车轮动平衡仪按其主轴布置形式分为卧式平衡仪(图 8-11)和立式平衡仪(图 8-12)。卧式平衡仪最大的优点是被测车轮装卸方便机械结构和传感装置也较简单,造价也较低廉,因此深受修理保养厂家欢迎,同时也是制造厂家的首选机型。但因车轮在悬臂较长的主轴上形成很大的静态力矩,影响传感系统的初始设定状态,尤其是垂直传感器的预紧状态,长时间使用后精度难以保证,误差也较大,但其平衡精度仍然能满足一般营运车辆的要求,其灵敏度能达到 10g。

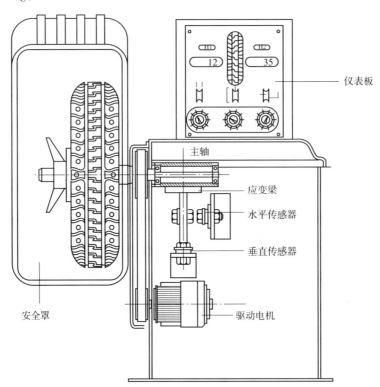

图 8-11 卧式平衡仪

立式车轮平衡仪虽然装卸车轮不如卧式平衡仪方便,但其车轮重力直压在主轴中心线上不但不形成强大的力矩,垂直传感器受到的静载荷反而比车轮重力还小。如图 8-11 所示,应变件是一块与工作台面同大的方形应变板,水平传感器设计成左右各一个,比卧式平衡仪的单个水平传感器的力学结构要稳定得多。方形应变板上开有多个空槽以减小应变板的刚性,从而大大地提高了传感系统的灵敏度。因此立式平衡仪的精度极高,灵敏度可达到,且具有良好的重复性和稳定性。

车轮平衡仪的参数显示和操作系统采用显示,或用发光二极管显示,其外形结构差异很大,但其基本操作内容大同小异。前者显示形象美观,并有屏幕提示便于操作,但造价较高;后者结构简单,工作可靠,参数调整方便,成本低廉。

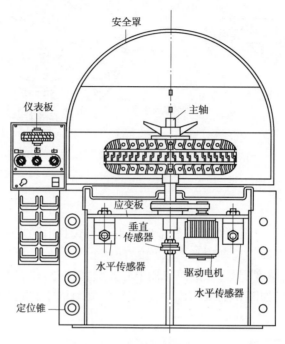

图8-1A 立式平衡仪

四 车轮动平衡的检测

1 车轮动平衡的检测

(1)检查和清洁车轮动平衡仪与待检测车轮,接通电源。

(2)将车轮拆离车桥装于车轮动平衡仪主轴上,车轮由专用的定位椎体和紧固件安装就绪后,放下安全罩。

(3)将被测车轮的轮辋直径和轮辋宽度以及安装尺寸输入电测电路。

(4)按下启动按钮即可启动电机实施平衡,待转数周期累计足够时,平衡仪即会自动显示轮胎两侧的不平衡质量 m_1、m_2 及其相位。

(5)按下停止按钮,待车轮完全停止后打开安全罩。

(6)用手转动车轮,这时发光二极管即会随车轮的转动而上下(或左右)跳闪,将上排光点调至中点。

(7)在车轮的轮辋上平面正对边缘(操作者方向)处加装平衡重 m_1,显示的平衡重见图8-13,用同样的方法加装平衡重 m_2。

(8)加装完毕后进行第二次试验,观察剩余不平衡量是否满足法规要求。具体的操作步骤各机型略有差异,使用者应按所用机型的使用说明书进行操作。

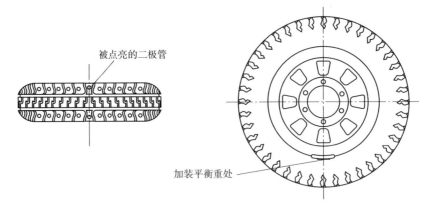

图 8-13 装平衡重处

② 定位椎体和平衡重

1）定位椎体

车轮在平衡仪上的定位至关重要。为了确保不同形式和不同规格的车轮的中心都能与主轴中心严格重合,所以离心式车轮平衡仪均配有数个大小不等的定位椎体,如图 8-14 所示。椎体内孔与主轴高精度配套,外锥面与辋中心孔紧密接合,并有专用快速蝶形压紧螺母压紧于主轴定位平台上,如图 8-15 所示。注意车轮的外侧向下(立式平衡仪)或向内(卧式平衡仪)。

图 8-14 定位椎体

为了方便用户,离心式平衡仪都随机配备一个专用卡尺,如图 8-16 所示,以供用户测量轮辋直径 D 和轮辋厚度 B,因为轮辋宽度用直尺是难以测量的。平衡仪上的所有标尺一般都同时标有英制和公制刻度。

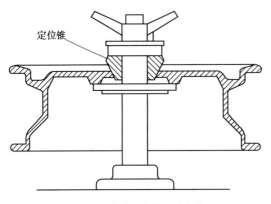 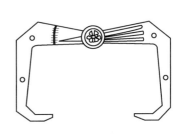

图 8-15 车轮在车轴上的定位　　　　图 8-16 平衡仪的专用卡尺

2）平衡重

车轮平衡的平衡重也称配重，目前通常使用两种形式。图 8-17 为卡夹式配重，它用于大多数轮辋有卷边的车轮，对于铝镁合金轮辋，因无卷边可夹，则可使用图 8-18 所示的粘贴式配重，其外弯面有不干胶粘贴于轮辋内表面。

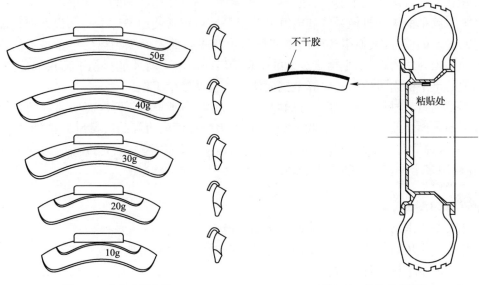

图 8-17　卡夹式配重图　　　　　　　图 8-18　粘贴式平衡重

标准的配重有两种系列。一种系列以盎司(oz)❶为基础单位，分 9 挡，最小为 14.2(0.5oz)，最大为 170.18(6oz)，间隔为 14.28(0.5oz)。另一种以克(g)为基础单位，分 14 挡，最小为 5g，最大为 80g，60g 以上以 10g 分为一挡。

③ 车轮平衡仪的测试

车轮平衡仪的机械系统比较简单，但其主轴的固定部分有应变装置和压电晶体等非电量的电测系统，其应变常数和预紧力等在出厂时已调试就绪，因而用户不得对主轴进行任何拆卸与调整。事实上车轮平衡仪内，尤其是微处理系统并没有供用户调整和维修的。

用户可按以下两种简易方法对新平衡仪进行验收或对失准的车轮平衡仪进行测试：第一种方法将车轮平衡仪不装车轮空机开动，观看仪表板显示的不平衡量值和相位是否为零，此法可初步检验平衡主轴系统包括主轴、定位锥和快速压紧螺母自身是否平衡，必要时可以找一新车轮并在高一级精度的通用平衡仪上平衡后来检测车轮平衡仪的平衡结果。第二种方法是将上述平衡良好的车轮在已知相位上装上已知量值的配重，然后测试该车轮平衡仪的显示值是否与已知值吻合，如果该差值超过标准只能由供货厂家进行保修。

④ 注意事项

离车式平衡仪的主轴固定装置有精密的位移传感器和易碎裂的压电晶体传感器，因此

---

❶　1 oz = 28.3495g。

严禁冲击和敲打主轴或传感器支架。

在检修平衡仪时,传感器的固定螺栓不得任意松动。因为这一螺栓不是一般的紧固件,由它向传感晶体提供必要的预紧力,当这一预紧力发生变化时,计算过程将完全失准。

商业系统供给的配重最小间隔为化,因此过分苛求车轮平衡仪的精度和灵敏度并无太大的实际意义。特殊情况下,如高速小客车和赛车,则可使用特制的平衡重块。

必须明确平衡仪的机械系统和电算电路都是针对正常使用条件下平衡失准但仍能使用的车轮而设计的,对因交通事故而严重变形的轮辋或胎面大面积剥离的车轮是不能进行平衡作业的。因为,一方面不平衡量过大的车轮旋转时离心力时才能损伤平衡仪的传感系统,而且超值的不平衡力可能溢出电算范围而使设备自动拒绝工作。

当不平衡量超过最大配重时,可用两个以上配重并列使用。但这时要注意因多个配重占用较大的扇面会使其有效质量低于实际质量,因为扇面的边缘的质量所处半径 R_2 小于计半径 R_1。这种情况不仅影响该面的平衡力,而且还波及左右两面的力矩值(即动平衡量)。因此,在使用多个平衡重时须慎重处理。

学习测试

1. 什么是汽车的舒适性?主要包括哪些方面?
2. 什么是车轮的静平衡?什么是车轮的动平衡?它们有何区别?
3. 车轮的不平衡有何危害?
4. 如何改善汽车行驶平顺性?
5. 简述就车式车轮平衡仪的工作原理。

第九章　汽车通过性的检测

学习目标
1. 能够正确叙述汽车通过性几何参数的项目以及各几何参数的含义;
2. 能够正确叙述汽车通过性的支承与牵引参数的类型以及各参数的含义;
3. 能够正确叙述影响汽车通过性的主要因素。

学习时间
4学时。

汽车的通过性又称越野性,是指汽车能够以足够高的平均车速通过环路和无路地带(如松软的土壤、沙漠、雪地、沼泽地等),坎坷不平地带以及克服各种障碍(如陡坡、侧坡、台阶、壕沟等)的能力。

汽车的通过性主要取决于汽车的几何参数以及汽车的支承与牵引参数,同时也与汽车的动力性、平顺性、驾驶视野能力等密切相关。汽车的通过性不仅影响汽车的运输生产率,而且直接决定着汽车能否开展运输工作。

第一节　汽车通过性的几何参数

一、间隙失效

汽车通过性几何参数代表了汽车通过坎坷不平地带和克服各种障碍的能力。由于汽车与不规则地面之间的间隙不足,被地面托住而无法通过的现象,称为间隙失效。

间隙失效主要有顶起失效、触头失效和托尾失效。

顶起失效,是指汽车中间底部的零件碰到地面而被顶住的失效形式。

触头失效,是指汽车前端触及地面而使汽车不能通过的失效形式。

托尾失效,是指汽车后端触及地面而使汽车不能通过的失效形式。

二、汽车通过性的几何参数

与间隙失效有关的汽车整车几何尺寸,称为汽车通过性的几何参数。这些参数主要包

括最小离地间隙 h,纵向通过角 β 接近角 γ_1、离去角 γ_2、车轮半径 r、最小转弯直径 d_{min} 和最大通道宽度等,如图 9-1 所示。

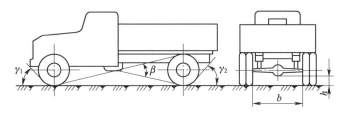

图 9-1　汽车的通过性参数

h-最小离地间隙;b-两侧轮胎内缘间距;γ_1-接近角;γ_2-离去角;β-纵向通过角

1 最小离地间隙 h

最小离地间隙 h 是指汽车在满载、静止时,除车轮外的最低点与支承平面之间的距离。它反映了汽车无碰撞地通过地面凸起物的能力。

2 纵向通过角 β

面的切平面,当两切平面交于车底下部较低部位时所夹的最小锐角。它表征了汽车能够通过无碰撞地通过小丘、拱桥等障碍物的轮廓尺寸。纵向通过角 β 越大,顶起失效的可能越小,汽车的通过性越好。

3 接近角 γ_1 和离去角 γ_2

接近角 γ_1 和离去角 γ_2 是指汽车在满载、静止时,其前、后端突出点分别向前、后引切线时,切线与支承面之间的夹角。它反映了汽车接近或离开障碍物时,不发生撞的能力。接近角 γ_1 越大,越不易发生触头失效;离去角 γ_2 越大越不易发生托起失效。

4 最小转弯直径和最大通道宽度(图 9-2)

图 9-2　最小转弯直径和最大通道宽度实例图

最小转弯直径是指当转向盘转到最大极限位置,汽车以最低稳定车速转向行驶时,外侧转向轮的中心平面在支承平面上滚过的轨迹圆直径。最小转弯直径表征了汽车能够通过狭窄弯曲地带或绕过不可越过的障碍物的能力。其值越小,汽车的通过性越好。

最大通道宽度是指汽车最远点的最小转弯直径,与最近点的最小转弯直径之差的一半。

其值越小,汽车的通过性越好。

5 车轮半径 r

汽车克服垂直障碍物如台阶、壕沟等的能力与车轮半径 r 有关,同时还与路面的附着力和障碍物的性质有关。对于后轮驱动汽车,能克服的垂直障碍物的最大高度 $H \approx 2r/3$,如图 9-3a)所示。对应双轴驱动汽车为 $H \approx r$,如图 9-3b)所示。若壕沟边缘足够结实,单轴驱动汽车所能越过的壕沟最大宽度 $B \approx r$。对应双轴驱动汽车为 $B \approx 1.2r$,如图 9-3c)。因此车轮半径越大,汽车翻越台阶等的通过性就越好。

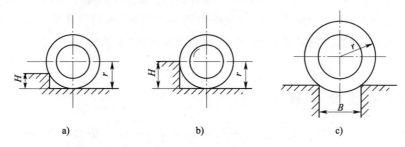

图 9-3 车轮半径与汽车越过台阶、壕沟的能力

现代汽车通过性几何参数的数值范围见表 9-1。

汽车通过性的几何参数　　　　　表 9-1

汽车类型	最小离地间隙 h (mm)	接近角 γ_1 (°)	离去角 γ_2 (°)	最小转弯直径 d_{min} (m)
4×2 轿车	120~200	20~30	15~22	7~13
4×4 轿车、越野汽车	210~370	45~50	35~40	10~15
4×2 货车	250~300	25~60	35~45	8~14
4×4、6×6 货车	260~350	45~60	35~45	11~21
6×4、4×2 货车	22~370	10~40	6~20	14~22

第二节　汽车通过性的支承与牵引参数

汽车的通过性不仅和它的几何参数有关,而且和支承与牵引参数也密切相关。主要的支承与牵引参数有:车轮对支承面的压力 P、最大动力因数、附着重量系数。

一　车轮对支承面的压力 p

车轮对支承面的压力 P[式(9-1)]是指作用在车轮上的径向载荷与轮胎接地面积的比值。即

$$P = \frac{W}{1000A} \tag{9-1}$$

式中:W——作用在车轮上的径向载荷,N;

A——车轮与支承面的接触面积，m^2。

汽车在松软路面上行驶时，为提高通过性，可适当减小轮胎气压，增加接触面积，使车轮对地面的单位压力降低，减小轮辙深度，降低汽车的行驶阻力；同时可使路面附着系数增大，提高附着能力。

二、最大动力因数 D_{max}

最大动力因数 D_{max} 表征了汽车的最大爬坡能力和克服道路阻力的能力。汽车在坏路或无路地带行驶时，行驶阻力很大，为保证汽车具有良好的通过性，除了采取减小行驶阻力、降低额定载荷等措施外，还必须提高驱动力或动力因数。因此，越野汽车的传动系中大增设了副变速器或分动器，以增大传动系的传动比，保证在驱动轮上获得足够大驱动力，增大动力因数。

三、附着重量系数 F_z/G_a

驱动轮载荷与汽车总载荷之比称为相对附着重量 F_z/G_a。提高汽车的通过性，使驱动力得到最大限度的发挥，必须增大汽车的附着重量系数。不同类型汽车的附重量系数见表9-2。

不同类型汽车的附着重量系数　　　　　　　　　表9-2

汽车类型	相对附着重量
4×2轿车	0.45～0.50
4×2、6×4货车	0.65～0.75
4×4、6×6货车（或越野汽车）	1.0

全轮驱动相对附着重量达到最大值，在附着较小的路面上，也能发挥较大的驱动力，以提高其通过性。

第三节　影响汽车通过性的主要因素

影响汽车通过性的因素主要有结构因素和使用因素。

一、结构因素

① 发动机的动力性

汽车通过坏路或无路地带时，要克服较大的行驶阻力，必须提高汽车的输出功率及输出扭矩，为汽车的通过性提供动力保证。

② 传动系的传动比

增加传动系传动比，可以获得较大的驱动轮输出转矩，因此越野汽车均设有副变速器或分动器。另外增大传动系传动比,还可以降低最低稳定车速,减小车轮对松软路面的土壤剪切破坏,减小车轮的滑转倾向,提高汽车通过环路或无路地带的能力。

③ 液力传动

装有液力变矩器或液力耦合器的汽车,起步时转矩增加平缓,避免了对路面的冲击。同时,不换挡也能提高转矩,能够提高汽车的通过性。

④ 差速器

为保证汽车转弯时各驱动轮能以不同的角度旋转,在传动系内装有差速器。但普通差速器具有在驱动轮间平均分配转矩的特性,当一侧驱动轮陷入泥泞或冰雪轮面上出现滑转时,则另一侧的驱动轮也只能产生同样小的驱动力而使总驱动力降低不能克服行驶阻力。为此,采用高摩擦式差速器,可以使转速较慢的驱动轮获得较大的驱动力,从而使总驱动力增加,有利于提高汽车的通过性。

在有些汽车上装有差速锁,必要时能将差速器锁止,使两侧驱动轮的驱动力按各自的附来分配,更进一步提高了汽车过性。现代汽车上,有必要安装有电子差速装置(EDS)或驱动防滑装置(ASR),可以根据两侧驱动轮的转速信号调节车轮驱动力,从而提高了汽车的汽车通过性和操作稳定性。

⑤ 前后轮距

汽车在松软路面上行驶时,若前后轮距相等,并有相同的轮胎宽度,则行驶时,前后轮辙重合,后轮就可以沿着前轮压实的轮辙行驶,从而使汽车的行驶阻力减小,提高汽车的通过性,如图9-4a)所示。反之,汽车的前后轮距不等,行驶中后轮需要重新压出轮辙,会使汽车的行驶阻力增大,降低汽车的通过性,如图9-4b)所示。因此,为了提高汽车的通过性,越野汽车普遍采用单轮胎等轮距布置。

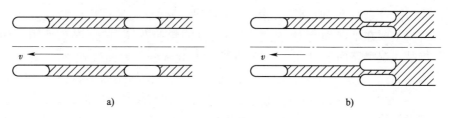

图9-4 汽车的前后轮辙图

⑥ 驱动轮数目

增加驱动轮数目,可以提高相对附着重量,获得较大的驱动力,也可以使汽车车轮越过台阶和壕沟的能力显著提高。越野汽车均采用全轮驱动。

⑦ 车轮尺寸

车轮的直径和断面宽度均影响了汽车的通过性。较大的车轮直径和轮胎断面宽度可使车轮对支承面的压力降低。较大的车轮直径可以使汽车的越障能力提高。但是直径过大的轮胎会使其惯性增大,使汽车的重心升高,轮胎成本增加,并要求采用传动系的传动比更大。因此,大直径车轮在汽车上没有得到广泛应用。

采用断面宽度较大的轮胎,除了能降低车轮对支承面的压力外,还能允许胎体有较大的变形,增大与地面的接触面积。这样,既不降低轮胎的使用寿命,又能提高汽车的通过性。因此,在现代越野汽车上越来越广泛采用断面较宽的低压或超低压轮胎。

⑧ 涉水能力

汽车的蓄电池、点火系、空气滤清器、机油尺口等处的防水密封性能越好,则汽车的越野涉水能力越强,其通过性就越好。

二、使用因素

① 轮胎气压

汽车在松软路面上行驶时,适当降低轮胎气压,可以使轮胎与地面间的接触面积增大,可使车轮对支承面的压力降低,从而使轮胎在松软路面的沉降量减小,行驶阻力减小,同时附着系数增大,进而提高了汽车的通过性。但过低的轮胎气压,会造成轮胎变形的能量损失增大,行驶阻力增大,同时也降低轮胎的使用寿命。

汽车在坚硬路面上行驶时,由于滚动阻力主要取决于轮胎的变形,因此为减小汽车的行驶阻力,应适当提高轮胎的气压。

现代越野汽车为了在松软路面上具有良好的通过性,而且在坚硬路面上行驶时,不致有过大的滚动阻力和影响轮胎寿命,多在汽车上安装轮胎中央充气系统,以使驾驶员能够根据道路情况随时调节轮胎气压。

② 轮胎花纹

轮胎花纹对附着系数有很大影响,根据不同行驶条件正确地选用轮胎花纹可以提高汽车通过性。轿车主要在硬路面行驶,应采用细而浅的轮胎花纹,越野汽车采用宽而深的花纹。当汽车行驶在湿滑路面上时,由于只有花纹的凸起部分与地面接触,故而轮胎对地面有较高的单位压力,有利于挤出水分,提高附着系数;汽车在松软路面上行驶时,轮胎下陷,轮胎花纹嵌入土壤,轮胎与地面的接触面积及土壤剪切面积均增加,从而提高了附着系数。

在表面溜滑泥泞而底层坚实的冰雪道路上行驶时,需要在轮胎上套装防滑链来提高汽车的通过性。套装防滑链相当于在轮胎上增加了一层高而稀的花纹。汽车行驶时,防滑链能挤出表面的水层,直接与地面或坚实的底层接触,增加了土壤剪切面积,提高了附着系数。

③ 驾驶方法

驾驶方法对汽车的通过性有很大影响。为提高汽车的通过性,应注意以下几点:

(1)汽车在沙地、泥泞、雪地等松软路面时,应尽量使用低挡,以保证汽车有较大的驱动力和较低的行驶速度。在行驶中尽量避免换挡和加速,并尽量保持直线行驶,因为转弯将引起前后轮辙不重合,增加行驶阻力。多车编队行驶时,后车应按前车的轮辙行驶,可减小行驶阻力。

（2）驱动轮采用双胎车轮时，常会在两胎中间夹杂泥石，或使车轮表面黏附一层厚泥，而使附着系数降低。驾驶员可适当提高车速，以甩掉夹杂物。传动系装有强制差速锁时，驾驶员应在汽车驶入可能引起车轮滑转的路段之前，将差速器锁住。当车轮出现滑转再锁差速器时，土壤已经破坏，附着系数降低，使用差速锁效果会显著下降。一旦汽车离开恶劣地段驾驶员应迅速脱开差速器锁，以免对汽车转向造成不利影响。

（3）汽车通过溜滑路段时，应及时在驱动轮上套防滑链。

第四节　汽车通过性的检测

汽车通过性是指汽车通过各种道路，特别是坏路、无路地区及某些地形（如垂直障碍物、凸岭、水平壕沟、弹坑、涉水池等）的能力，通过性是汽车主要使用性能之一，它不仅影响运输任务的完成，也影响其他性能的发挥。汽车通过性主要取决于汽车几何参数、支承与牵引参数，同时汽车的其他性能结构因素与使用因素对通过性也有很大影响。

由于我国对汽车通过性，特别是对汽车与相接触的道路、土壤等介质之间的关系的研究目前尚处于理论分析研究阶段，所以对地面通过性尚没有规范化的评价指标，目前主要是采用比较检测方法。比较检测，就是根据检测车的特点，选用一辆车作比较车，检测车与其进行比较。在一般情况下比较车多选用现生产车或市场上有竞争能力的新车。

通过性检测通常包括汽车通过性几何参数测量（与通过性有关的几何参数有接近角、离去角、离地间隙、横向通过半径、纵向通过半径、轮胎印迹面积、最大转弯半径、转向通道宽度等，具体测量方法参考有关章节），汽车最大拖钩牵引力和行驶阻力的测量，沙地通过性检测，泥泞地通过性检测，冰雪路通过性检测，凸凹不平路通过性检测，连续高速行驶检测，涉水性能检测，地形通过性检测等。

一　一般检测条件

检测前应对车辆进行检查、保养，使检测车完成符合技术条件或使用说明书的要求。按规定选用轮胎，最好采用全新轮胎。如果采用旧轮胎，其花纹磨损量不得低于原始花纹高度的20%，检测车同比较车装用轮胎的新旧程度应大体相同，花纹一样。轮胎花纹中黏结的泥土应清除干净。检测时，风速不大于5m/s，晴天或阴天。

二　汽车最大拖钩牵引力和行驶阻力检测

1 最大拖钩牵引力检测

由于路面对通过性影响非常大，所以选择检测场地要特别注意，场地应平整，土壤湿度适宜，坚实度、抗剪强度及疏松层应大体均匀。测定汽车最大拖钩牵引力的场地不能太坏，应保证检测汽车能拖动负荷拖车在未加负荷的状态下行驶。如果检测汽车本身行驶已经困难，则很难测出拖钩牵引力。检测时，变速器和分动器置于低挡，全轮驱动汽车应全轮驱动，主减速器可变速时,置于低挡,自锁差速器应锁住。

检测时检测汽车牵引负荷拖车缓慢起步行驶,并逐渐加速,直至加速踏板踏到底。当到达测试路段时,发动机转速应达到额定转速的80%以上。此时,用负荷拖车平稳、均匀地给检测车加载,直至检测车驱动轮开始滑转或发动机熄火为止。检测时用牵引力记录仪和发动机转速表记录最大拖钩牵引力和发动机转速,最后绘制最大拖钩牵引力与发动机转速关系曲线。应注意牵引负荷拖车的牵引杆两端距地面高度应保持一致,而且中心线应和检测车的纵向中心线平行。检测无须往返进行,在一个方向进行即可,但检测次数应不少于两次,必要时还可以增加次数,直至检测数据可靠为止。每次检测时,汽车车轮通过的路面应是未变形路面,应该错开车辙行驶(离车辙1~2m远)。

该项检测应在同一场地完成,以避免场地不同难于分析检测结果;另外,要抓紧时间连续进行检测,因为场地长时间受日光暴晒,水分蒸发,表面湿度改变很大,而地面的表面条件,特别是湿度,对汽车通过性能影响很大,检测时应特别注意。如果汽车装用中央充放气系统的超低压轮胎,则上述检测还应在不同轮胎气压下进行。一般采用五种轮胎气(标准气压、标准气压的75%、标准气压的50%、标准气压的25%和最低允许气压)进行检测,并绘制牵引力与轮胎气压的关系曲线。

② 行驶阻力检测

行驶阻力检测与最大拖钩牵引力检测基本相同,不同的是汽车不是自行,而是检测汽车变速器置于空挡,用另一带绞盘的汽车拖拽检测汽车。检测时,用绞盘以稳定速度拖动检测汽车前进,记录仪记录的拉力即为行驶阻力。如果记录下的力变化很大,说明地面质量很不均匀,应根据情况考虑是否更换检测路面。

三 沙地通过性检测

由于沙地土质松软,汽车在上面行驶时阻力大,附着系数小,车轮易滑转,从而引起汽车上下振动和颠簸。因为沙地土质松软程度对通过性和检测结果有较大影响,所以选择试验沙地非常重要。如果有专门的沙地检测场最为理想,此时,可以根据预估的汽车通过能力,将底层沙压实,表面铺上100~300mm的软沙,表面平坦,长度不小于50m,宽度不小于10m。如果没有专门沙地检测场,可以找一个能满足检测要求的天然沙地作为检测沙地。检测前在检测车驱动轮上装上车轮转数传感器,在驾驶室底板及车厢前、中、后的车辆纵向中线处安装加速度传感器。

检测时,汽车以直线前进方向停放在检测路段的起点,然后从最低挡位起分别挂能起步行驶的各个挡位(包括倒挡),并且发动机分别以速转速、最大扭矩转速和最大功率转速起步行驶,直至发动机熄火或驱动轮严重滑转车轮不能前进为止,与此同时,测定从汽车起步到停车为止的行驶时间、行驶距离、车轮转速及车辆上下振动加速度随时间变化的曲线。检测时用发动机转速表监视发动转速。

由于选择的天然沙地表面状况不可能完全相同(即使是专用的沙地检测场,也很难保证表面状况的一致性),对检测结果很难作出定量评价,因此,通常都是做比较检测。检测时,检测车和比较车由同一名经验丰富的驾驶员驾驶,在同一检测条件下进行检测。

四 泥泞地通过性检测

由于泥泞地表面存有大量泥水,其附着系数较小,车轮很容易滑转,因此泥泞地表面状况对汽车通过性检测结果影响非常大。泥泞地通过性检测选择检测场地非常重要,一般要求检测场地表面有100mm厚的泥泞层,长度不小于100m,宽度不小于7m。检测场地选择好后,要抓紧时间连续进行检测,避免场地因长时间受日光暴晒,使水分蒸发,表面状况改变,而影响检测结果的准确性。

检测时,在检测路段的两端做出标记,检测车以规定的发动机转速(一般为加速)和变速器挡位(一般为一挡或二挡)驶入检测路段,从进入检测路段起点开始,驾驶员可根据其经验,以最理想的驾驶操作进行驾驶,直至驶出测量路段。检测时用秒表记录从测量路段始点至终点(或中间因车辆无法行驶而停车时)的行驶时间、行驶距离及车轮转数,并计算平均车速和车轮滑转率。进行该检测时,可同时测定最大拖钩牵引力和行驶阻力。该项检测因选择的泥泞地面状态的差异很大,所以也和沙地检测一样做比较检测。

五 冰雪路通过性检测

冰雪路通过性检测用以考核汽车在冰雪路面上的行驶能力,是个综合性的检测。它主要考核起步加速稳定性、减速稳定性、转向操纵性、直线行驶稳定性、制动效能及制动方稳定性等性能。做该项检测时,雪地的选择是非常重要的。雪地应宽阔、平坦,长度不小于200m,宽度不小于20m;其中至少要有长30m,其宽度不少于30m的一段平场。检测前应根据检测目的和要求,对雪地进行压实、冻结和融化处理。

检测时,汽车停放在检测场地一端,起步后,换挡、加速(加速度$2m/s^2$左右)行驶至速度为30~50km/h(根据场地情况确定其速度),再在路面较宽处转弯行驶,最后减速行驶(不踏制动踏板)至车速10km/h左右停车。检测反复进行数次,评价起步及加速稳定性(是否有甩尾现象)、直线行驶稳定性、减速行驶稳定性及转向盘操纵性(是否按转向盘转角转弯行驶或甩尾)。在车速20km/h、30km/h时用五轮仪和减速度仪测定制动距离、制动减速度及甩尾跑偏状况。

因为冰雪路面表面状况差别很大,对检测结果只能做相对比较,所以只能进行比较试验。对装防滑装置的汽车,应在装防滑装置和不装防滑装置两种状态下分别进行检测。

六 涉水性能检测

涉水性能检测主要是为了考核汽车的涉水能力。该项检测最好在专用的涉水槽进行,其水深可以调整。对于大中型载货汽车,水深为300~400mm,其长度不小于30m,宽度不小于4m。如果没有专用的涉水槽路,也可选择一般的自然河道,但应注意,河道一定是硬底,以免车轮陷住。检测前要测量水深并标记好车辆行驶路线。

检测时,变速器用一挡或二挡,以5~10km/h的速度驶入水中,至水中央时停车熄火。5min后重新起动发动机,考核发动机是否可以起动,起动后是否工作正常。如果工作正常,继续行驶至出水,然后再反方向进行一次。

行驶中应注意观察、判断发动机工作是否正常,有无异声,动力性能是否下降,风扇皮带是否打滑及排气系统是否有故障等。停车后检查发动机进气系统是否进水,风扇是否损坏,发动机、变速器、驱动桥及燃油箱内是否有水,离合器、制动系统是否进水,货箱、驾驶室是否进水,电气系统是否被溅水,是否影响发动机正常工作。如果一切都正常,涉水深度加深后继续进行检测,直至出现不正常状况为止,以考核能够涉水的最大深度。

七、凸凹不平道路通过性检测

凸凹不平道路通过性检测应在汽车检测场可靠性道路上进行。当条件不具备时,也可选择公路或自然道路,但路面必须包括鱼鳞坑路、搓板路及扭曲路等。凸凹不平道路的通过性不仅和汽车的几何参数、动力性能及转向性能等有关,也和汽车的平顺性有关。因此,检测时以驾驶员能够忍受的程度和保证安全的条件下,尽量以高速行驶,测定一定行驶距离的行驶时间,计算平均车速。该项检测也是做比较检测。

八、连续高速行驶检测

连续高速行驶检测实际是温度适应性检测,也就是汽车连续高速行驶时,测定轮胎温度、发动机进、出水温度,各大总成润滑油温度及发动机辅助装置温度等,而后根据测得的温度,评价汽车是否适应连续高速行驶。此项检测一定要使用全新轮胎,磨合行驶 300km 后,在轮胎外侧沿圆周方向相距 300mm 左右钻两个直径 1.0~1.5mm 的孔,其深度应接近帘布层,但不能破坏帘布层。

检测应在高速跑道或高速公路上进行。检测时汽车应挂最高挡,大型车用 100km/h(最高车速达不到 100km/h 的汽车,用其最高车速)的车速,小型车用 120km/h 或 140km/h 的车速等速行驶。每行驶 15min 停车一次,将点温计的传感器插入事先钻好的孔中(一定一插到底)测量轮胎的温度,同时测定大气温度,之后尽快再继续行驶,直至轮胎温度平衡或达到轮胎厂限定的轮胎使用温度。检测时,如果轮胎温度已经达到轮胎厂推荐的使用温度还不能平衡,则应测定达到轮胎厂推荐的使用温度的时间,这个时间就是在规定使用条件下由轮胎限制的最长行驶时间。

九、地形通过性检测

地形通过性是指汽车对某些特殊地形(如垂直障碍物、凸岭、水平壕沟、路沟等)的通过性能。一般情况下,只有越野汽车做该项检测。

❶ 通过垂直障碍物检测

选择三种不同高度垂直障碍物,高度 $h = (2/3 - 4/3) r_k$(r_k 为车轮滚动半径),宽度不小于 4m,长度 L 不小于被试汽车的轴距。检测也可按各检测场的固定设施进行。检测时,汽车全轮驱动、变速器和分动器都置于低挡,汽车驶近垂直障碍物。当前轮靠近障碍物时,将加速踏板踏到底,爬越障碍物时不得猛冲,以免损坏传动系部件。检测时从最低障碍物爬越,然后根据通过情况,改变垂直障碍物的高度,直至汽车不能爬越为止,并将汽车不能爬越的前一次所测值定为能超越的最大高度。检测时,如果有条件最好用录像机摄下该检测全过程,观察并记录在该过程中汽车运动状况以及部件和障碍物有无碰撞、接触等干涉情况,以及爬越后地面破坏情况。同时记录爬越高度或不能爬越的原因。

② 通过凸岭能力检测

如图9-5所示,选择凸岭尺寸 $L=6m$、h 为 $0.6m$、$1.3m$、$2.0m$。按通过垂直障碍物检测所述挡位,从坡度小的凸岭开始,低速驶过凸岭,并参照通过垂直障碍物检测所述项目进行观察和记录,测定汽车爬越凸岭的最大高度。

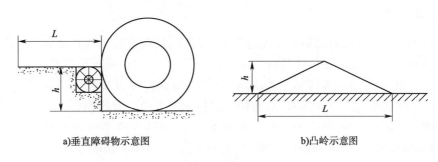

a)垂直障碍物示意图　　b)凸岭示意图

图9-5　凸岭能力检测

③ 测定通过水平壕沟的最大宽度

选择水平壕沟不同宽度 $B=(1\sim4/3)r_k$,一般取三个不同宽度,长度不小于3m,深度比 r_k 稍大,沟的前、后均为平整地面。该检测也可按各检测场的固定设施进行。

检测时,对照通过垂直障碍物检测所述方法,首先通过最窄的壕沟,根据检测情况逐次加宽,直至不能通过为止。测定汽车通过水平壕沟的最大宽度,并参照通过垂直障碍物检测所述项目进行观察和记录。

④ 通过路沟检测

选择路沟的深度(m):$H_1=0.30$、0.50、0.75;$H_2=1.0$、1.5、2.0。参照通过垂直障碍物检测所用挡位低速行驶,通过路沟时,由浅至深直至汽车不能通过为止,通过时从与路沟呈45°和90°角的两个方向进行。测定通过路沟的最大深度,并参照通过垂直障碍物检测所述项目进行观察和记录。

十　最小转弯直径测量

汽车最小转弯直径是指汽车前转向轮处于最大转角状态下行驶时,汽车前轴上距离转向中心最远的车轮轮胎胎面中心在地面上形成的轨迹圆直径,亦即前外轮最小转弯直径。

与汽车最小转弯直径密切相关的还有后内轮最小转弯直径 d_2,最远点最小转弯直径 d_3,最近点最小转弯直径 d_4,以及最大通道宽 B。

后内轮最小转弯直径 d_2,即汽车前转向轮处于最大转角状态下行驶时,汽车后轴上距离转向中心最近的车轮轮胎胎面中心在地面上形成的轨迹圆直径。

最远点最小转弯直径 d_3，即汽车前转向轮处于最大转角状态下行驶时，车体距离转向中心最远点形成的轨迹圆直径。

最近点最小转弯直径 d_4，即汽车前转向轮处于最大转角状态下行驶时，车体距离转向中心最近点形成的轨迹圆直径。

最大通道宽度 B，即汽车最远点转弯直径与最近点转弯直径之差的 1/2：

$$B = d_3 - \frac{d}{2}$$

❶ 检测准备

检测车应处于装载均匀的最大总质量状态；轮胎气压符合技术条件规定，并保证全部车轮接地；汽车的转向轮最大转角应符合技术条件规定，在正式检测前应用转角测量仪测量左右前轮向左、右转动时的最大转角。若不符合规定，应调整好再检测。检测场地应是平坦、坚实、干燥、清洁混凝土或沥青路面，其面积保证检测汽车做全周行驶。

本检测需用以下仪器：长度能足以一次测定出检测汽车最小转弯直径、最小刻度值为 1mm 的钢卷尺；铅锤，行驶轨迹显示系统，其类型不限，一般多采用喷水式的。

❷ 检测步骤和方法

检测步骤和方法如下：

（1）起动汽车，使其低速行驶，将转向盘转到极限位置，并保持此位置不变，使汽车圆周行驶（车轮运动轨迹封闭）。

（2）当汽车能稳定地在圆周上行驶后，启动安装在前外轮和后内轮处的轨迹显示装置，将该装置引到轮胎上，使其水管随汽车行驶缓缓放水。

（3）待轨迹显示装置显示的轨迹达一个圆周时，将汽车停下，但不得松开转向盘。找出汽车上距离转向中心的最远点，并用铅锤将其向地面投影，再从此投影点向前外轮轨迹中心线做垂线（圆的法线）。具体做法为：以投影点为原点，将钢卷尺"0"点压在投影点上，而后拉开钢卷尺，并在前外轮轨迹中心线近侧圆弧上摆动，找出投影点到此段圆弧上最近的点，测量原点到该点距离，这一距离记为 $β$。同样，在汽车上找出距转向中心最近的点，用铅锤向地面投影，以此投影点向后内轮轨迹胎面中心线做垂线，并用钢卷尺测量此垂线长度 $γ$。测取 $β$、$γ$ 参数后，将汽车驶出轨迹圆。

（4）用钢卷尺分别测量前外轮与后内轮两个轨迹圆的直径。具体测量方法为：一人将钢卷尺的"0"点放在轨迹圆中心线上，并按压不动。另一人持伸直的钢卷尺的另一端，在轨迹圆的另一侧轨迹圆中心线上左右试探，找出最大数值点，则此数值即为该圆的直径（d_1 或 d_2）。再在此测量方向垂直的方向上测量一次，取两者算术平均值作为检测结果。

（5）使汽车向相反方向行驶，即汽车向左转、向右转各检测一次。重复检测步骤（1）~（4）。

（6）根据 d_1、d_2 计算 d_3、d_4。

$$d_3 = d_1 + 2a, \quad d_4 = d_2 + 2b$$

以上介绍的测量方法只适用于前轮转向的各类汽车。

学习测试

1. 汽车通过性的几何参数主要有哪些?
2. 汽车通过性的支承与牵引参数主要有哪些?
3. 影响汽车通过性的结构因素主要有哪些?
4. 影响汽车通过性的使用因素主要有哪些?

第十章 电动汽车的检测

学习目标

1. 能对电动汽车动力电池进行检测；
2. 能对电动汽车驱动电机进行检测。

学习时间

6 学时。

第一节 电动汽车动力电池检测

一、电动汽车动力电池的特点

1 铅酸蓄电池

铅酸电池已有一百多年的历史，广泛用作内燃机汽车的起动动力源，它也是成熟的电动汽车蓄电池。铅酸蓄电池具有电动势高且稳定、容量大、转换效率高、供电方便且可靠、造价低等优点，比功率也基本上能满足电动汽车的动力性要求。但它有两大缺点：一个是比能量低，所占的质量和体积很大，且一次充电行驶里程较短；另一个是使用寿命短，使用成本较高。

2 锂蓄电池

锂蓄电池是 20 世纪 90 年代发展起来的高容量可充电电池，具有比能量大、循环寿命长、自放电率小、无记忆效应和环境污染小等优点，是当今各国能量存储技术研究的热点。

对锂蓄电池的研究主要集中在大容量、长寿命和安全性三个方面。

锂电池与传统电池相比，具有以下特点：

(1) 电池电压高。由于正极活性物质不同，锂蓄电池电压最高可达 3.9 V。
(2) 比能量高。锂蓄电池的比能量是传统电池的 4~10 倍。

有些型号的锂蓄电池比功率高,内阻小(约为 0.1Ω),可以大电流放电。工作温度范围:许多锂蓄电池能在 -40~70℃的工作温度范围甚至更宽。平稳的放电电压:大多数锂蓄电池具有平稳的放电曲线。储存寿命长:在室温下储存 5 年,其容量通常仅下降 5%~10%,而且随着储存期的延长容量下降率大大降低。锂是非常活泼的金属,遇水会发生强反应,在锂电池表面生成 LiOH 薄膜,并放出氧气。这层薄膜会造成锂有机电解质电池有滞后现象出现。因此,要保持锂蓄电池的长寿命,含水率必须降低到 30%以下。

③ 燃料电池

氢燃料电池的燃料是氢和氧,生成物是清洁的水,它本身工作不产生一氧化碳和二氧化碳,也没有硫和微粒排出。因此,氢燃料电池汽车是真正意义上的零排放、零污染的汽车,是解决当今交通能源和环境问题的最佳方案之一,代表着汽车未来的发展方向。

燃料电池也不需要像其他电池那样进行长时间的充电,它只需要像给汽车加油一样补充燃料即可达到与燃油车一样的行驶里程。燃料电池电动汽车的行驶里程仅与燃料箱中的燃料多少有关,而与燃料电池的尺寸无关。

④ 超级电容

超级电容又称为电化学电容器,是 20 世纪 90 年代末出现的一种新产品,电容量高达法拉级,是介于电池和普通电容之间的过渡部件。其充放电过程高度可逆,可进行高效率(85%~98%)的快速秒级充放电。其优点还包括比功率高、循环寿命长、免维护等。超级电容的容量比通常的电容器大得多。由于其容量很大,对外表现又和电池相同,因此又被称作"电容电池"。

超级电容器比能量小,其特性是:同等质量的超级电容器续驶里程,仅为铅酸电池的1/3,这是超级电容器的一大缺陷。超级电容器续驶里程短,跑不远,但充电速度快,可以弥补续驶里程短的缺陷。改善的方法是:

①与燃料电池或蓄电池连用;

②在城市交通线路的两头建立充电站,这样超级电容器电动车的续驶里程可以大大提高。

超级电容器是当前汽车蓄电池的好伴侣,是绿色环保型高科技产品。在车辆上安装超级电容器,既为车辆使用带来了方便,也减少了蓄电池的使用量及相应的铅污染。

超级电容器作为一种快速储能元件,具备发动机和蓄电池的优点,单独使用不一定能满足设计需要,但可以和其他储能元件联合起来使用,以满足设计要求。

二 评价电池主要性能的要素

① 容量

电池容量是指在一定放电条件下可从电池获得的电量,常用 C 表示,单位用 Ah 或 mAh 表示。电池的容量通常分为理论容量、实际容量和额定容量,是电池性能的重要指标。

1)理论容量

电池容量由电极的容量决定,若一个电池的两个电极容量不等,电池的容量取决于容量小的电极,一般情况下取正极的容量。可用专用的测试装置进行测定。

2)实际容量

由于活性物质利用率低,不能达到100%,因此电池的实际容量通常都低于理论容量,并与温度、放电率、终止电压及电池老化程度等因素有关。动力电池的容量常用$1h$率($1C$)容量或$2h$率($0.5C$)容量表示。放电率越高,可利用的容量越小。实际容量定义为:充满电的电池在一定条件下放电到终止电压所能输出的电量,可用放电电流与时间的乘积表示,单位为安时(Ah)。

3)额定容量

额定容量是指设计与制造电池规定的电池一定放电条件下应该放出最低限度的电量,与充放电倍率紧密相关,由生产厂家明确标示,单位为安时(Ah)另外一个参数称为平台容量,即电池放电至平台电压时的放出电量。

❷ 电压

包括开路电压、工作电压和平台电压。

1)开路电压

开路电压(Open Circuit Voltage,OCV)是指电池没有电流流过时电极间的电位差,为电动势和电极过电位之和。

2)工作电压

工作电压即放电电压或负载电压,与放电电流、放电时间、环境温度和终止电压等因素有关。工作电压可以表示为开路电压与电流在电池内部阻抗上产生的电压降之差。

3)平台电压

平台电压也叫标称电压。以锰酸锂电池为例,充满电后电压一般为4.2 V,随着电池使用过程中放电的进行,电池电压会逐渐下降至3V左右,这个过程在电压降至标称电压附近时的变化最慢,一旦低于这个电压,下降的趋势将逐步加快,此标称电压被称为平台电压。平台电压是考察电池性能的重要因素之一,它的高低决定着电池在使用中的有效容量的大小。

❸ 荷电状态

荷电状态(State of Charge,SOC)用于描述电池剩余容量占额定容量的百分比,是电池运行中一个重要的技术参数。过充和过放都会影响电池的性能和使用寿命,甚至造成损坏,因此在实际使用时,必须考虑并能够精确估算其荷电状态。SOC不能直接获取,只能通过电压、电流、内阻、温度及老化程度等特征参数进行估算。

❹ 内阻

化学电源的内阻是指当电流通过电池内部时所受到的阻力,由欧姆内阻和极化内阻两部分组成。其中,欧姆内阻又称直流内阻,主要由电极、电解质溶液等部件电阻和相关的接触电阻构成,隔膜的存在一定程度上增加了电极之间的欧姆内阻。欧姆内阻不随激励信号的频率变化而改变,在同一充放电周期内,欧姆内阻除受温度影响以外,变化很小。极化内阻主要是由电极反应过程中的极化引起的,包括电化学极化内阻和浓差极化内阻,与电极和电解质溶液界面的电化学反应速度及反应离子的迁移速度有关。

在电流激励下,电池端电压(工作电压)是由电池的等效开路电压、电池内部各化学材料的本体内阻和各部分之间的欧姆内阻与化学反应等效极化阻(总等效内阻)对应的极化电压共同构成。

内阻的大小,直接影响化学电源的充电电压和工作电压等特性。在电池放电时,内阻使其端电压低于开路电压;在电池充电时,内阻使其端电压高于开路电压,因此内阻在合理范围内应尽量小。内阻过小可能导致电池材料内部枝晶生长和微短路,内阻过大则可能导致极板老化、活性物质丧失、容量衰减等。因此,内阻变化可以作为电池裂化的充分性参考依据之一。

目前的锂电池生产工艺与技术已经可以使内阻降到非常低的水平,电池容量与内阻的对应关系见表10-1及表10-2。

铝塑膜电池容量与内阻的关系　　　　表10-1

容量(Ah)	5	10	13	30	60	90	100
内阻(mΩ)	7~9	5~7	5~8	0.6~1.0	0.6~0.9	0.6~0.8	0.5~0.8

钢壳动力电池容量与内阻的关系　　　　表10-2

容量(Ah)	10	15
内阻(mΩ)	6~10	5~8

5 能量和功率

在标准放电条件下,电池所输出的电能称为电池的能量,可以表示为电池的额定电压与容量的乘积,单位为瓦时(Wh),其与特定的充放电倍率有关。

比能量即质量能量密度,是指电池单位质量所能输出的电能,单位为Wh/kg。这一参数与电动汽车的整车质量和续驶里程直接相关,是评价电动汽车动力电池能否满足设计续驶里程的重要指标。动力电池的空间布置与体积能量密度有关,体积能量密度是指电池单位体积所能输出的电能,单位为Wh/L。电池的功率表示电池输出能量的速率,即在规定放电条件下单位时间内输出的能量,单位为瓦(W)。

质量功率密度也称为比功率,是指电池单位质量所能输出的功率,单位为Wh/kg,与放电深度密切相关;体积功率密度是指电池单位体积所能输出的功率,单位为W/L。功率密度是评价动力电池能否满足电动汽车加速与爬坡能力的重要指标。

6 循环寿命

电池寿命是衡量二次电池性能的一个重要指标。在一定的充放电制度下,电池容量降至某一规定值(我国标准规定为额定值的80%)之前,电池所能经历的循环次数,称为二次电池的循环寿命。

影响二次电池寿命的主要因素有电极材料、电解质溶液、隔膜及制造工艺等,同时,电池在使用过程中的温度、充放电倍率、充放电制度、保护电路的耗电量、负载的耗电量等,也对电池的寿命产生直接的影响。随着充放电次数的增加,动力电池中的化学活性物质会发生老化即活性降低,其化学性能逐渐削弱,充放电效率逐渐降低,最后部分或完全丧失充电或放电功能。

⑦ 倍率性能

测试锂离子电池在不同电流值下的充电容量和放电容量,可以了解锂离子电池的倍率性能。纯电动汽车用动力电池在使用过程中一般以 $0.3C$ 倍率放电,电池在此倍率下通常可以循环 500 次以上。自行车用动力电池使用中可能出现 $0.5C$ 或更高倍率电流,而此种倍率的放电可能会影响到电池的使用性能。

⑧ 搁置性能

搁置性能体现的是锂离子电池储存电能的能力,衡量指标如下。

1) 荷电保持能力

又称自放电率,是指电池在开路状态下,电池所储存的电量在一定条件下的保持的能力,是衡量电池性能的重要参数。电池在 100% 荷电并且开路搁置后,会有一定程度的自放电现象。《移动电话用锂离子蓄电池及蓄电池组总规范》(GB/T 18287—2013)及《电动汽车用锂离子蓄电池》(QC/T 743—2006)中均规定了锂离子电池在 20℃ ±5℃ 条件下开路搁置 28d,可允许电池有少部分容量损失。同时,QC/T 743—2006 标准中还对电池在高温状态下的荷电保持能力做了明确规定(电池在 55℃ ±2℃ 条件下开路搁置 7d)。通常,影响电池搁置性能的因素主要有电池制造工艺、材料及储存条件等。

2) 容量恢复能力

容量恢复能力是指锂离子电池在满电态下搁置 28d 后容量的恢复能力,用以反映电池容量的不可逆损失的大小。检测方法包括常温态和高温态搁置,GB/T 18287—2013 中对此内容有明确规定。影响电池搁置性能的因素主要有电池制造工艺、材料及储存条件等。

三 电池的失效机理

① 电池的失效机理

锂离子动力电池发生安全事故(起火、爆炸)的过程通常是:电池中储存的能量在电池内部以热的形式累积,当温度上升到一定程度时,又会诱发和加速体系内的其他化学反应并形成恶性循环,最终引发事故。其中最重要的反应是电解质溶液的分解,会产生大量的热和可燃性气体。另一个重要反应是氧化物正极活性物质的分解,它除了产生热之外,有些材料还会释放出氧气,从而加速电池内部的反应。

1) 正常使用中的安全事故

目前,虽然根据不同体系和特性对锂离子电池规定了很多严格的使用条件及其他安全措施,在一定程度上保证了电池的安全和各项性能的正常发挥,但是仍然无法完全避免出现安全事故。例如在电池的生产和制造过程中,如果在正负极片之间混入了可以导电的金属微粒,在使用过程中这些金属微粒会逐渐刺穿隔膜而造成短路。另外,在电池的使用过程中,电池极片的粉化或活性物质的剥落也可能会造成短路,这种短路在开始阶段可能是微小和局部的,但是由于短路电流很大,局部温度的迅速升高可能使附近的隔膜收缩或融化,从而使短路的面积迅速扩大,并导致电池中储存的能量通过内部短路的途径以热的方式全部释放出来,最后造成电池急剧升温,甚至起火和爆炸。如同内燃机的汽油储箱一样,容量越大危险性也越大。

2)不当使用导致的安全事故

不按规定的方法使用锂离子电池,尤其是过充电及超出许可温度使用,不仅会损坏电池,同时还会引发安全事故。

当电池过充电时,大量锂离子从正极溢出,有以下两种可能:

①锂离子沉积负极表面形成枝晶,使电池内部短路;

②随着锂离子从正极溢出,电解液被氧化,产生大量的热使电池温度升高,接着电解液与负极发生反应,并放出更多的热,并产生大量的可燃气体。如果热量得不到及时散失,电池的温度持续升高,反应失控从而导致电池起火爆炸。电池的过充是造成事故的主要原因,应该尽量避免和预防。现在主要采用的解决方法包括:

①增加保护电路,实时监测电池的充电电压,当电压超过规定值时,立即停止对电池充电;

②在电池的电解质溶液中加入防过充添加剂,当充电电压超出规定值时,添加剂开始反复进行无损耗的氧化还原反应,以消耗多余的充电能量。

3)意外情况下的安全事故

意外事故通常包括机械性撞击和高温两种情况。

(1)机械性撞击

机械性撞击可能造成两种严重的后果:一是金属导体刺入电池内部,造成电池内部大面积短路;二是电池被挤压,电池内部的隔膜破裂并造成正负极片短路。当电池的能量通过短路电阻以热能形式迅速释放出来时,形成的高温足以使电解质溶液迅速分解,并产生大量的热和可燃气体,最终导致电池爆炸起火。

(2)高温

外界温度超过一定限值时,也会引起锂离子电池的燃烧与爆炸。

可以采取以下预防措施来提高锂离子电池在意外情况下的安全系数:

①在电解质溶液中加入一些高沸点、高闪点和不易燃烧的溶剂,也可选用一些热稳定性高的有机溶剂或添加一些阻燃剂。

②选用化学结构稳定的正极材料,如尖晶石型锰酸锂或磷酸亚铁锂。

③选用耐高温的隔膜。

2 成组应用技术

动力电池不仅是各种电动车辆的重要组成部分,也是油电混合动力汽车和插电式混合动力汽车的(Pliig - in Hybridelectric Vehicle, PHEV)重要辅助能源,尤其对于纯电动汽车

（Battery Electric Vehide，BEV）而言，更是唯一的能量载体和动力来源，是车辆成本的主要组成部分，其寿命直接影响车辆的使用成本。对于车辆而言，由于单体电池无法满足整车的能量、功率等性能需求和使用要求，在实际应用中需要电池成组集成使用。因此，动力电池成组应用技术是电动车辆市场化和商业化的关键因素之一。

目前，由于电池生产技术水平的限制和使用过程中的过充电和过放电等不当操作，成组应用的单体电池在容量、内阻、充电接受能力及自放电率等性能差异在整个生命周期中客观存在，并且在使用中有些性能差异会逐渐放大，个别电池性能衰减加剧，从而引发部分电池的过充、过放、过热等问题，进而导致电池组寿命缩短，甚至发生燃烧、爆炸等安全事故。因此，必须对成组应用的电池进行检测和管理，使电池组的各项性能指标达到或者接近单体电池的平均水平，避免电池组提前失效。

就电动汽车电池成组应用现状而言，单体电池的电压和容量等不能满足电动汽车的行驶要求，实际使用时，需要对中体电池进行串联或并联等方式成组应用，一般通过电池的并联组合以获得更大的电流输出能力，通过串联组合以获得更高的工作电压。单体电池是最基本的电池单元，为便于安装、运输和使用，采取将多个单体电池串联、并联或混合连接组成电池模块或电池包，电池模块在车上再以串联、并联或混合连接等方式构成电池组。

电池在实际成组应用时，从单体电池到电池模块再到电池组，性能会逐渐下降。电池组的输出能量、比功率、容量等参数，往往达不到所有单体电池之和的水平，使用寿命更是比单体电池缩短数倍甚至数十倍，导致系统使用和维护成本增加，经济性和安全性降低，成为制约电动汽车推广应用和产业发展的关键性问题。

动力电池的成组应用性能是影响电动汽车动力特性以及行驶特性的关键因素。随着电动汽车示范运行的逐步推进，各种相关技术迅速发展，动力电池在电动汽车上成组应用的问题突显出来，因此国内外多家研究机构也一直在致力于这一方面的研究，并取得了一定的成果。

我国研制生产的部分电动汽车的电池配置参数见表 10-3。

我国研制生产的部分电动汽车的电池配置参数　　　　表 10-3

车　型	电池组容量	电池组额定电压（V）	电池单体数量	电池连接形式	电池类型
北汽 E150EV 轿车	66	326	182	91 串 2 并	磷酸铁锂电池
北汽 EV200 轿车	92	332			三元锂电池
比亚迪 E6 先行者轿车	173	330	103	103 串	磷酸铁锂电池
众泰 5008EV 轿车	100	320	100	100 串	磷酸铁锂电池
福田迷迪轿车（BJ16438EV3）	106	345	5088	96 串 53 并	三元锂电池（单体型号出 8650(3)
广汽公交客车（GZ6120EV1）	360	395.2	416	104 串 4 并	锰酸锂电池
纯电动自卸式垃圾车（HLT5022ZLJEV）	60	384			磷酸铁锂电池
纯电动洒水车（HLT5165GSSEV）	400	384			磷酸铁锂电池

③ 电动汽车电池成组的影响因素

1) 单体的一致性

电池单体的一致性是影响电池成组应用特性的主要因素,其中包括容量、电压、内阻等参数的差异。如果容量差别较大,容量小的电池单体充电时容易被过充,放电时容易出现过放,此电池单体性能衰退严重,而随着充放电循环的增加。这种情况会进一步恶化,从而会大大降低整组电池的性能和使用寿命。

2) 环境温度

电池的实际容量、能量、功率和自放电率等性能会随着环境温度的不同而变化,电池在其最佳工作温度区域表现出良好的性能,电池的寿命与温度和充放电倍率有着密切的关系。环境温度过高或过低都会对其性能及寿命产生不利影响。对于锂离子电池而言,如果电池温度过低会导致锂离子在电极材料、电解液及隔膜之间的导电率降低,导致电池即使在常规的工况下也会产生较为严重的极化,发生不可逆反应,影响电池的使用寿命;如果电池温度过高,会导致电极材料、电解液、隔膜的不稳定并引发不可逆的副反应,从而影响电池的使用寿命。

温度的变化会影响电池内部离子的传导系数及电极材料、电解液的稳定性。电池的性能对温度变化敏感,特别是大容量、高功率的动力电池,正常运行所需的电池数量较多,电池大多以模块或包的形式连接。当电池以不同倍率充放电时,会以不同产热率产生热量,加上时间累积和空间限制,容易聚集大量的热量,从而导致电池组运行环境温度情况复杂多变。由于电动汽车的结构设计不同,导致动力电池的布置方式和位置也不相同,不同的通风散热条件增加了电池组中各单体电池之间的温度不均衡。单体电池温度的不均衡,会造成单体电池的性能衰减速度不一致,从而造成各电池模块、单体电池不一致性的分化,最终影响电池组的寿命。设计良好的散热和通风结构,对电池组温度场均匀分布、保障电池组的使用性能和可靠性具有重要的意义。

3) 充放电率

充放电率不仅影响电池的极化情况,而且会因为高倍率下引起电池发热而温度升高,从而影响电池的使用寿命。充放电方式、放电深度、放电功率等都会影响电池性能的衰退程度。通常小电流充放电时,电池的一致性较好,大电流充放电时,一致性会变差。特别是过充电、过放电会进一步增加电池的不一致性,造成电池损坏甚至起火、爆炸等严重问题。

4) 连接方式

电池的连接方式会对电池组的连接可靠性和电池一致性产生很大的影响。电池在并联使用时,电压较低的电池会被电压较高的电池充电,低压电池实际容量增加而高压电池实际容量下降能量会在相互充放电过程中损耗而无法达到初始预期的输出性能。电池在串联使用时,单体电池的不一致性也会使可用容量受到限制。综合考虑连接可靠性连接方式对电池组整体性能的影响,建议采用先并联再串联的连接方式。

④ 电池成组技术

尽可能提高电池组内各电池单体的一致性,是电池在电动汽车和储能系统上可靠应用和保证电池性能能够得到充分发挥的关键所在。开展电池成组关键技术研究,掌握电池组模块化技术、监控技术及热管理技术等是提高电池组使用寿命的有效途径。

电池单体的初始不一致性来自生产和制造环节。由于材料的不均匀性、生产过程中的技术工艺精度误差及环境温度等原因,电池的内部结构和材质存在差别,外在表现为初始性能参数的不一致。保持电极材料的质量稳定、提高电池生产工艺、严格控制电池生产环境等能有效改善电池出厂时的一致性。极片结构的优化,一定程度上也可以提高电池的一致性。通过优化电池结构,可以改善极片表面的电压及电流分布,使其更加均匀,从而降低电极局部出现快速恶化的可能性。

四 电动汽车电池组一致性评价与均衡

电池组一致性评价与均衡是电池成组应用技术的核心,直接影响到电池组使用的安全性。

① 电池组一致性分析

无论哪种电池类型,其单体电池的电压和容量都无法满足电动汽车的需求,为了达到所需的电压、功率和能量等级,必须通过串并联的方式组成电池组为电动汽车提供能量。然而在实际应用中,即使电池成组时经过了严格的筛选,在投入使用时,电池组在容量利用、安全性及寿命等方面的性能依然远不及单体电池,其核心问题在于电池组的不一致性。由于不一致性的存在,电池成组应用存在类似于木桶短板效应的问题。此外,不一致性对电池组的可用容量和可靠度具有重要影响。本节结合纯电动汽车(PEV)的实际应用特点,从不一致性产生原因及其对电池组性能的影响进行分析和讨论。

1)不一致性产生的原因

电池组的不一致性,是指同一规格、同一型号的电池在成组应用时,组内单体电池之间存在性能差异的现象。主要表现为电池之间性能参数的不一致性,如电池外电压、极化电压、直流内阻、容量等方面,不一致性是造成电池成组应用时性能下降的主要原因。电池组不一致性产生的原因,有电池的初始状态不一致和电池性能衰退速度的不一致两个方面。由于生产和使用过程中不可能达到完全一致的,所以电池组的一致性是相对的,不一致是绝对的。

由于电池组中各个电池的温度和通风条件、自放电程度及充放电过程等差别的影响,组内电池的自放电速度、内部副反应速度也有相应差别。总之,电池组内能够反映电池不一致的各参数之间并不是相互独立的,而是互相耦合、互相影响的。电池初始容量的不一致及衰退速度的不一致是造成不一致的原因,而所有的不一致性最直接的表现形式就是电池电压的不一致性,因此,电池电压的不一致性,可以从一定程度上反映电池之间其他参数的差异。

2)不一致性对电池组性能的影响

电池组的不一致性对其性能的影响,主要表现在以下几个方面。

(1)容量和能量利用方面

在充电时,先于其他电池充满电的部分电池限制了电池组的充电容量,从而导致电池组的总存储容量和能量减少。同样,在放电时,先于其他电池放完电的部分电池限制了电池组的放电容量,从而导致了电池组存储的容量和能量不能得到充分利用,因而很难平衡成组电池使用的安全性和高效性之间的矛盾,这就是成组电池的不一致性导致的"木桶效应"。

(2) 功率输出方面

当即将充满电或放完电的时候,电池的最大允许充放电电流会有所下降。当存在差异的电池串联成组的时候,在充电过程中,电池会限制整组电池的充电电流,使得充电时间增加;同理在放电过程中,偏低的电池会限制整组电池的功率输出能力,降低驾驭动力性能和舒适度。

综上所述,对电池的一致性建立评价体系并据此对电池组进行均衡,能有效地提高电池组的容量和能量利用效率,保证电池组使用的高效性。

❷ 电池组一致性评价指标

常用的电池成组方式有串联、并联、先并联后串联、先串联后并联和混合连接五种。电池组中存在并联的连接方式时,通过判断并联支路电流的不平衡度可以评价并联电池充放电特性的好坏,为电池组系统进行合理的容量设计和提高并联电池组的性能提供依据;当电池组中存在串联的连接方式时,通过详细分析直流内阻、极化电压、最大可用容量及差异等对电池外电压的影响,分析电池外电压存在差异的内在原因,并提出能够有效描述电池之间内在差异性且有效提高均衡效果的方法。因此,本书提出的包含了电流不平衡度、内阻、极化、容量和 SOC 这 5 个参数的电池组一致性的综合评价指标,对分析串并联电池组的特性具有重要的意义。

1) 电池组一致性分析方法

分析方法及结论均是在假设电池的其他参数和状态相同的情况下得到的,所以分析起来相对简单。但是在实际使用的时候,电池之间的外电压差异可能是其中几个甚至所有因素共同作用的结果,导致电池的一致性的分析难度增加。本节以实际装车运行一段时间后的电池组作为描述对象,采用直流内阻、极化电压和容量几个指标对其一致性进行分析和验证。

2) 电池组一致性量化评价

在实际使用时,为了给电池的均衡和维护提供数据支持,需要对电池组的一致性进行量化评价。如前所述,电池之间的差异性表现在直流内阻、极化电压、SOC 和最大可用容量这 4 个方面,其中前 3 个参数并不能通过均衡得到改善,电池组的均衡只能通过分别调整各只电池的,实现其优化配置,在保证所有电池不出现过充电和过放电的前提下实现电池容量和能量利用的最大化。一般从电池外电压、容量利用率和能量利用率的角度对电池组一致性进行量化评价。在工作模式、倍率需求、运行环境和工况均不能确定的情况下,电池的直流内阻和极化电压的大小不可预知,所以,在此仅从最大可用容量和两个方面对电池组一致性进行量化分析。

(1) 基于外电压的一致性量化评价

基于外电压的一致性评价是前常见的一种评价方式,通常通过分析电池组所有电池外电池所处的电压范围及分布情况来评价电池组的一致性。

(2) 基于电池组容量利用率的一致性量化评价

出现一致性问题后,电池组的容量不能得到充分的利用。通过均衡可以改善电池组的一致性,均衡前后电池组的最大可用容量利用率和经过均衡后电池组的容量提升程度等,都是保证电池组高效使用非常重要的指标。

3 电池组均衡策略

在使用一段时间后,电池组的一致性问题会逐渐地显现,导致串联电池组的容量和能量都不能得到有效利用,并造成纯电动汽车运行效率的下降和一次性充电续驶里程缩短等问题。为了解决这些问题,最常用的办法就是对电池组进行均衡。均衡对于成组电池能量更高效地利用具有重要意义,所以在电池串联成组使用的场合,受到了人们的广泛关注,先后提出了多种均衡控制策略和电路拓扑。但是这些方法的控制依据,都是电池组内单体电池的外电压差异,均衡的目标就是保证各单体电池之间的外电压差异的处于规定范围之内,而由于各单体电池需要的均衡容量事先无法得知,且电池的外电压差异只有在充电结束时才能表现得更加明显,所以均衡器作用的时间较为有限,这给均衡器容量的选择和均衡过程的控制带来了很多困难。当这些均衡方法应用于纯电动汽车(PVC)时,就会存在一些难以解决的问题,由于电池组的容量较大,所以可能会出现均衡容量不足,不能有效地达到均衡效果;或者是均衡器的容量、体积和成本不能满足实际需要。

在最大可用容量、荷电状态(SOC)及电池一致性评价的基础上,分别从电池组单体外电压、电池组最大可用容量、电池组最大可用能量和电池组单体电池荷电状态 SOC 的 4 个方面,讨论电池组均衡的依据、方法和需要均衡的容量的计算方法,并对三种均衡策略进行比较,为电池组的均衡提供理论依据和数据支持。

五 动力电池系统常见故障及处理办法

在电动汽车中,高压系统的功能是保证整车动力系统电能的传输,并随时检测整个高压系统是否出现绝缘故障、断路故障、接地故障和高压故障等,对保证整车设备和人员安全有着最重要的作用,也是电动汽车产业化的关键系统之一。

电动汽车的主要部件——动力电池系统属于高压部件,其设计好坏直接影响着整车的安全性和可靠性。在动力电池系统中,从故障发生的部位来看,有传感器故障、执行器故障(接触器故障)和部件故障(电芯故障)等。这些故障在电动汽车系统中一旦发生,轻则造成系统性能下降,重则引发事故,造成人员和财产的巨大损失,因此,动力电池系统故障诊断和处理显得十分必要。

动力电池系统按照故障发生的部位可以分为三类:单体电池故障、电池管理系统故障、线路或连接件故障。

1 单体电池故障

单体电池的故障包括以下三种。

(1)单体电池荷电状态偏高或偏低

表现为该电池性能基本正常,无须更换,但与电池组内其他电池相比,该单体电池的

SOC偏高或偏低。如单体电池的SOC偏高,则该电池在充电末期易最早达到充电截止电压,影响整组电池的容量,可以对该单体电池单独进行补充放电。如单体电池SOC偏低,则该电池在车辆行驶过程中,电压会最先达到放电截止电压,使电池组实际容量降低,可以对该 单体电池单独进行补充充电。

(2)单体电池性能衰退严重

电池性能衰退严重时应及时更换,衰退原因有单体电池容量不足或单体电池内阻偏大。在电池组中,容量不足的单体电池限制了整个电池组的容量,所以,发生单体电池容量不足故障时,会影响车辆的续驶里程。内阻过大则会严重影响电池的电化学性能,如充放电过程极化 严重、活性物质利用率低、循环性能差等。

(3)单体电池的其他故障

相应故障包括单体电池的内部和外部短路,电池极性装反,以及在强振动下电池耳、极片上的活性物质、接线柱、外部连线和焊点,可能会折断或脱落,引发单体电池内部或外部短路。

一般情况下,造成单体电池前两种故障的原因可能有两个:一是电池成组时单体电池的一致性问题,即单体电池的容量、内阻等本身存在差异;二是单体电池在成组应用过程中由于应用环境差异(如温度、充放电电流等)导致的一致性差异增加,加剧了单体电池的不一致性。

② 电池管理系统故障

电池管理系统对于保障电池组的安全和延长使用寿命,最大限度地发挥电池系统的效能具有重要作用。电池管理系统一般对单体电池电压、总电压、总电流和温度等进行实时监控采样,并将参数实时反馈给整车控制器。电池管理系统除对电池性能参数进行监控和实施电能管理以外,还具备以热管理为主的应用环境管理,对电池进行加热或冷却,保证电池具有良好的应用环境温度及温度场的一致性。如果电池管理系统发生故障,就失去了对电池的监控,容易导致电池的过充、过放、过载、过热及不一致性问题的加剧,影响电池的性能、使用寿命和行车安全。

电池管理系统故障包括通信故障、总电压测量故障、单体电压测量故障、温度测量故障、电流测量故障、继电器测量故障、加热器故障和冷却系统故障等。

(1)线路或连接器故障

线路或连接器故障的诊断,对于保证行车安全和整车的可靠性同样重要。例如,由于车辆 的振动,电池间的连接螺栓可能会出现松动,电池间接触电阻增大,发生电池间虚接故障,导致电池组内部能量损耗增加,造成车辆动力不足和续航里程短等问题,在极端情况下还会导致高温,产生电弧,融化电池电极和连接片,甚至造成电池着火等严重事故。

在电动汽车运行过程中,单体电池之间可能出现相对跳动,造成两电池间的连接片折断。电池箱与电动汽车的电气连接也是故障的高发点,电插接器在经历长时间振动后容易虚接,易烧蚀和接触不良等故障。

动力电池系统常见故障及处理方法见表10-4。

动力电池系统常见故障及处理方法 表10-4

故障部位	故障现象	故障后果	处理方法
单体电池	单体电池5(偏低)	电池组容量降低,车辆续航里程短	对单体电池单独充电
	单体电池30(偏高)		对单体电池单独放电
	单体电池容量不足	电池组充电不足、使用寿命缩短、车辆续航里	更换单体电池
	单体电池内阻偏大	电池组充电不足、使用寿命缩短,车辆动力不足,续航里程短	
	单体电池过充电	电池内部短路、电池热失控,严重时会起火、爆炸	检查电池管理系统
	单体电池过放电		
	单体电池内部短路		更换单体电池
	单体电池外部短路	电池热失控,严重时会起火爆炸	排除短路故障、更换单体电池
	单体电池极性装反		更换单体电池
电池管理系统	通信故障	无法监控电动汽车	检查网络
	总电压测量故障	无法监控总电压	检查总电压测量模块
	单体电压测量故障	无法监控单体电压	检查单体电压测量模块
	温度测量故障	无法监控电池温度	检查温度测量模块
	电流测量故障	无法监控电池电流	检查电流测量模块
	冷却系统故障	电池温度偏高	检查冷却风扇控制线路
线路或连接器	电池间虚接	车辆动力不足、续航里程短	紧固电池连接
	电池间断路		检查电池连接
	快速熔断器断开	车辆无法起动	检查快速熔断器
	动力电连接器断开		检查动力电连接器
	动力电连接器虚接	连接器易烧蚀,车辆动力不足	检查动力电连接器
	信号电连接器故障	无法监控车辆	检查信号电连接器
	正极接触器故障	车辆无法起动	检查接触
	负极接触器故障		
	电源线短路	电池热失控,严重时会起火爆炸	检查电源线

(2)动力电池检测与维护设备实例

动力电池使用中的全面维护,主要是通过对电池单体、电池包或电池组进行充放电中获取的参数来查找影响电池可用容量的薄弱环节,并通过电池更换或者充放电均衡维护来保证电池在车辆上的使用性能。动力电池如果更换维护过早或过快,会造成较大的经济损失,更换维护过晚,又会对系统的稳定性和安全性产生严重的影响。因此,准确了解动力电池的使用性能,及时全面地维护,可以有效避免电池的故障或损坏,延长电池的使用寿命。

对电池包或电池组的维护,除了对电池本身的参数检测外,还要对电池管理系统的性能参数进行核查,确认其性能满足实际需求。维护系统最好具有与电池管理系统的通信功能,同时配备独立的电池单体参数高精度检测装置,实现对电池包或电池组的完整检测。

另外,馈网型电池充放电设备在电池放电过程中将能量回馈到电网,不但可以节约能源,而且可以显著减小维护工作的场地空间需求,避免大规模散热引起的环境温升等。

六 混合动力汽车普锐斯电池检测为例

混合电力电池系统的主要作用是由蓄电池 ECU 监控 HV 电池总成的状态,并将此信息输出给 HV 控制 ECU,并控制电池鼓风机电动机控制器,以保持 HV 电池总成的适当温度。

① HV 电池总成管理和安全保护功能

(1)在驾驶过程中,电池总成加速时反复放电,而通过减速恢复制动被充电,电池 ECU 根据 SOC(荷电状态),并将结束输出给控制 ECU。然后,HV 控制 ECU 根据 SOC 执行充电/放电控制。

(2)如果故障发生,电池 ECU 会自动执行安全保护功能,依据故障程度保护 HV 蓄电池总成。

(3)蓄电池鼓风机电动机控制车辆行驶时,为了控制 HV 电池总成温度的上升,蓄电池 ECU 根据 HV 电池总成温度,判断并控制蓄电池鼓风机总成的操作模式。

② 电池系统的检修

1)检查电池加液口塞的导通性
(1)用万用表测量端子间的电阻,如图 10-1 所示。
标准:≥10kΩ,如果不符合标准值,则更换电池加液口塞。
(2)将检测塞安装到固定座上。
2)用万用表测量端子间的电阻。
用万用表测量端子间的电阻,如图 10-2 所示。

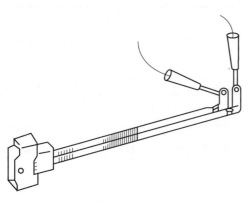

图 10-1 检查电池加液口塞的电阻

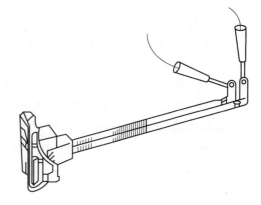

图 10-2 用万用表测量端子间的电阻

标准:<1Ω。如果不符合标准值则更换蓄电池加液口塞。
3)检查 1 号系统主继电器
连接器 A 和连接器 B 形状相同,通过端子一侧的线束长度和线束颜色来区分每一个连接器,图10-3为继电器连接器,主继电器端子电阻值见表10-5,连接器标准电阻值见表10-6所示。

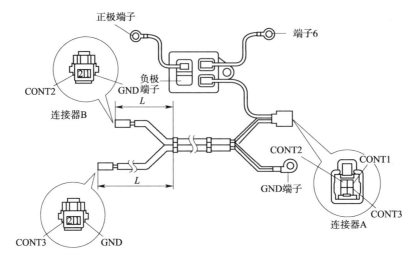

图10-3 继电器连接器及线条长度和颜色

1号系统主继电器端子电阻值　　　　　　　　　　　　表10-5

测量端子	标准数值	测量端子	标准数值
正极端子——负极端子	≥10Ω	端子B1(GND)——GND	<1Ω
A2(CONT2)——B1(CONT2)	<1Ω	端子C1(GND)——GND	<1Ω
A3(CONT2)——C1(CONT3)	<1Ω		

连接器标准电阻值表　　　　　　　　　　　　表10-6

连接器	线束长度	线束颜色
B	短	黄色
C	长	黑色

(1)检查导通性

①用万用表测量连接器间的电阻,电阻标准值见表。如果不符合标准值,则更换1号系统主继电器。

②在正极和负极端子间提供电压,然后用万用表测量端子6和A1(CONT1)间的电阻。标准:160~170Ω。如果不符合标准值,则更换1号系统主继电器。

(2)检查电阻

万用表测量端子6和A1(CONT1)间的电阻。标准:70~160Ω。如果不符合标准值,则更换1号系统主继电器。

4)检查2号系统主继电器

将2个已安装的螺母安装到负极的正极端子。转矩:5.6 N·m。

(1)检查导通性。

用万用表测量正极和负极端子间的电阻,如图10-4所示。标准:≥10kΩ。如果不符合标准值,则更换2号系统主继电器。

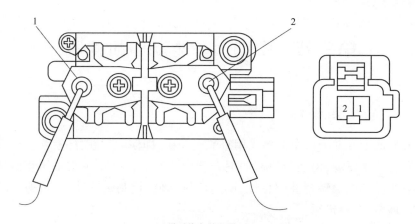

2号系统主继电器

图10-4 检测2号系统主继电器的电阻
1-负极端子;2-正极端子

在连接器端子间加蓄电池电压,然后用万用表测量正极和负极端子间的电阻。标准:<1Ω。如果不符合标准值,则更换2号系统主继电器。

(2)检查电阻,万用表测量连接器端子间的电阻。标准:20~50Ω。如果不符合标准值,则更换2号系统主继电器。

5)检查3号系统主继电器

将螺母安装到负极的正极端子上。转矩:5.6N·m。

(1)检查导通性。

①用万用表测量正极和负极端子间的电阻,如图所示。标准:≥10kΩ,如果不符合标准值,则更换3号系统主继电器。

②在连接器端子间加蓄电池电压,然后用万用表测量正极和负极端子间的电阻。标准:<1Ω。如果不符合标准值,则更换3号系统主继电器(图10-5)。

(2)检查电阻,万用表测量连接器端子间的电阻。标准:20~50Ω。如果不符合标准值,则更换3号系统主继电器。

6)检查系统主电阻器

用万用表测量端子间的电阻,如图10-6所示,标准:18~22Ω。不符合标准值,则更换系统主电阻器。

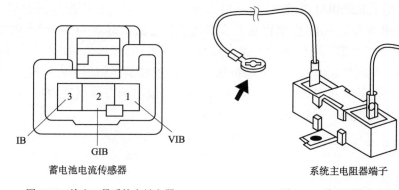

蓄电池电流传感器　　　　　　系统主电阻器端子

图10-5 检查3号系统主继电器　　图10-6 检查系统主电阻器

第二节　电动汽车驱动电机检测

一、电机种类介绍

在早期开发的混合动力汽车上多采用直流电动机,即使到现在,还有一些电动汽车上仍然使用直流电动机来驱动,但在新研制的混合动力汽车上已基本不再采用直流电动机。直流电动机具有优良的电磁转矩控制特性,调速比较方便,控制装置简单、价廉。缺点是效率较低、质量大、体积大、价格贵。

① 直流电机

在混合动力汽车上,最常采用的有他励直流电机和串励直流电机。

1)他励直流电动机

他励直流电动机能够分别控制励磁电流和电枢电流,来实现对他励直流电机的控制,他励直流电动机具有线性特性和稳定输出特性,可以扩大其调速范围,能够实现在减速和制动时的再生制动,回收一部分能量。

2)串励直流电动机

串励直流电动机的励磁电流和电枢电流相等,能获得每单位电流的最高转矩,具有能动转矩大,有较好的能动特性以及较宽的恒功率调速范围,有利于提高混合动力汽车的动力性能。

② 交流电动机

三相异步感应电动机的结构:三相异步感应电动机有鼠笼式异步感应电动机(简称感应电动机)和绕线式异步感应电动机两种。鼠笼式异步感应电动机是应用最为广泛的电动机。

1)三相异步感应电动机的组成

三相异步感应电动机的定子和转子由层叠、压紧的硅钢片组成,两端采用铝盖封装,在转子和定子之间没有相互接触的部件,结构简单运行可靠经久耐用,价格低廉。

2)三相异步感应电动机的基本性能

三相异步鼠笼式感应电动机的功率容量覆盖面很宽广,最高转速可以达到10000~12000r/min,可以采用空气冷却或液体冷却方式,冷却自由度高,对环境的适应性好,并且能过实现再生反馈制动。与同样功率的直流电动机相比较,效率较高,质量约少一半左右。三相异步感应电动机已经能够大批量的生产,有各种不同型号规格的产品供用户选用。价格便宜,维修简单方便,因此得到普遍的应用。

③ 永磁式电动机

1)永磁式电动机形式

永磁式电动机有两种形式,两种永磁式电动机的同步特性的区别,表现在它们的电流曲线形状上：

(1) 矩形脉冲波电流永磁无刷直流电动机(PM BDC)具有矩形脉冲波电流。

(2) 正弦波电流永磁同步电动机(PSM)具有正弦波电流。永磁式电动机的电流曲线形状是由电动机的类型及其控制系统来确定的，但由于它们是从不同类型的电动机发展而来的，因此具有不同的名称。这两种永磁式电动机在结构上和工作原理上大致相同，转子都是永久磁铁，定子通过对称交流电来产生转矩，定子电枢多采用整距集中绕组。永磁式电动机的同步特性比较如图10-7所示。

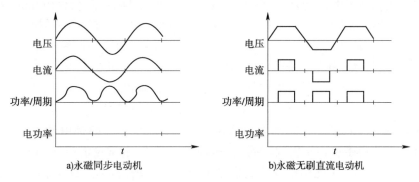

图10-7 永磁电动机的同性特性比较

2) 永磁式电动机的结构

按永久磁铁在永磁电动机上布置，可以将永磁电动机分为：内部永磁型IPM(Iterior Perlnanent Magent)、表面永磁式SPM(Surface Permanent Magnet)和镶嵌式(混合式)永磁式ISPM(Insettype)等结构类型，将永磁磁极按N极和S极顺序排列组成永磁式电动机的磁性子。

3) 永磁材料

永磁电动机的永磁材料种类很多，如KS-磁钢铁氧体锰铝碳铝钕镍钴和稀土合金等。铁氧体价格低廉，而且去磁特性接近一条直线，但铁氧体的磁能很低，使得永磁电动机的体积增大，结构笨重。现代主要采用了稀土合金永磁材料来制造永磁电动机的磁极，它的能量密度远远超过其他永磁材料制成的磁极。

4) 永磁无刷直流电动机

(1) 永磁无刷直流电动机的结构 永磁无刷电动机相当于一台用电子换向装置取代机械换向的直流电动机，永磁无刷直流电动机主要由永磁电动机本体、转子位置传感器和电子换向电路组成。无论是电路或控制方式，永磁直流电无刷动机与传统的直流电动机都有很多相似之处；用装有永磁体的转子取代有刷直流电动机的定子磁极；用具有多相绕组的定子取代电枢；用由固态逆变器和轴位置检测器组成的电子换向器取代机械换向器和电刷。

(2) 永磁无刷直流电动机的性能。永磁无刷直流电动机在工作时，直流将方波(矩形脉冲波)电流输入永磁无刷电动机的定子中，控制永磁无刷直流电动机运转。矩形脉冲波电流可以使电动机获得更大扭矩，永磁无刷电动机的优点是效率高，且操作性好，无电刷，结构简单牢固，免维护或少维护，体积小，质量小。永磁电动机在材料的电磁能、磁极数量、磁场衰退等性能都优于其他种类的电动机。

④ 开关磁阻型电动机

开关磁阻电动机是一种新型调速电动机,调速系统兼具直流、交流两类调速系统的优点,是继变频调速系统、无刷直流电动机调速系统的最新一代无级调速系统。它的结构简单,在电动机的转子上没有集电环、绕组等转子导体和永久磁铁等。开关磁阻电动机的定子和转子都是凸极结构,只在电动机的定子上安装有简单的集中励磁绕组,励磁绕组的端部较短,没有相间跨接线,磁通量集中于磁极区,通过定子电流来励磁。各组磁路的磁阻随转子位置不同而变化。转子的运转是依靠磁引力来运行,转速可以达到15000r/min,在较宽的转速范围和较宽的转矩范围内效率可以达到85%和93%,比三相感应电动机要高,其转矩及转速特性好,在较宽的转速范围内,转矩、转速可灵活控制,调速控制较简单,并可实现四象限运行,有较高的起动转矩和较低的起动功率,开关磁阻电动机功率密度高,结构简单坚固,可靠性好,但转矩脉动大,控制系统较复杂,工作噪声大体积比同样功率的感应式电动机要大一些。

开关磁阻电动机的定子和转子采用凸极结构,定子和转子都是由硅钢片叠片组成的。开关磁阻电动机的定子和转子极数不同,有多种组合方式,最常见的有四相8/6结构和三相6/4结构。其中,三相开关磁阻电动机的定子上有6个凸极,转子上有4个凸极,这就是三相6/4结构。四相开关磁阻电动机的定子上有8个凸极,转子上有6个凸极。在定子相对称的两个凸极上的集中绕组互相串联构成相,但在转子上没有任何绕组。因此在定子上有6个凸极的为三相开关磁阻电动机,在定子上有8个凸极的为四相开关磁阻电动机,依此类推,由于开关磁阻电动机定子凸极数量不同而形成不同极数的开关磁阻电动机。而永磁无刷电动机控制策略见图10-8。

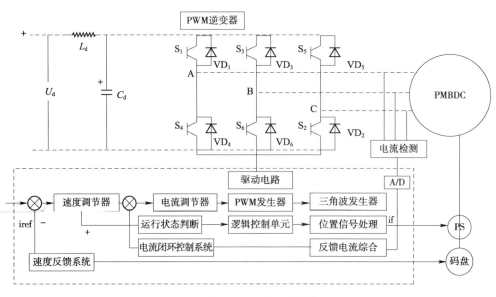

图10-8 永磁无刷电动机控制策略

(1)高起动转矩、低起动电流。动机的效率还要高,非常适合混合动力汽车的驱动要求,这对采用电池作为动力能源的混合动力汽车具有很大的吸引力和实用性。

(2) 高效率、低损耗、耐温。开关磁阻电动机的调速系统效率非常高,电流的幅值,转矩方向及大小都得到控制,可以实现四象限运转,控制起来灵活、方便,具有其他调速系统难以达到的水平。开关磁阻电动机的可控参数多,动态响应快,因此在运转速范围运行范围内和同负载条件下,也不会发生在变频器供电时三相异步电动机在低频时易发生的不稳定的振荡现象和永磁电动机因受高温影响。

开关磁阻电动机的转子从结构上就不存在损耗,在运转时绕组电阻损耗和铁损都只出现在定子上,这样电动机的散热比较容易,另一方面在转子上没有绕组和永磁体,转子允许的最高温度大大高于其他类型的电动机。

开关磁阻电动机的定子上只有结构简单的集中绕组,转子、定子都是大齿槽结构,可靠性高,绝缘结构简单,制造简便,便于维修,这就是开关磁阻电动机的突出特点。

电动机的功率电路简单。一般感应电动机绕组需要通过双向电流,开关磁阻电动机转矩方向与电流方向无关,只需要单方向绕组电流,为它供应电流的功率电路每相只需要一个功率开关。电气系统中的保护电路可以简化,从而提高了功率变换器系统的可靠性。

二、电动机控制系统

在混合动力汽车上对电动机控制系统的终极目的是:保证车辆的安全、节能、环舒适和通信等方面,对混合动力汽车的动力系统、车身、底盘和车载电子、电气设备进行全方位自动控制。因此,对混合动力汽车智能化控制与智能汽车控制系统结构基本相同。车身、底盘、电子、电气设备绝大部分可以与智能汽车通用,但混合动力汽车的特点,就在于动力系统与内燃机汽车动力系统有本质的区别。在混合动力汽车上是采用电源—电源转换器—驱动电动机的动力系统,是属于电力驱动技术范畴。因此,对混合动力汽车驱动电动机的控制和智能控制的研究,是混合动力汽车的关键技术。

电动汽车电动机有多种控制模式。而异步电动机多采用矢量控制 FOC,是较好的控制方法。近几年,许多先进的控制策略,包括自适应控制、变结构控制、模糊控制和神经网络控制等适用于电动机驱动。

自适应控制包括自调节控制 STC 和模型参考自适应控制。控制器参数可以根据系统参数的变化进行自动调整。关键是用一个识别模块来跟踪系统参数的变化,通过控制器的自动调整模型,基于模型参考自适应算法,控制器的参数不断加以调整,从而得到理想的闭环控制性能。

变结构控制已应用到电动机驱动中,与自适应控制进行竞争。运用 VSC 系统提供不敏感的参数特性,规定误差动态并简化所执行的操作。根据开关控制理论,系统必须按预定的轨道在相应平面内运行,而不管系统参数如何变化。模糊逻辑和神经网络等技术也被引入电动机控制领域。

模糊控制是一种语言过程,它的理论依据是人类使用的先前经验和试探法则。神经网络控制 NNC,控制器有可能解释系统的动态行为,然后自学并进行自我调整。这种控制策略能结合其他控制策略形成新的控制模式,如适应模糊控制、模糊 NNC 和模糊 VSC 等。不久的将来,利用人工智能的控制,机器控制不需人的干预就能进行系统诊断和错误修正,从而为电动汽车的电动机控制方法和智能控制重要保证用。

三 混合动力汽车电动机的控制系统

动力电池组、电流转换器(逆变器)、发动机—发电机组和驱动电动机以及一些电气线路共同组成了混合动力汽车动力系统和驱动力控制系统,因此混合动力汽车的关键是对动力电池组、发动机-发电机组、驱动电动机进行控制或智能控制。

1 混合动力汽车电动机的控制系统的组成

(1)信号输入 驾驶员对加速踏板的位移量以及由电动机反馈的信号和装置反馈的信号等,是混合动力汽车的主要输入信号,该信号一般转换为电信号,经过接口输入计算机中。

(2)信号处理和输出 车载计算机为核心的中央控制器,作为信号处理和指令输出的核心,在中央控制器中装有测量元件、乘法器、比较元件、逻辑控制单元、数据库和各种传感器等,对输入控制信号的输入量进行快速、精确的运算,并产生相应的偏差信号,将运算得出的微弱偏差信号,经过放大元件进行放大或变换,使输出指令的偏差信号足够大,然后通过接口输送到各个控制模块中去。

(3)执行元件 控制模块和各种执行机构是控制系统的执行元件,根据放大元件所放大或变换的偏差信号,控制模块和各种执行机构对被控制对象发出的控制指令,使被控制对象按照规定的指令(参数)运行。

(4)信息反馈 电动机运转监测装置上的传感器,对电动机的运转进行监测,并将电动机运转中的机械量和电量的变化及时反馈到中央控制器,中央控制器将反馈信息进行对比运算后,对输出的指令进行调整和修改,使被控制对象的运行参数与输入信号的值趋向一致,并使被控制对象按照新的指令(参数)运行。

2 丰田普锐斯电动机的检修

混合动力控制系统维修注意事项
1)对高压系统进行操作时断开电源
(1)确保电源开关关闭。

图10-9 检查绝缘手套

(2)从辅助蓄电池上断开负极端子电缆。
(3)手戴绝缘手套,如图10-9所示。
(4)拆下检修塞放置车辆至少需要5min对变频器内的高压电容器进行放电。

注意:断开电源之后,故障码也会被清,因此断开电源之前,必须检查故障码。

2)使用绝缘手套的注意事项。

所有高压线束连接器都是橙色的,HV蓄电池等的高压零件都有"高压"警示,小心不要触碰到这些配线。

3)进行维修或检查时的注意事项
(1)开始工作前,一定要断开电源。

(2)检查维修任何高压配线和零件时,必须戴绝缘手套。

(3)在对高压系统进行操作时,用类似"高压工作,请勿靠近"警示牌来警示。

(4)不带任何类似卡尺或测量卷尺等的金属物体,因为这些物体可能引起短路,拆下任何高压配线后,立刻用绝缘带将其绝缘,如图10-10所示。

(5)一定要按规定力矩将高压螺钉端子拧紧,力矩不足或过量都可能导致故障。

(6)完成对高压系统操作后和重新安装检修前,再一次确认在工作台面周围有没有遗留任何零件或工具,并确认高压端子已拧紧,连接器已连接。

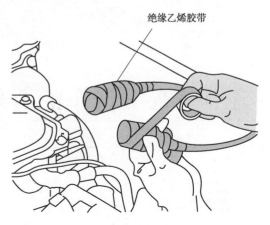

图10-10 绝缘高压部件或导线

4)混合动力系统的相关检查事项

(1)检查变频器。

(2)检查转换器。

(3)测量输出电流。

(4)检查输入和输出信号。

(5)检查速度传感器。

(6)检查加速度传感器。

学习测试

1. 动力电池的种类主要有哪些?
2. 动力电池主要性能要素有哪些?
3. 影响动汽车电池组一致性评价与均衡因素主要有哪些?
4. 汽车动力电池检测方法有哪些?
5. 电动机种类有哪些?
6. 丰田普锐斯电动机的检修注意事项。

第十一章　汽车的合理使用

学习目标

1. 能够正确叙述汽车在一般条件下使用的注意事项；
2. 能够正确叙述汽车在高温条件下使用的特点及技术措施；
3. 能够正确叙述汽车在低温条件下使用的特点及技术措施；
4. 能够正确叙述汽车在坏路或无路条件下使用的特点及技术措施；
5. 能对车辆进行技术等级评定。

学习时间

4学时。

汽车的合理使用，是发挥效率、减少事故、降低维修费用、降低能耗和延长使用寿命的重要环节。而汽车投入运行，往往受到某些特殊使用条件的影响，使其各项使用性能得不到充分发挥，或受到严重破坏。为了确保运力的良性循环，使汽车运输业持续、稳定、协调发展，必须把车辆的正确合理使用置于车辆管理的突出位置。汽车的合理使用与汽车的使用条件密不可分；汽车的使用条件除了一般使用条件之外主要还有一些典型的特殊使用条件：走合期、低温条件、高温条件、高原山区条件、坏路及无路条件等；而汽车的技术等级是衡量汽车技术状况的综合指标。

第一节　汽车在各种条件下的使用

一、汽车在一般条件下的使用

车辆按核定的装载质量装载进行是车辆正确使用的重要内容，是减少车辆故障和延长使用寿命的重要技术措施。在一般条件下，汽车装载应满足以下要求：

（1）车辆的额定装载质量应符合车辆生产厂家规定。车辆的额定装载质量是由车辆生产厂家在汽车设计阶段所确定的，车辆的动力性、经济性、行驶安全性、工作可靠性，零部件及总成的强度、寿命、可靠性等均以额定装载质量为出发点进行设计、试验并确定的。因此，一般使用条件下应合理装载,符合车辆生产厂家的规定。

(2)经过改装、改造的车辆,或由于当地的运行条件(如海拔、气候、道路坡度等)变化,需要重新标定装载质量的车辆,都要经车辆所在地的交管部门重新进行核定。

(3)在车辆换装与车辆生产厂家规定最大负荷不等的轮胎时,如果换装轮胎的最大负荷大于原厂轮胎的,应保持原车的额定装载质量;否则,必须降低其装载质量。

(4)在道路和车辆允许的情况下,遇到无法割裂的货物运输时,可以适当增载,但增载量和装载方也必须符合有关法规要求。

(5)所有车辆的实际装载质量,一经核定,严禁超载。

(6)车辆总质量超过桥梁承载质量或运输超长、超宽、超高货物时,应报请当地交通主管部门,采取安全有效措施,经批准后才能通行,以保障安全,防止意外事故发生。

(7)运载易散落、飞扬、泄漏的货物及污秽物品时,应封盖严密,以防止物品散落及污染环境。

(8)合理组织拖载运输。车辆拖载总质量应根据不同使用条件,通过试验后确定。基本原则如下:

①平原地区保持直接挡(包括超速挡)作为经常行驶挡位。

②丘陵地区用直接挡(包括超速挡)行驶的时间不低于60%,其平均技术速度不低于单车的70%。

③在山区一般道路上,可用二挡通过,最大坡度可用一挡起步。

(9)车辆在装载运输具有易爆、易燃、有毒、腐蚀、放射等性质的危险货物时,应按有关法规的规定执行。

燃料、润滑油质量是否符合车辆的使用要求,对车辆的正确使用有重要影响。应注意以下事项:

①燃料、润滑油的选用必须符合技术要求。

②不同种类、牌号的燃料、润滑油不得混合使用。更换不同牌号的润滑油(如季节性换油)时,必须首先进行清洁工作。

③燃料、润滑油必须保持清洁。

④各种燃料、润滑油的运输和存放必须符合有关规定。

⑤废弃的燃料、润滑油必须做好回收工作,以免造成环境污染。

车辆驾驶操作、日常维护等与车辆技术状况、使用寿命、故障频率和维护费用有密切关系。

日常维护是车辆维修工作的基础,对于保持车辆技术状况,延长汽车使用寿命有重要影响。车辆的日常维护是驾驶员必须完成的日常性工作,其具体内容:坚持三检,即出车前、行车中、收车后检视车辆的安全机构及各部机件连接的紧固情况;保持四洁,即保持机油、空气、过滤器和蓄电池的清洁;防止四漏,即防止漏水、漏油、漏气、漏电;保持车容整洁。

二 汽车在高温下的使用

1 高温条件对汽车使用性能的影响

高温一般是指日平均气温在40 ℃以上的气候。在炎热的夏季,气温高、辐射强度大,高温使发动机充气系数下降,燃烧不正常,润滑性能变差,供油系易形成气阻,使发动机工作条件变坏。行车环境温度高,驾乘条件、行车条件变差,影响汽车的正常作用。

1)发动机功率下降,油耗增加

①充气系数下降。高温条件下,冷却系统的散热能力低,发动机内的温度高,空气密度减小,导致发动机充气系数下降,发动机功率降低。

②燃烧不正常。由于发动机温度高,进气终了的温度也高,使发动机在燃烧过程产生的过氧化物活动能量增强,容易发生爆燃和早燃。不正常燃烧时发动机零件的热负荷增大,容易导致零件的热变形甚至裂纹,并加剧磨损。

③润滑油易变质。发动机温度过高,加剧了润滑油的热分解、氧化和聚合过程,不正常燃烧的废气窜入曲轴箱,既污染了润滑油,又使其温度升高。因此,发动机工作温度越高,润滑油越容易变质。

④磨损加剧。在高温条件下,润滑油黏度降低,油性变差;润滑油污染后品质下降,同时因不正常燃烧而形成的高温高压使发动机磨损加剧。

⑤供油系统易气阻。汽车在炎热的夏季或在高原山区行驶,发动机内的温度很高,汽油在油管中受热后挥发成气体状态,积存在油管中的汽油蒸汽阻碍汽油的流动,在汽油泵中的"油气"导致油泵吸油真空度下降,使发动机供油量不足甚至中断供油。

2)制动系性能下降

气压制动的汽车,摩擦片的摩擦系数随温度的升高而降低,制动效能随之下降。液压制动的汽车,制动液在高温下可能产生气阻现象。在经常制动的情况下,制动液温度可达100℃,易导致皮碗膨胀、制动液气阻,致使制动效能下降,影响行车安全。

3)轮胎爆裂

汽车行驶时,外界气温高,轮胎散热较慢,胎内温度升高使气压增大,容易引起轮胎爆胎。车速越快,轮胎产生的热量越大,越容易发生爆胎。同时,橡胶老化速度加快,强度降低,也会引起轮胎爆裂。

4)传动系总成润滑条件变差

在炎热气候条件下,汽车高负荷连续行驶,变速器、差速器齿轮油的温度会超过120℃,引起齿轮油变质。另外,汽车润滑脂在高温下易流失,使润滑效能下降,严重时容易烧坏齿轮和轴承。

② 汽车在高温条件下使用时应采取的技术措施

1)加强技术维护

汽车进入夏季使用之前,应结合汽车的定期维护,附加作业项目,提高汽车在酷暑、炎热条件下的适应能力。

2)防止爆燃

汽车在高温条件下工作时,发动机易发生爆燃。爆燃可使发动机产生过大的热负荷和机械负荷,使发动机工作过程中磨损加剧或使有关机件损坏。

因此,为防止出现爆燃,应根据发动机的要求选用相应牌号的汽油,注意保持发动机的正常工作温度,及时清除发动机燃烧室积炭。

3）防止气阻

发动机供油系统防止气阻的方法是改善发动机的散热和通风,并设计将供油系统的受热部分与热源隔开,或采用结构和性能良好的汽油泵。液压制动系防气阻的方法是及时进行放气处理。

4）防止轮胎爆裂

在夏季行车时,应注意检查轮胎的温度和气压,保持规定的气压标准。长距离连续行车时,车速不宜太高。在载货汽车后轴装用双胎时,由于受路面拱形、轮胎负荷和散热条件的影响,应注意轮胎的定期换位。

5）注意车身维护

漆涂层和电镀层在温热带地区试验表明,漆涂层的主要损坏是老化、褪色、失光、粉化、开裂和起泡等。电镀层的主要损坏是锈斑、脱皮、锈蚀等。因此,在维修中,应注意喷漆前的除锈和采用耐腐蚀、耐磨性高的涂层,并加强外表养护作业。

三 汽车在低温条件下的使用

低温对汽车使用的影响主要表现在:发动机起动困难,总成磨损严重,油耗量增大,零件材料的性能变差、易损坏,行车条件变坏及发动机冷启动排气污染严重。

① 发动机启动困难

气温在 10~15℃ 范围,发动机均能起动,但发动机在更低的气温下起动时则有一定困难,低于 -40℃ 以下,不经预热,发动机无法起动。

低温起动困难主要原因:曲轴旋转阻力矩增大,燃油蒸发性变差,蓄电池工作能力降低。

(1) 曲轴旋转阻力矩增加。随着气温下降,发动机润滑油黏度增大(图11-1),曲轴旋转阻力矩增加,发动机起动转速下降(图11-2),汽油机汽油不易蒸发,柴油机在压缩终了时缸内温度压力低,起动困难。

(2) 燃油蒸发性变差。温度降低,燃油黏度和密度都变大,流动性变差,蒸发、雾化不良;汽油机在低于 0℃ 以下起动时,有相当一部分汽油以液态进入气缸,起动困难。低温对柴油的影响更大。0℃ 号

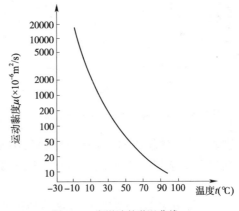

图 11-1　润滑油的黏温曲线

柴油在气温接近 0℃ 时,黏度明显增大,导致柴油雾化不良,当温度进一步降低时,柴油中的石蜡等物质沉淀析出,柴油逐渐失去流动性,轻则供油量减少,重则供油中断。

(3) 蓄电池工作能力降低。低温条件下,随着温度降低,蓄电池电解液黏度增大,渗透能力下降,内阻增加;同时,起动电流增大,蓄电池的端电压显著下降,如图11-3所示。低温起动因曲轴旋转阻力矩增加,需要的起动功率大,而低温时蓄电池输出的功率而下降,当气温降到一定程度时,起动机无法带动发动机运转。低温起动时,因蓄电池电压低,火花塞的跳火能量小,发动机不易起动。

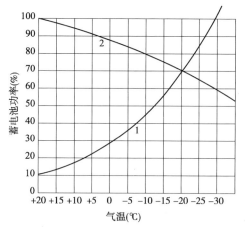

图 11-2 曲轴旋转力矩及转速与润滑油黏度的关系
1-必需的起动功率;2-蓄电池供给的最大功率

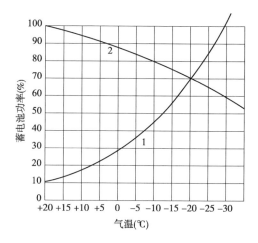

图 11-3 气温对蓄电池启动能力的影响
1-必需的起动功率;2-蓄电池供给的最大功率

2 总成磨损严重

试验证明:当气温在 -18℃ 时,发动机起动一次的磨损量相当于汽车正常行驶 210km 的磨损量,在温度为 -50℃ 条件下,传动系的磨损量是 35℃ 温度的 10~20 倍。

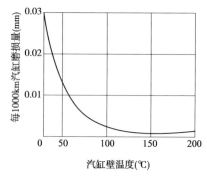

图 11-4 汽缸磨损量与缸壁温度的关系

汽车在低温条件下使用时,各主要总成的磨损强度均较大,尤其是发动机的磨损更加明显。在发动机的使用周期中,将近一半的气缸磨损发生在启动过程,冬季起动时气缸的磨损更大,如图 11-4 所示。低温条件发动机升温过程长,加快了汽缸的磨损。主要原因是:

(1) 低温时起动,润滑油黏度大,流动性差,不能及时到达汽缸壁、轴承等摩擦表使润滑条件恶化。

(2) 低温条件下燃料汽化不良,大部分燃油以液态进入汽缸,冲刷汽缸壁的润滑油膜,沿缸壁流入曲轴箱,稀释润滑油,使润滑油油性减退。燃料不完全燃烧而形成的碳化合物随废气一起窜入曲轴箱污染润滑油,使润滑条件进一步恶化。

(3) 由于温度低,燃烧过程中的水蒸气凝结于缸壁上,并与汽油在燃烧中产生的硫的氧化物生成酸,腐蚀缸壁,造成腐蚀磨损。

(4) 在低温时,由于曲轴箱主轴承连杆轴承与轴颈的膨胀系数不同,使自己合间隙变大,加速了轴承、轴颈的磨损。

(5) 传动系各总成在低温条件下,其工作温度是以零件摩擦和搅油产生热量形成的,温度上升缓慢,齿轮、轴承得不到及时有效的润滑,加速传动零件的磨损。

3 油耗量增大

汽车在低温条件下使用时,发动机升温时间长,工作温度低,燃料汽化不良,燃烧不完全,润滑油黏度大,摩擦损失大,发动机输出功率下降,传动系传动效率下降,汽车行驶阻力增大,导致油耗增大。

④ 零件材料的性能变差,容易损坏

低温条件下,材料的物理机械性能将变差。在 -30℃ 以下时,碳钢的冲击韧性急剧下降,铸件变脆,塑料、橡胶变硬、变脆,从而使由这些材料制成的零部件在载荷作用下易于发生损坏。

⑤ 行车条件变坏

低温条件下,道路被冰雪覆盖,轮胎与路面的附着系数显著下降,在行车中不仅制动距离延长,制动时极易发生侧滑;汽车加速或上坡时,驱动轮易滑转。

根据汽车在低温条件下的使用特点,可采取以下措施提高汽车的低温使用性能。

1) 加强技术维护

汽车运行季节转换之前,应结合汽车的定期维护作业,附加作业项目,使汽车适应气候变化了的运行条件。

换入冬季的维护是为了提高汽车在低温、寒冷条件下的适应能力,避免发生意外事故。定期维护以外的附加维护作业项目主要有:安装或维护发动机保温及启动预热装置(如将排气预热调到"冬"字位置);检查调整冷却散热装置(节温器、风扇皮带等)是否有效;更换冬季用润滑油(脂)等。

2) 合理使用燃料和润滑油

柴油机应根据气温条件,选择低凝点(低牌号)的柴油,或在柴油中掺兑灯用煤油,以改善柴油的低温流动性。

3) 保温

应切实做好汽车发动机的保温、防冻措施,确保汽车在一定热状态下工作和随时出车。严寒地区对发动机的保温,主要是对发动机和散热器采用保温套,将蓄电池装入夹层(其内应有保温材料)木制的保温箱内,采用双层油底壳或在油底壳外表面封上一层玻璃纤维进行保温。

冬季临时停车,不要将发动机熄火;较长时间停车,应将汽车停在带有暖气的车库中;行车过程中,应开启暖风装置,改善驾驶员和乘员的驾乘环境温度条件。

四 汽车在路况差的条件下的使用

路况差是指坏路或恶劣道路,是指泥泞的土路、冬季的冰雪道路和覆盖沙土的道路等。无路是指松软土路、耕地、草地和沼泽地等。

① 坏路和无路条件对汽车使用性能的影响

汽车在坏路和无路条件下的使用特点:驱动轮与路面的附着力减小;车轮的滚动阻力增大;突出的障碍物也会影响汽车通过。坏路和无路条件使汽车的驱动附着条件恶化。汽车在坏路和无路条件下使用时,燃料消耗量增大,比正常使用条件高出约 35%。

汽车在松软的土路行驶,路面被破坏形成车辙,滚动阻力增大,甚至陷车而无法行驶。在泥泞道路上行驶时,由于附着系数降低,轮胎的滚动阻力增大,引起驱动轮打滑,使汽车的通过性变差。

汽车在沙路上行驶,因路面松散,受压后变形大,承受切向力的能力差,使附着系数降低,滚动阻力增大,沙路和流沙地容易使汽车的驱动轮打滑,尤其在流沙地上,车轮的滚动阻力系数可达 0.15~0.30 或更大,而驱动轮由于附着系数低而空转,影响汽车的通过性能。

雪路对汽车通过性的影响主要取决于雪的特性和深度。雪层的密度越大,其承受的压力也越大,雪层的密度、硬度都与气温和压实程度有关。气温低,雪层干而硬;气温高则相反。在公路上,被车轮压实后的雪层的厚度为 7~10mm 时,对汽车正常行驶影响相对较小;如果雪层加厚,特别是松软的雪层会使汽车通过能力明显下降。经验表明,雪层厚度大于汽车离地间隙的 1.5 倍时,雪的密度低于 450kg/m 时,汽车便不能通过。

在结冰路面上行驶的汽车,特别是冬季车轮与冰面的附着系数低到 0.1 以下时,车轮的滚动阻力与在刚性路面上相差不大。但为了保证行车安全,在冰路上行驶时,车速要低,行车间隔要大。尤其是在通过结冰河流时,需要检查冰的厚度和坚实状况,按选定路线平稳匀速通过,行车间隔要大,中途不准接挡,不许使用紧急制动,不允许停车。途中发现冰裂时,应及时避开绕行。

❷ 采取的措施

在坏路和无路条件下使用时,改善驱动轮与路面之间的附着条件,减少滚动阻力对提高汽车的通过性是很重要的。从使用方面改善汽车通过性的措施主要如下。

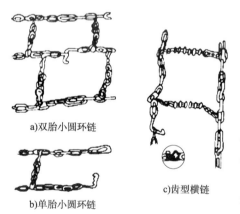

图 11-5 普通防滑链
a) 双胎小圆环链　b) 单胎小圆环链　c) 齿型横链

(1) 安装防滑链,提高附着力,防止车轮滑转

在汽车驱动轮上装防滑链,是提高车轮与路面附着系数的有效措施。防滑链的形式主要取决于路面状况和汽车行驶系的结构,防滑链有普通防滑链和履带链。

普通防滑链(图 11-5)适用于冰雪路面和松软层不厚的土路,在黏土路上,当链齿塞满土时,使用效果则明显下降。履带链(图 11-6)适用于松软层很厚的土路,它能保证汽车在坏路上,甚至驱动轮陷入土壤或雪内仍可以通过,菱形履带链还具有防侧滑的能力。防滑链的缺点是链条较重,拆装不方便,更重要的是装上防滑链后,汽车的动力性下降,在硬路面上行驶冲击大,使轮胎和后桥磨损严重。克服短而难行的无路地段时,宜使用容易拆装的防滑块和防滑带,如图 11-7 所示。

(2) 采用合理的驾驶方法

在恶劣的道路上行驶时,要选择好线路,尽可能避开泥泞和滑度较大的路面。通过泥泞或翻浆路时,最好一鼓作气地通过,途中不要换挡停车。被迫停车后再起步时,如是空车,挂中速挡;如是重车,挂低速挡;轻踏加速踏板起步,使驱动力低于附着力,避免打滑。

松软道路附着系数很低,防止侧滑很重要。所以在驾驶时使用制动要特别小心,不能使用紧急制动,转向也不能过急,以免发生侧滑,尤其是坡道或急弯行驶时更要注意。若一旦出现侧滑,首先要抬起加速踏板降低车速,并立即将转向盘向着车轮侧滑的方向转动(在路面允许的条件下),以防止继续侧滑或发生事故。当车轮已陷入泥泞道路空转时,不可盲目加大加速踏板行程来强行驶出,以免越陷越深。此外,强行驶出易使机件损坏。

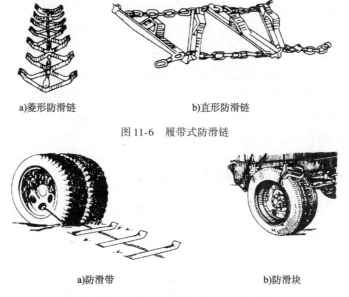

a)菱形防滑链　　　　b)直形防滑链

图 11-6　履带式防滑链

a)防滑带　　　　　　b)防滑块

图 11-7　汽车用防滑块和防滑带

(3)合理使用汽车轮胎

汽车轮胎对其通过性具有决定性的影响。为了提高通过性,必须正确选择轮胎的气压、花纹和结构参数等,使汽车的行驶阻力较小,而又能获得最大的附着力。

在松软道路上,汽车轮胎单位面积的压力越大,该动阻力越大,汽车的通过性就越差。所以,降低轮胎气压,增加轮胎宽度,可降低车轮的滚动阻力,提高汽车的通过性能。当汽车的驱动轮打滑或陷在泥泞路中时,为了减轻单位面积压力,卸下载物也是一种必要的措施。这与汽车打滑而未下陷时,有意增加后轴附近载质量,改变汽车附着质量,达到提高附着力的目的是不矛盾的。也可使用调压胎,驾驶员可在驾驶室内调节轮胎气压,可从正常气压降到极低的气压(49~68.6kPa)。这样,轮胎的接地印迹面积可增大2~3倍,印痕压强相应降低,使汽车在松软和泥泞的道路上的行驶性能得到改善。

轮胎花纹对滚动阻力和附着力的影响很大,要注意轮胎花纹的正确选择。普通花纹轮胎适合于在硬路面上行驶;越野花纹轮胎适合于在泥地、松软路面上行驶;混合花纹轮胎适合于在各种路面上行驶。使用断面加宽的特种轮胎——拱形轮胎和宽断面轮胎可以大大提高汽车的通过性。

(4)采用自救或他救的方法

车轮已经陷入坑中时,可根据具体情况,采用自救或他救。他救就是用其他车辆拖出已陷入的汽车。无法他救时,可采用自救措施:若车桥没有触地时,可将坑铲成斜面,垫上碎石、灰渣等,然后用前进或后倒的方法将车驶出;如果车桥壳触地,车轮悬空时,可先在车轮下面垫土木板、树枝、碎石等物,再以低速挡驶出;如果驱动轮滑转时,也可以将绳索绑在树干(或木桩)和驱动轮上,如同绞盘那样使汽车驶出陷坑。

第二节 汽车技术等级的划分与评定

汽车在使用过程中,其技术状况变化的程度随行驶里程或使用时间的长短不同和运行条件、使用强度、维修质量的不同有很大的差异。我国交通运输部颁布的《汽车运输业车辆技术管理规定》要求:为掌握汽车的技术状况,合理地组织和安排运输能力,科学地编制汽车维修计划,各省、自治区、直辖市交通厅(局)应负责制定"车辆技术状况等级鉴定制度",各级交通运输管理部门应负责汽车技术状况等级鉴定的组织工作与监督检查,运输单位至少每半年要对运输汽车进行一次汽车技术状况等级鉴定,并根据有关标准将汽车技术状况划分等级,以便于汽车的合理运行和科学管理。

一、汽车技术状况等级划分标准

《汽车运输业车辆技术管理规定》第十七条明确了汽车技术状况等级划分的标准,规定汽车按技术状况分为一级车、二级车、三级车和四级车四类。

(1)一级车——完好车

新车行驶到第一次定额大修间隔里程的2/3 和第二次定额大修间隔里程的2/3 以前(例如,第一次大修间隔里程为 1.8×10^5 km,第三次大修间隔里程为 1.2×10^5 km,则处于第一次大修间隔里程 1.2×10^5 km 以内或第二次大修间隔里程 8×10^4 km 以内,才属于一级车);汽车各主要总成的基础件和主要零部件坚固可靠,技术性能良好,发动机运转稳定,无异响,动力性能良好,燃料润滑油消耗不超过定额标准,废气排放和噪声符合国家标准;各项装备齐全、完好,在运行中无任何保留条件,即可随时出车参加运输工作的汽车。

(2)二级车——基本完好车

技术状况处于基本完好的汽车。二级汽车的主要使用性能和技术状况或行驶里程都低于一级车的要求,但符合《机动车运行安全技术条件》(GB 7258—2012)的规定,能随时参加运输工作。

(3)三级车——需修车

送大修前最后一次二级维护后的汽车、正在大修或待更新尚在行驶的汽车。

(4)四级车

四级车是指预计在短期内不能修复或无修复价值的汽车。

二、汽车平均技术等级

1 汽车平均技术等级的定义

汽车平均技术等级是综合体现汽车运输企业技术管理水平、技术装备素质和企业发展后劲的主要经济技术指标之一,标志着汽车运输企业所有车辆的平均技术状况。单辆汽车技术等级评定后,企业所有汽车的平均技术等级 S 可按式(11-1)求出:

$$S = \frac{1 \times S_1 + 2 \times S_2 + 3 \times S_3 + 4 \times S_4}{S_1 + S_2 + S_3 + S_4} \tag{11-1}$$

式中:S——平均技术等级;

S_1——一级车的数量;

S_2——二级车的数量;

S_3——三级车的数量;

S_4——四级车的数量。

② 营运车辆技术等级的评定

营运车辆是指从事道路客货运输的经营性车辆,2004年交通部颁布了评定营运车辆技术状况等级的标准《道路运输车辆技术管理规定》(JT/T 198—2016)。营运车辆技术等级划分为一级、二级和三级。具体的评定规则参考标准。

三 家用汽车产品修理、更换、退货责任规定

① 总体要求

本法规共9章,48条,规定了法规适用范围,明确了销售者、修理者、生产者的责任和义务,强调了三包责任免除,违规的处罚等。主要章节及内容节选如表11-1所示。

主要章节及内容节选　　　　表 11-1

章　节	主　要　内　容
第一章 总则	· 三包政策适用范围:家用汽车产品,是指消费者为生活消费需要而购买 · 销售者首先担责、销售者依规定追偿 · 质检总局组织建立汽车气包信息公开制度,各级质量技术监督门应依法负责产品质量本行政区域内实行情况的监督管理
第二章 生产者义务	· 保证车辆合格,并配备相关随车文件 · 随车文件、维修文档、维修网点等资料均需及时向质检总局备案
第三章 销售者义务	· 建立并执行进货检查验收制度 · 向消费者查验车辆及随车文件,明示注意事项及三包要求等信息
第四章 修理者义务	· 备件由生产者提供或认可并检验合格,质量不低于生产装配线上的产品,要保持修理所需的零部件的合理储备 · 建立并执行修理记录存档制度 · 特殊情况时提供电话咨询服务和现场服务

续上表

章　节	主　要　内　容
第五章 三包责任	·规定了包修期、三包有效期、易损件质保期限 ·规定了退换整车及总成的要求 ·规定了每次修理时间超过5d给用户的补偿 ·规定了退换车时,用户应支付合理的车辆使用补偿
第六至九章	·规定了三包责任免除、争议处理、罚则和附则 ·违背规定1次处罚1万～3万元,记入质量信用档案,并向社会公布

② 限时限次一览表

限时限次一览表见表11-2。

限时限次一览表　　　　　　　　表11-2

期　限	易损耗零部件 质量保证期	易损耗零部件质量保证期 需满足汽车质量担保规范	可 选 类 型		
			修理	换车	退车
60d 或3000km之内	新车60d 或3000km之内	制动系统失效、转向系统失效、车身开裂、燃油泄漏故障(≥1次)	√	√	√
		在三包凭证中明示的发动机、变速箱的主要零部件发生质量问题的,消费者可以选择免费更换总成	更换总成		
2年/5万km	家用汽车包退 包换期	严重安全性能故障(>2次)	√	√	√
		发动机、变速器或车身更换总成(>2次)	√	√	√
		因发动机、变速器、转向系统、制动系统、悬架系统、前/后轿、车身的同一主要零件质量问题累计更换2次后,仍不能正常使用的。总成与主要零件更换次数不重复计算(>2次)	√	√	√
		同一质量问题累计修理5次后(>5次)	√	√	
		修理占用时间累计超过35d(>35次)	√	√	
3年/6万km	三包有效期外 包修期内	家用汽车产品包修期不低于3年或6万km	√		

学习测试

1. 高温对汽车使用性能有何影响?
2. 在路况差时,驾驶员应如何驾驶?

参 考 文 献

[1] 陈锦华.汽车使用性能与检测[M].天津:天津科学技术出版社,2010.
[2] 高谋荣.汽车性能检测技术[M].北京:机械工业出版社,2017.
[3] 胡光辉.汽车性能检测与故障诊断[M].北京:机械工业出版社,2016.
[4] 曹家喆.汽车性能检测技术[M].北京:机械工业出版社,2015.
[5] 张飞,李军.汽车使用性能与检测[M].北京:清华大学出版社,2015.
[6] 李兴卫,李子路,孙洁.汽车使用性能与检测[M].成都:西南交通大学出版社,2016.
[7] 陈锦华.浅谈汽车性能[J].科技信息,2015,(3).
[8] 张琴友.汽车使用性能与检测[M].北京:中国铁道出版社,2014.
[9] 陈纪民.汽车使用性能与检测[M].北京:中国人民大学出版社,2015.
[10] 陈锦华.汽车检测与诊断技术[M].北京:国防工业出版社,2015.
[11] 肖健.汽车使用性能与检测[M].北京:机械工业出版社,2016.
[12] 姜久春.电动汽车充电设施运行与维护技术[M].北京:清华大学出版社,2016.
[13] 其鲁.电动汽车用锂离子二次电池[M].北京:科学出版社,2016.
[14] 段万普.蓄电池的使用和维护[M].北京:中国电力出版社,2013.
[15] 高赐威,张亮.电动汽车充电对电网影响的综述[J].电网技术,2011(6).
[16] 李伟.手把手教您学修混合动力汽车[M].北京:机械工业出版社,2015.
[17] 郭彬.汽车使用性能与检测技术[M].西安:西安电子科技大学出版社,2010.
[18] 许洪国.汽车运用工程[M].北京:人民交通出版社,2009.
[19] 朱福根.汽车使用性能与检测技术[M].北京:北京邮电大学出版社,2008.
[20] 娄云.汽车性能与使用技术[M].北京:机械工业出版社,2009.
[21] 周建鹏,黄虎,严运兵.现代汽车性能检测技术[M].上海:上海科学技术出版社,2007.

人民交通出版社汽车类高职教材部分书目

一、交通职业教育教学指导委员会推荐教材、高等职业教育规划教材

1. 汽车运用技术专业

书　号	书　名	作者	定价	出版时间	课件
978-7-114-11263-8	●汽车电工与电子基础（第三版）	任成尧	46.00	2015.11	有
978-7-114-11218-8	●汽车机械基础（第三版）	凤　勇	46.00	2016.04	有
978-7-114-11495-3	汽车发动机构造与维修（第三版）	汤定国、左适够	39.00	2016.04	有
978-7-114-11245-4	●汽车底盘构造与维修（第三版）	周林福	59.00	2015.11	有
978-7-114-11422-9	●汽车电气设备构造与维修（第三版）	周建平	59.00	2016.04	有
978-7-114-11216-4	●汽车典型电控系统构造与维修（第三版）	解福泉	45.00	2015.01	有
978-7-114-11580-6	汽车运用基础（第三版）	杨宏进	28.00	2016.01	有
978-7-114-09167-4	汽车电子商务（第二版）	李富仓	29.00	2016.06	
978-7-114-05790-3	汽车及配件营销	陈文华	33.00	2015.08	
978-7-114-06075-8	汽车专业资料检索	张琴友	30.00	2015.01	
978-7-114-11215-7	●汽车文化（第三版）	屠卫星	48.00	2016.09	有
978-7-114-11349-9	●汽车维修业务管理（第三版）	鲍贤俊	27.00	2015.08	有
978-7-114-11238-6	●汽车故障诊断技术（第三版）	崔选盟	30.00	2015.08	有
978-7-114-06031-9	汽车检测诊断技术	邹小明	24.00	2016.06	
978-7-114-05662-1	汽车检测设备与维修	杨益明	26.00	2015.08	
978-7-114-05661-3	汽车单片机及局域网技术	管秀君	13.00	2015.06	
978-7-114-05718-0	汽车维修技术（机修方向）	刘振楼	23.00	2016.6	

2. 汽车技术服务与营销专业

书号	书名	作者	定价	出版时间	课件
978-7-114-11217-1	●旧机动车鉴定与评估（第二版）	屠卫星	33.00	2016.07	有
978-7-114-07915-3	汽车保险与公估	荆叶平	43.00	2016.01	
978-7-114-08196-5	汽车备件管理	彭朝晖	22.00	2016.08	
978-7-114-11220-1	●汽车结构与拆装（第二版）	潘伟荣	59.00	2016.04	有
978-7-114-08084-5	汽车维修服务	戚叔林	23.00	2015.08	
978-7-114-11247-8	●汽车营销（第二版）	叶志斌	35.00	2016.04	有

3. 汽车整形技术专业

书号	书名	作者	定价	出版时间	课件
978-7-114-11377-2	●汽车材料（第二版）	周　燕	40.00	2016.04	有
978-7-114-12544-7	汽车钣金工艺	郭建明	22.00	2015.11	
978-7-114-12311-5	汽车涂装技术（第二版）	陈纪民、李　扬	33.00	2015.08	
978-7-114-09094-3	汽车车身测量与校正	郭建明	22.00	2015.07	
978-7-114-11595-0	汽车车身焊接技术（第二版）	李远军、李建明	28.00	2016.04	有
978-7-114-07918-4	汽车车身修复技术	韩　星	29.00	2015.07	
978-7-114-12143-2	车身结构及附属设备（第二版）	袁　杰	27.00	2016.05	
978-7-114-13363-3	汽车涂料调色技术	王亚平	25.00	2016.11	

4. 汽车制造与装配技术专业

书号	书名	作者	定价	出版时间	课件
978-7-114-12154-8	汽车装配与调试技术	刘敬忠	38.00	2015.06	有
978-7-114-12734-2	车身焊接技术	宋金虎	39.00	2016.03	有
978-7-114-12794-6	汽车制造工艺	马志民	28.00	2016.04	有
978-7-114-12913-1	汽车AutoCAD	于　宁、李敬辉	22.00	2016.06	有

二、21世纪交通版高职高专汽车专业教材

书号	书名	作者	定价	出版时间	课件
978-7-114-10520-3	汽车概论	巩航军	29.00	2013.05	有
978-7-114-10722-1	发动机原理与汽车理论（第三版）	张西振	29.00	2015.12	有
978-7-114-10333-9	汽车维修企业管理（第三版）	沈树盛	36.00	2016.05	有
978-7-114-06997-0	汽车空调构造与维修	杨柳青	20.00	2016.01	

书 号	书 名	作 者	定 价	出版时间	课 件
978-7-114-12421-1	汽车柴油机电控技术（第二版）	沈仲贤	26.00	2015.10	有
978-7-114-11428-1	汽车使用与技术管理（第二版）	雷琼红	33.00	2016.01	有
978-7-114-11729-9	汽车保险与理赔（第四版）	梁 军	32.00	2015.12	有
978-7-114-07593-3	汽车租赁	张一兵	26.00	2016.06	
978-7-114-08934-3	汽车发动机机械系统检修（第二版）	林 平	35.00	2015.06	有
978-7-114-08942-8	汽车底盘机械系统检修（第二版）	陈建宏	39.00	2016.05	有
978-7-114-09429-3	汽车底盘电控系统检修	张立新、屈亚锋	35.00	2015.07	有
978-7-114-09317-3	汽车维修技术基础	刘 毅	35.00	2015.07	有
978-7-114-09961-8	汽车构造	沈树盛	54.00	2015.04	有
978-7-114-09866-6	汽车发动机构造与维修	王兴国、刘 毅	36.00	2013.12	有
978-7-114-09719-5	汽车电器构造与维修	杨连福	45.00	2013.12	有
978-7-114-09099-8	工程机械柴油发动机构造与维修	许炳照	40.00	2013.07	有
三、高等职业教育"十二五"规划教材					
978-7-114-10280-6	汽车零部件识图	易 波	42.00	2014.1	有
978-7-114-09635-8	汽车电工电子	李 明、周春荣	39.00	2012.07	有
978-7-114-10216-5	汽油发动机构造与维修	刘 锐	49.00	2016.08	有
978-7-114-09356-2	汽车底盘构造与维修	曲英凯、刘利胜	48.00	2015.07	有
978-7-114-09988-5	汽车维护（第二版）	郭远辉	30.00	2014.12	有
978-7-114-11240-9	●车载网络系统检修（第三版）	廖向阳	35.00	2016.02	有
978-7-114-10044-4	汽车车身修复技术	李大光	24.00	2016.01	有
978-7-114-12552-2	汽车故障诊断技术	马金刚、王秀贞	39.00	2015.12	有
978-7-114-09601-3	汽车营销实务	史 婷、张宏祥	26.00	2016.05	有
978-7-114-13679-5	新能源汽车技术（第二版）	赵振宁	38.00	2017.03	有
978-7-114-08939-8	AutoCAD 辅助设计	沈 凌	25.00	2011.04	有
978-7-114-13068-7	汽车底盘电控系统检修	蔺宏良、张光磊	38.00	2016.08	有
978-7-114-13307-7	汽车发动机电控系统检修	彭小红、官海兵	35.00	2016.1	有
四、高职高专改革创新示范教材					
978-7-114-09300-5	汽车使用与维护	毛彩云、柯志鹏	28.00	2015.09	有
978-7-114-09302-9	汽车实用英语	王升平	30.00	2011.08	有
978-7-114-09307-4	汽车维修企业管理	齐建民	34.00	2015.12	有
978-7-114-09305-0	汽车发动机电控系统构造与检修	罗德云	23.00	2014.07	有
978-7-114-09352-4	汽车发动机机械构造与检修	成伟华	33.00	2015.02	有
978-7-114-09494-1	汽车自动变速器构造与检修	王正旭	36.00	2015.02	有
978-7-114-09929-8	汽车电气设备构造与检修	刘存山	31.00	2012.08	有
978-7-114-10310-0	汽车空调系统构造与检修	潘伟荣	38.00	2013.05	有
五、教育部职业教育与成人教育司推荐教材					
978-7-114-09147-6	汽车实用英语（新编版）	杜春盛、邵伟军	33.00	2016.07	
978-7-114-08846-9	汽车发动机构造与维修（新编版）	王 会、刘朝红	33.00	2015.09	
978-7-114-06406-7	汽车运行材料	嵇 伟、孙庆华	26.00	2016.06	
978-7-114-07969-6	★汽车专业英语	边浩毅	26.00	2016.01	
978-7-114-04112-9	汽车使用性能与检测技术	李 军	26.00	2015.07	
978-7-114-04750-9	汽车营销技术	王怡民	32.00	2016.11	
978-7-114-04644-8	汽车专业英语	王怡民	26.00	2016.06	

●为"十二五"职业教育国家规划教材；★为"十一五"职业教育国家规划教材。
咨询电话：010-85285962；010-85285977. 咨询QQ：616507284；99735898